EM BUSCA DO VERDADEIRO AMOR

EM BUSCA DO VERDADEIRO AMOR

Pelo espírito Irmão Ivo
Psicografia de Sônia Tozzi

LÚMEN
EDITORIAL

Em busca do verdadeiro amor
pelo espírito Irmão Ivo
psicografia de Sônia Tozzi

Copyright @ 2014 by Lúmen Editorial Ltda.

1ª edição – abril de 2014

Direção editorial: Celso Maiellari
Direção comercial: Ricardo Carrijo
Coordenação editorial: Sandra Regina Fernandes
Preparação: Ana Luiza Couto
Revisão: Sandra Regina Fernandes
Projeto gráfico e arte da capa: Vivá Comunicare
Impressão e acabamento: Yangraf Gráfica

**DADOS INTERNACIONAIS DE CATALOGAÇÃO NA PUBLICAÇÃO (CIP)
(CÂMARA BRASILEIRA DO LIVRO, SP, BRASIL)**

Ivo, Irmão (Espírito)
Em busca do verdadeiro amor / pelo espírito
Irmão Ivo; psicografia de Sônia Tozzi, - -
1ª edição - - São Paulo: Lúmen Editorial, 2014.

ISBN 978-85-7813-144-9

1. Espiritismo 2. Psicografia 3. Romance espírita
I. Tozzi, Sônia. II. Título.

14-01766   CDD-133.93

Índices para catálogo sistemático:
1. Romances espíritas : Espiritismo
133.93

Rua Javari, 668 • São Paulo • SP – CEP 03112-100
Tel./Fax (0xx11) 3207-1353

visite nosso site: www.lumeneditorial.com.br
fale com a Lúmen: atendimento@lumeneditorial.com.br
departamento de vendas: comercial@lumeneditorial.com.br
contato editorial: editorial@lumeneditorial.com.br
siga-nos nas redes sociais:
twitter: @lumeneditorial | facebook.com/lumen.editorial1

2014

Sumário

Prefácio

Somos aquilo que pensamos e acreditamos; alimentar em nosso ser os sentimentos menores e mesquinhos é se jogar no abismo da imperfeição; as virtudes elevam, ao passo que os sentimentos vulgares enraízam no ser a inconsequência, de tal forma que se torna difícil extirpar os germes da arrogância que se fortalecem a cada ato de leviandade contra o nosso próximo.

Afinal, quem somos senão espíritos em evolução? Como, porém, evoluir colocando-se acima das leis divinas, dos conselhos de nosso Divino Amigo, que sem dúvida foi, na Terra, o maior conselheiro de que se teve notícia? Se ficamos próximos Dele podemos entendê-Lo; quem permanece um pouco distante ouve as vozes mas não consegue entender; quem se coloca muito distante nada ouve. As pessoas que cultivam as virtudes aproximam-se com certeza do lugar de luz; outras, que não logram se afastar do vício, do orgulho, do egoísmo, da arrogância e da presunção de se achar superior, afastam-se progressivamente do destino seguro que é Deus.

A maioria das pessoas, contudo, se aproxima de Deus se for ajudada, e é a isso que o querido Irmão Ivo se propõe em seus livros: ajudar as pessoas a se aproximarem de Deus através da reforma íntima, da consciência de que fazer o bem é o bem maior. Quem pode ser feliz sufocado pelo orgulho? Quem pode ser feliz longe Daquele que nos criou? Quem pode ser feliz deixando lágrimas e marcas de dor por onde passa?

Geralmente nos lembramos das coisas que nos trazem alegria por meio das aquisições materiais e nos esquecemos das outras que nos levam ao progresso espiritual, esquecemos ou não damos a devida importância às palavras do Mestre:

> *"Amai a Deus sobre todas as coisas e a teu próximo como a ti mesmo."*

Sônia Tozzi

Capítulo I

Reparação

Laura, sentada às margens do rio Azul, olhava melancolicamente o caminhar das águas. Fortalecia seu espírito através da paz que aquele recanto propiciava a todos que ali se dirigiam com o propósito de se entregar à meditação e ao encontro com o Plano Maior.

Recebera a confirmação de que sua nova encarnação fora autorizada pelo Plano Superior e agradecia a Deus a bênção recebida. Esperava por essa nova oportunidade de renascer no plano físico há muito tempo; desperdiçara imprudentemente a chance de evolução em sua encarnação anterior e sofria por isso; vivera para satisfazer a si mesma, sem se importar com os rastros de sofrimento que deixava por onde passava. Fora frívola, inconsequente e egoísta; transformara a vida de Leandro em um verdadeiro inferno; gerara conflitos, discórdias e lágrimas.

– Meu Deus – pensava –, como pude ser tão mesquinha? Quero me redimir, tornar-me um ser melhor, merecer a misericórdia de Deus através do exercício do bem e do amor. Sei que não será fácil minha nova caminhada no plano físico, trago débitos da minha última existência física e devo quitar minha dívida com a lei divina, hoje trago fortalecido em mim o sentimento maior do amor e acredito ter condições de enfrentar a inconsequência do passado; aprendi que somente esse sentimento sincero transforma o ser em verdadeira criatura de Deus, e essa é minha proposta: tornar-me melhor, alcançar meu progresso espiritual através das atitudes dignas.

Deixava seu pensamento alçar voo levando-a ao passado, onde imprudentemente desvalorizara a vida na Terra, marcando sua estada de forma imprudente, inconsequente e completamente leviana. Como em um passe de mágica, sua existência anterior foi tomando forma em seu pensamento e as cenas começaram a se apresentar como em um filme diante de seus olhos, levando-a a embarcar nas lembranças.

Sessenta anos atrás

Reconheceu-se em Berenice, uma jovem de apenas dezoito anos, filha de um abastado comerciante. Arrogante e orgulhosa, tratava os serviçais de seus pais como seres inferiores, comprazia-se em humilhá-los, lembrando-os sempre da condição de subalternos, sem direito nenhum.

– Berenice – dizia-lhe Isabel, sua mãe –, não seja tão presunçosa. Por que se julga tão superior, minha filha? Na realidade, somos todos filhos do mesmo Pai Maior, aquele que criou a todos nós. Gostaria tanto que fosse mais meiga, mais amiga do seu semelhante...

Sem se importar com os sensatos conselhos de sua mãe, Berenice seguia sua vida da maneira que julgava ser merecedora, ou seja, com opulência e destaque.

– Mãe, a senhora é muito condescendente com os empregados, eles são apenas empregados, nada mais que isso – respondia sempre, sem se dar conta do que na verdade representavam essas palavras, ditas com tanta leviandade.

– Não, filha, eles são como nós, criaturas de Deus, trabalham para sobreviver, sentem necessidades e possuem desejos, enfim, a única diferença está na condição social, que, para Deus, não representa nada, pois o que conta na verdade é a condição moral e ética, ou seja, a dignidade cristã do ser.

Sorrindo, Berenice respondia:

– Sinto muito, mãe, mas não penso como a senhora: se nascemos ricos foi porque merecemos, isto é um fato.

– Se Deus permitiu a fortuna em nossa vida, filha, foi para que fizéssemos bom uso dela, para que déssemos a ela uma finalidade útil, através do amparo aos que pouco ou nada possuem.

As palavras de Isabel, ditas com tanta sabedoria, não surtiam em Berenice o efeito que ela esperava.

Berenice mantinha forte domínio sobre Marcos (Leandro), utilizando sua autoridade mesquinha até destruí-lo completamente, ao forçar seu casamento com Mara, filha de um pobre homem falido, sem ter um teto que fosse realmente seu. Inventou a calúnia infame que o levara a reparar um mal que existia apenas no pensamento maldoso e cruel de Berenice. Qual a finalidade dessa injúria Marcos nunca imaginou, até que foi procurado por Berenice dois meses após seu casamento sem amor. Nervoso e ainda fortemente magoado, Marcos lhe perguntou:

– O que mais quer de mim? Não está satisfeita com sua insensatez? Conseguiu o que queria, incriminando-me perante o pai de Mara. Não está satisfeita?

Berenice, com a ironia que lhe era peculiar, respondeu:

– Calma, Marcos, quero apenas salvar você, vim aqui para isso. Não é o que mais deseja, sair desse casamento sem amor?

Indignado, Marcos respondeu:

– Salvar-me de um casamento sem amor que fui obrigado a aceitar sem entender a razão, visto não me lembrar de nada? Agora é tarde, Berenice, o mal já está feito, tanto para mim quanto para Mara, não tem mais volta.

– Aí é que você se engana, meu caro!

– Como assim?

– Marcos – disse pausadamente –, quero que você largue a Mara, deixe-a para sempre.

– Você está louca, Berenice, o que está dizendo?

– Estou dizendo que você vai se separar de Mara para sempre e voltar para o meu lado, como sempre foi e vai continuar sendo.

Marcos, indignado, respondeu:

– Você está se esquecendo de uma coisa muito simples, estou casado e não existe separação, casamento é para sempre.

– Isso quando existe um casamento de verdade, o que não é o seu caso.

–Mas o que está falando, você ficou louca?

– Não, louco foi você que aceitou tudo sem lutar, sem tentar saber o que de verdade estava acontecendo, deixou que eu me metesse em sua vida sem questionar, sem procurar a verdade. Você nunca esteve casado com Mara.

Marcos empalideceu.

– O que você está dizendo?

– Marcos, você permitiu que todos acreditassem que foi você quem a desonrou, mas ela nunca foi desonrada. Será que não percebeu, nesses dois meses de casamento, que Mara é virgem?

O suor correu pelo rosto de Marcos, que não conseguia acreditar nas palavras de Berenice; ele caiu pesadamente em uma cadeira e, passando as mãos nervosamente pelo rosto, voltou a dizer.

– Por caridade, Berenice, explique tudo isso de uma maneira bem clara, para que eu possa entender.

– Marcos, o pai de Mara estava na miséria, perdera tudo que possuía nos negócios mal realizados. Mara sempre amou você e por várias vezes me enfrentou, ameaçando-me em relação ao nosso envolvimento, que, segundo ela, era mais que uma inocente amizade. Nunca suportei que quem quer que fosse me enfrentasse sobre qualquer situação; sempre serei eu a dar as cartas. Portanto, meu querido, vim lhe dizer que você está livre, que nunca houve casamento nenhum, porque quem supostamente realizou seu casamento não passa de um mero empregado meu.

– Mas qual foi a razão de realizar esse suposto casamento e agora vir desfazê-lo, contando-me essa história? Por que Mara aceitou se não havia sido desonrada? Agora entendo o porquê de ela nunca ter permitido que eu a tocasse nesses dois meses de união... Poderia ser desmascarada...

Pensou um pouco e logo perguntou a Berenice:

– Como ela pode ser virgem se acordei ao lado dela em sua cama, ela abraçada a mim dizendo que tínhamos vivido uma linda noite de amor? Eu não me lembrava de nada, mas diante da afirmação de Mara, dos detalhes que mencionava, acreditei que realmente eu tivesse tido uma relação mais íntima com ela.

– Marcos, você não tinha condições de se lembrar de nada, foi levado até a casa de Mara praticamente sedado – tudo não passa de um plano.

– Espera aí, o que você pretendia com esse plano diabólico, entregando-me a Mara, dando a ela o que na verdade ela mais desejava, já que dizia me amar? Se sentia raiva por ela haver enfrentado você, não consigo ver lógica nesse plano leviano e desrespeitoso comigo, que mal nenhum cometi com nenhuma das duas.

– Muito simples – respondeu Berenice –, dei a ela o doce que queria mas vou tirá-lo antes que ela o prove, ou seja, depois de tê-lo por perto, junto a ela, todos os dias, o sofrimento será bem maior ao se separar de você. Na verdade, o que quero é que sofra com seu afastamento, por se sentir abandonada sem nem mesmo ter sido amada pelo homem que tanto deseja.

– Como poderia imaginar que nosso casamento não se consumaria?

– Porque a fiz prometer que nada aconteceria entre vocês, dizendo que se acontecesse ela não teria mais nenhuma chance de conquistar você, que passaria a odiá-la para sempre, pois seu caráter não o deixaria aceitar uma mulher que havia aceitado participar dessa calúnia. Ficando calada a chance de conquistá-lo seria enorme.

– Por que ela aceitou tudo isso? Pensou que poderia levar essa farsa por muito tempo?

– Por dinheiro, para salvar seu pai da humilhação, da pobreza, enfim, paguei um bom preço para agora sentir a satisfação de vê-la sofrer, de sentir na pele o que é ser abandonada. Prometi-lhe que, no momento certo, simularia um aborto, o que a salvaria da mentira, e assim ela poderia conquistá-lo. Agora que já sabe a verdade, arrume suas coisas e vamos retomar a vida de antes.

– Que vida de antes, Berenice?

– Eu mando e você me obedece, Marcos, simples assim!

Em um ímpeto de indignação, Marcos levantou o braço e esbofeteou Berenice.

– Você ficou louco, Marcos? Sabe o que isso significa?

– Sei! Significa que nossa "amizade" termina aqui; significa que nunca mais quero olhar para seu rosto falso, ver em seus olhos essa crueldade sem medida, ouvir suas palavras sem conteúdo, sem generosidade; não quero estar perto de alguém tão inescrupuloso como você... E não vou desejar que seja feliz porque não é isso que desejo; ao contrário, quero que seja muito infeliz nessa sua vida vazia, oca de sentimentos.

– Você vai se arrepender, Marcos, vou odiá-lo por toda a eternidade! – exclamou irada, deu-lhe as costas e partiu, deixando atrás de si o rastro do sofrimento nos corações de Marcos e Mara.

Naquele momento, Berenice plantara a semente da inconsequência que iria cobrar, no futuro, a reparação de tanta leviandade.

Laura voltou à realidade ao ouvir a voz de Tomás.

– Onde estava, irmã? Percebi-a tão absorta... Parece-me que algo a confunde ou a aflige. Gostaria de conversar a respeito?

Laura fixou o olhar naquele querido irmão que tanto a ajudara por ocasião de seu retorno da Terra e disse-lhe confiante:

– Irmão Tomás, recebi do Mais Alto permissão para meu retorno ao plano físico, estou agradecida ao Pai por essa bênção, mas ao mesmo tempo temerosa por não conseguir cumprir minha tarefa de reparação. Estava lembrando de minha vida pretérita, na qual plantei a semente que gerou dor e sofrimento para meu semelhante, retornei alguns anos depois e pela segunda vez me afundei, retornando à Pátria Espiritual novamente devedora por haver prejudicado Leandro, que fora Marcos no passado. Sei que nos encontraremos novamente, irmão Tomás, e receio cair no mesmo desatino, temo que não consiga superar verdadeiramente os resquícios do passado e que me perca nos sentimentos de amor e ódio que sinto por Leandro, que me arrastam ao abismo e que não consigo superar.

– Minha querida irmã, você está mais preparada, mais fortalecida; estudou, aprendeu, entendeu as palavras do Cristo, seus ensinamentos, é preciso confiar na Providência Divina; não podemos recuar indefinidamente.

– Tenho consciência disso, Tomás... Mas e Leandro, será que me perdoou?

– Ele sabe que irá se encontrar novamente com você, Laura, e aceitou esse encontro porque sabe que é necessário para ambos.

– Tomás, não sei em qual existência fui mais cruel com ele, se como Marcos ou Leandro!

– Gostaria de falar sobre essa questão?

– Se você puder me ouvir...

– Claro, irmã, estou aqui para isso, para ajudá-la a encontrar a paz em si mesma.

Animada com as palavras do espírito amigo, Laura iniciou sua narrativa.

Capítulo II

Retorno ao plano físico

– Conheci Leandro quando tinha quinze anos; foi em uma festa na escola. Assim que nos aproximamos percebi que havia causado nele a melhor impressão, pois seus olhos deixaram clara a admiração. Senti que o havia impressionado; foi, como se diz na Terra, amor à primeira vista, mas somente do lado dele.

– E você?

– Eu? Ora, Tomás, eu era apenas uma menina tola, mimada e extremamente vaidosa por conta da beleza que sabia possuir... Enfim, aceitei sua corte e passei a dominá-lo e a explorar seus sentimentos por mim sem o menor pudor; ou seja, passei a agir da mesma maneira que na minha existência passada. Usei e abusei de seus sentimentos até o dia em que, inconsequentemente, o envolvi em um episódio que ocasionou sua desmoralização.

Tomás, interessado, incentivou Laura a continuar e ela, confiando no amigo, continuou seu desabafo.

– A verdade, Tomás, é que usei o amor de Leandro apenas para satisfazer minha vaidade, não media consequências, sempre tive o domínio sobre as pessoas e é isso o que me faz cair. Usava esse poder para satisfazer meus desejos sem me importar com os rastros de dor que deixava por onde passava. Com Leandro não foi diferente. Certa ocasião, conheci Mateus, jovem tão ou mais leviano e inconsequente que eu. Iniciamos um relacionamento fundado apenas e tão somente na união dos nossos corpos. Nenhum sentimento maior ou verdadeiro existia entre nós, mas seguimos nos encontrando regularmente, embora Leandro fosse incansável em me alertar sobre o risco que estava correndo na companhia de Mateus, que, sabendo do que considerava implicância de Leandro, armou para ele, com meu consentimento e colaboração, uma armadilha que o levou à desmoralização e, posteriormente, à prisão.

Tomás já tinha conhecimento do que acontecera na encarnação passada de Laura, mas sabia da importância de a própria Laura contar o que a atormentava, retirar de seu espírito todo o resquício do ato leviano que praticara no passado. Disse-lhe:

– Querida irmã, retire de seu espírito todo o resquício do passado; você irá se encontrar novamente com Leandro e é prudente que siga para sua nova oportunidade no plano físico livre desse sentimento de culpa. Nosso Pai Maior permitiu seu retorno, deu-lhe nova oportunidade para modificar sua história com Leandro, que já se arrasta por duas existências. Aproveite-a da maneira mais simples possível, a maneira do amor universal. Você quer continuar sua história?

Após alguns segundos de pausa, Laura respondeu:

– Sim. Quero continuar, Tomás, está fazendo bem a meu espírito colocar para fora tudo o que me atormenta, principalmente o receio de falhar novamente.

– Estou aqui para ouvi-la! – exclamou Tomás.

– Em acordo com sua total irresponsabilidade e inconsequência, Mateus elaborou com todos os detalhes um plano para acabar com a fama de bom rapaz que Leandro tinha; juntos, criamos uma situação na qual Leandro foi flagrado com um colar de alto valor, que eu forneci; Leandro frequentava com assiduidade minha casa e não foi difícil para mim colocar a joia em sua pasta sem que ele percebesse; depois, foi só dar parte na delegacia e acusá-lo formalmente, o que fiz de imediato, causando sua detenção. Por mais que ele jurasse inocência e pedisse que eu o defendesse, o que não fiz, foi levado algemado, vivendo a maior humilhação de sua vida.

Laura silenciou por alguns instantes e voltou a dizer:

– Como me arrependi depois, Tomás! Mas o orgulho e a covardia me impediram de dizer a verdade e salvá-lo. Silenciei e deixei que Leandro pagasse por algo que não havia feito. Percebe, Tomás, que pela segunda vez agi da mesma maneira com Leandro, menti e enganei; inflingi a ele um sofrimento sem causa justa; anos depois, ao retornar da Terra, amarguei anos de tortura nas zonas infelizes até que fui resgatada pela misericórdia de Deus; agora, passados anos de meu retorno, recebo a bênção de voltar ao mundo físico para saldar minha dívida com Leandro; sei que nos encontraremos novamente e receio fracassar outra vez.

Tomás se condoía daquela irmã que tanto errara e que, ao receber a possibilidade de mudar sua história, se apaziguando com aquele que por duas existências prejudicara, ainda se sentia insegura para enfrentar novo desafio. Por duas encarnações, Leandro a amara sinceramente e fora enganado. Laura temia não conseguir vencer a si mesma.

– Irmã querida – disse-lhe Tomás –, confie em nosso Mestre; o tempo passou, você estudou, aprendeu, entendeu a importância do bem, do amor, hoje sabe das leis divinas que regem o Universo e nosso espírito; pagou o preço de sua inconsequência, creio que está pronta para assumir novamente a vida corpórea; portanto, não cabe o desânimo, o medo, a fragilidade, e sim a esperança, a coragem e a certeza de que caminhará ao lado do Mestre amparada pelos espíritos que lhe querem bem. Confie e não perca essa sagrada oportunidade do recomeço. Estaremos velando por você, inspirando-a para que não mude seu rumo na caminhada terrena.

– Obrigada, Tomás! – exclamou Laura, emocionada.

– Quando irá para o Departamento da Reencarnação?

– Daqui a dois dias – respondeu Laura, sentindo-se emocionada.

– Então, minha amiga, aproveite esse tempo para orar e clamar pelo auxílio que virá; agora, vou deixá-la em paz para seu encontro com nosso Pai Maior.

Tomás afastou-se, pensando:

– Assim como o aroma de uma flor atrai as borboletas, a mente vazia, inútil, sempre corre o risco de se tornar um viveiro de moscas com as quais se afina e que não raro nos leva ao pântano de nós mesmos. É preciso ocupar o tempo e a mente com trabalho edificante, emitir pensamentos e energias salutares, de amor e harmonia, evitando trazer à tona pensamentos e fatos desagradáveis; porque a vida testa todos os dias, mas, continuando a investir no progresso espiritual, na própria reforma interior e na evolução, consegue-se êxito.

Depois, orou simplesmente.

– Senhor, abençoe esta irmã para que se fortaleça no vosso amor e não se esqueça dos ensinamentos recebidos para ter força de superar suas fraquezas e retornar vitoriosa para o vosso reino.

Vendo-se novamente só, Laura entregou-se à meditação. Elevou seu pensamento ao Mais Alto com sinceridade, suplicando o auxílio para vencer seus medos e se entregar livremente à oportunidade do retorno ao plano físico.

– Senhor tende compaixão das minhas fraquezas, quero vencer a mim mesma e suplico misericórdia; não quero me enganar novamente, mudar o foco traçado para minha redenção, quero sim seguir em frente rumo à vossa direção, encontrá-lo, Senhor, na simplicidade do amor verdadeiro, amando meu semelhante e todos aqueles que encontrar pelo caminho; que vossos tarefeiros do bem possam inspirar-me e que tenha a sensibilidade necessária para compreender essas inspirações. Que assim seja.

Fortalecida, seguiu para o Departamento da Reencarnação, buscando novas orientações.

O momento tão esperado por Laura finalmente chegou. Em uma melancólica tarde de outono o espírito de Laura fazia sua entrada no mundo da matéria, seu choro anunciava sua presença, os braços de sua mãe terrena abriram-se e acolheram o corpinho frágil daquele espírito que apenas iniciava sua nova trajetória de evolução.

– Vitória... Ela se chamará Vitória – disse, feliz, Aparecida, conhecida por todos como Cidinha, estreitando em seus braços a filha tão esperada.

Vitória nascera em um lar bem constituído, embora com sérios problemas financeiros. Seus pais, Cidinha e Jonas, lutavam bravamente para proporcionar às filhas, Inês e Vitória, o mínimo necessário para viverem com dignidade; e foi nesse lar cristão que Vitória cresceu, recebendo dos pais, assim como sua irmã, os ensinamentos e os exemplos que as levariam a se tornarem pessoas íntegras, dignas, ou seja, verdadeiras criaturas de Deus. O temperamento inconsequente, contudo, começou a se mostrar desde que ela era criança e se intensificou ao completar quinze anos.

– Não sei de quem essa menina herdou esse temperamento – dizia Cidinha a Jonas, seu marido –, age sem pensar nas consequências.

– Isso passa, Cidinha, é a fase da adolescência, vai passar; Vitória é uma boa menina, um pouco avoada, mas carinhosa; é ainda muito nova.

– Creio que não, Jonas, penso o contrário. Cada vez mais percebo que Vitória, quando deseja muito alguma coisa, luta com muito empenho pelo que quer, não tem limites, e isso me assusta.

– Não se preocupe tanto, nossas filhas foram criadas dentro da moral cristã, temos que confiar na educação que demos a elas.

– Tomara que você tenha razão! – exclamava Cidinha, temerosa.

– Mãe – ouviram a voz de Vitória –, onde vocês estão?

– Aqui, filha!

Vitória, chegando apressada, disse, eufórica:

– Lúcia e Beto vão passar aqui para me buscar, vamos até a cachoeira... Tudo bem?

– Calma, filha – respondeu Jonas –, não é só comunicar, você se esquece de que tem pai e mãe e que nos deve satisfações antes de combinar alguma coisa com quem quer que seja?

– O que é isso, pai? Vai me proibir de sair com meus amigos, é isso?

Pacientemente, Jonas respondeu:

– Não, filha, quero apenas que, antes de acertar seus compromissos, seus passeios, pergunte a mim ou a sua mãe se concordamos, só isso... É pedir demais?

– Já sei, querem que eu seja exatamente igual a Inês, é isso, pai?

– Não, quero que você seja você mesma, mas que dê a seus pais o respeito que merecemos, e a sua irmã, o carinho fraternal.

Com irritação, Vitória respondeu:

– Sou a filha caçula, esqueceu?

– O que tem isso a ver com nossa conversa, Vitória?

– Tem que sou o que vocês fizeram de mim. Portanto, se não agrado a vocês, a culpa é exclusivamente sua, ou estou errada?

Jonas e Cidinha mal acreditavam no que acabavam de ouvir da própria filha. Indignada, Cidinha disse.

– Vitória, o que ensinamos a você foi o respeito, a generosidade, a amizade pelas pessoas e o amor por sua família, mas o que vejo é exatamente o contrário; nós não nos sentimos culpados porque mostramos a você as virtudes que nos tornam pessoas melhores, mas parece-nos que você nada aprendeu, tornou-se, ao longo do tempo, uma pessoa orgulhosa e autoritária, julga ser merecedora de todas as atenções sem se preocupar em retribuir com um só gesto de delicadeza. Por que se tornou assim, filha? Somos uma família pobre, passamos por sérios problemas financeiros os quais nem sempre podemos contornar, mas fazemos o possível para dar a você e sua irmã o necessário para viverem com dignidade; sofremos por constatar que não entende isso, não percebe nosso esforço e, principalmente, a cada dia perde um pouco o respeito por nós.

Vitória foi tocada pelas palavras sentidas de sua mãe. Olhou para seus pais e percebeu que estavam cobertos de razão.

"Por que não consigo dominar a mim mesma? Eles não merecem isso."

A menina não sabia o que responder, não tinha explicação que justificasse suas atitudes nem sempre carinhosas.

Jonas aproximou-se da filha e disse:

– Vitória, nós a amamos acima de tudo, assim como a sua irmã, e queremos o bem e a felicidade para vocês, mas não atingiremos nossa objetivo se você não quiser, pois somente você poderá mudar seu modo de agir, conquistar a maturidade emocional e através dela evoluir como ser humano. É preciso respeitar as pessoas; nosso coração é uma porta que possui a fechadura apenas do lado de dentro, porque somente nós podemos abri-la, ou seja, é preciso que você reconheça e queira a própria transformação.

– Você entende o que seu pai quer dizer a você, filha? – perguntou sua mãe, com admiração pela maneira como Jonas falava com a filha.

Vitória, por alguns instantes, sentiu-se desconfortável perante seus pais, reconhecendo que possuía um gênio forte e dominador, mas logo retomou sua autoconfiança e respondeu.

– Entendi, mãe, reconheço que vocês têm razão em alguns pontos, mas nem sempre conseguimos mudar nossa maneira de ser; por que não me aceitam como sou na verdade?

– Claro que a aceitamos, filha, e a amamos do mesmo jeito e com a mesma intensidade. Santo Agostinho diz que: "a medida do amor é amar sem medida", e é assim que amamos você e sua irmã. – respondeu pacientemente Jonas – Mas é necessário lutar e se esforçar para nossa melhora como criaturas de Deus. Essa é a proposta do Criador: a melhora de suas criaturas.

Algo incomodou Vitória, como se das profundezas de seu subconsciente emergisse um aprendizado remoto do qual ela não tinha consciência; mas, querendo terminar com aquela conversa, perguntou ao pai:

– Posso ir passear com Lúcia e Beto na cachoeira?

– Pode, respondeu Jonas, contanto que retorne antes de o sol se pôr.

– Pode deixar, pai, não vou demorar.

Após dar um beijo em seus pais, foi para o jardim esperar pelos amigos.

– O que faz aí sentada no jardim? – perguntou Inês, aproximando-se da irmã.

– Oi, Inês, vou até a cachoeira com Lúcia e Beto; quer vir conosco?

– Não, Vitória, tenho trabalho a fazer, bom passeio e cuidado, a cachoeira é perigosa! – exclamou Inês, entrando em casa.

– Sei me cuidar – gritou Vitória.

"Tomara que saiba mesmo", pensou sua irmã.

Assim que seus amigos chegaram, Vitória entrou no carro e eles seguiram.

– Por que mudou o caminho, Beto? – perguntou Vitória ao amigo. – A cachoeira fica para o lado oposto.

– Calma, amiga, vamos pegar um amigo que irá se juntar a nós para o passeio, é logo ali.

– Tudo bem, apenas estranhei a mudança de itinerário.

Beto estacionou o carro em frente a um prédio onde um rapaz, encostado ao portão, esperava tranquilamente. Desceram do carro e Beto apresentou o amigo a Lúcia e a Vitória.

– Esse é Fausto, meu amigo de infância.

Vitória sentiu algo estranho ao olhar para Fausto, que, sem nada dizer, sentiu o mesmo. Estabeleceu-se naquele instante uma empatia, para eles, inexplicável. Inconscientemente, dois espíritos se reconheceram e se sentiram atraídos um pelo outro. Lúcia e Beto, percebendo a estranha reação dos dois amigos, disseram:

– Nossa, parece até que viram um fantasma!

– Verdade – concordou Lúcia –, vocês já se conheciam?

– Na verdade, não – respondeu Vitória –, mas tenho uma sensação de que já o vi em algum lugar.

– Eu sinto o mesmo; não é estranho?

– Vocês já devem ter se cruzado por aí, afinal, moramos no mesmo bairro.

– Tem razão, Beto, deve ser isso.

– Claro, que mais poderia ser? – afirmou Lúcia.

Beto, eufórico, disse aos amigos:

– Muito bem, feita a apresentação devida, vamos logo para a cachoeira desfrutar deste dia ensolarado.

– Vamos – concordaram todos com a mesma animação.

Seguiram, com a alegria que acompanha os jovens; falavam, sorriam e brincavam, até que avistaram a imponente queda d`água à sua frente.

Vitória, extasiada diante de tanta beleza, exclamou:

– E tem gente que ainda duvida da existência de Deus!

– Nossa, que bela colocação! – exclamou Fausto. – Você crê em Deus?

– Evidente que sim, Fausto, com todas as minhas forças e sentimentos; não sou um exemplo de ser humano, sou muito impetuosa, autoritária e um pouco egoísta, mas tenho dentro de mim a certeza absoluta da existência de nosso Pai que está no céu, e é essa certeza que me segura na maioria das vezes em minhas imprudências.

– Que lindo, Vitória – respondeu Fausto –, eu também acredito na existência de um Ser superior que direciona nosso caminho através de seu amor; temos coisas em comum –, terminou Fausto, olhando para Vitória com grande interesse.

Lúcia, que prestava atenção na conversa dos amigos, falou:

– Gostaria de ter essa certeza, mas infelizmente vejo e ouço tantas barbaridades que não raro chego a duvidar de que Deus realmente exista.

– Penso como Lúcia – disse Beto –, não vejo explicação para tantas desigualdades, misérias, enfermidades, conflitos, crueldades, enfim, por que ele criaria um mundo tão mau?

Fausto, mais consciente e maduro em suas questões, foi quem respondeu ao amigo:

– Beto, Deus criou o mundo bom, deu aos homens esse mundo, e eles, através de sua inconsequência, leviandade e imprudência, estão fazendo desse mundo um lugar perigoso, mau e muitas vezes violento; não é o mundo que é mau, mas o homem que, se quiser, pode transformar o mundo que ele acha mau em um mundo bom e feliz através de sua própria transformação interior.

– Por que fala desse jeito? Onde aprende essas coisas?

– Nunca disse a você, Beto, mas sou espírita e pertenço ao grupo de jovens de uma casa espírita; é lá que aprendi a raciocinar dentro das leis de Deus, ou seja, em afinidade com o sentimento do amor e da caridade.

– Nossa, estou impressionada com você, Fausto – disse Vitória –, acredito sim na existência de Deus, conheço suas leis, mas ainda sou muito frágil nessas questões, tenho dificuldade em lidar com minhas incertezas, e me perco muitas vezes na busca da felicidade, porque quase sempre me engano em meus julgamentos.

– Gostaria de voltar a esse assunto em outra oportunidade?

– Claro, gostaria muito.

– Já que chegaram a um acordo, falou Beto, vamos aproveitar esse lugar mágico e nos divertir, afinal viemos aqui para isso, não?

– Tem razão, vamos.

Alegres, os jovens se deliciavam com a beleza exuberante da cachoeira. Vitória e Fausto se procuravam com os olhos, não se importando com as pilhérias de Beto e Lúcia provocando os amigos; sentiam como se um magnetismo os atraísse sem que nada fizessem para isso. Fausto encorajado pelos olhares correspondidos de Vitória aproximou-se e lhe disse:

– Você pode nem acreditar, mas sinto algo que me aproxima de você, poderíamos nos ver novamente, só nós dois?

– Claro – respondeu Vitória – também gostaria muito.

Sorriram e timidamente Fausto segurou as mãos de Vitória, apertando-as com carinho.

– Lúcia – disse Beto – isso está parecendo amor à primeira vista!

– Concordo com você, acho até que nós dois estamos sobrando!

Ao final da tarde retornaram, felizes. Assim que entrou em sua casa Vitória encontrou Inês que se arrumava para sair.

– Gostou do passeio, irmã?

– Muito! Inês, posso lhe perguntar uma coisa, você tem tempo para me ouvir?

– Claro! Pode falar.

– Você acredita em amor à primeira vista?

– Não sei, Vitória, pode ser que exista, muitas pessoas acreditam, eu sinceramente não sei, nunca vivi uma experiência dessas; por que pergunta?

– Conheci um rapaz hoje, ele foi conosco no passeio, é estranho, mas sinto como se já o conhecesse há muito tempo.

–Essas coisas acontecem, são relativamente comuns, Vitória, mas não quer dizer que você o ama, é apenas uma impressão sua; e ele, sentiu a mesma coisa?

– Isso é que estranho Inês, ele sentiu também; disse-me que sente uma atração muito forte por mim, enfim, quer namorar comigo. O que você acha?

– Acho normal; se você também quer, por que não? Mas fale primeiro com nossos pais.

– Obrigada, irmã, vou fazer isso! – exclamou Vitória, animada e feliz.

Em sua impulsividade infantil, Vitória correu para o lado de sua mãe e foi logo dizendo.

– Mãe... Estou apaixonada!

Surpresa, Cidinha respondeu, sem deixar de sorrir.

– Apaixonada? Posso saber por quem?

– Pode. Conheci hoje um rapaz lindo que mexeu muito comigo, mãe, não consigo parar de pensar nele, é como se eu não conseguisse mais viver longe dele... Isso não é amor?

– Filha, isso não é amor, é entusiasmo, é fantasia, pelo menos por enquanto. Você está se deixando levar pela beleza, talvez pela gentileza com a qual ele tratou você; pode ser que venha sim a se transformar em um sentimento maior e mais profundo, mas sugiro que tenha mais calma e deixe as coisas acontecerem lentamente, como deve ser.

– Mas, mãe, eu sinto que é algo mais forte! Exclamou Vitória.

– Vitória, você é ainda muito nova e influenciável, nem sabe se ele sentiu o mesmo por você; tenha cuidado para não sofrer.

– Mãe, ele sentiu a mesma coisa e quer namorar comigo, e eu quero muito namorar com ele. Posso?

– Pode, filha, mas que seja um namoro, não mais que isso, você entende?

– Entendo... pode ficar tranquila, mãe, eu sei me cuidar.

Fausto, por sua vez, também sentia a mesma atração por Vitória.

Trinta dias se passaram desde o encontro de Vitória e Fausto; como previram, os dois iniciaram um namoro que os deixava a cada dia mais apaixonados um pelo outro, o que fazia com que tanto Cidinha quanto Jonas se preocupassem com a filha em razão de sua pouca idade. Por mais que seus pais lhe aconselhassem, Vitória ignorava suas palavras sensatas e se entregava ao sentimento que acreditava ser eterno.

– Filha, você é ainda muito jovem – dizia-lhe Cidinha –, tem ainda muitas coisas para aprender, é cedo para assumir um relacionamento sério.

– Não seja antiquada, mãe, sei o que quero. Fausto me ama, nada nem ninguém poderá nos separar – respondia Vitória com impaciência.

– Não queremos que você se machuque nem faça Fausto sofrer, é melhor pensar bem e ir com calma nesse namoro.

Inês também se preocupava com Vitória e fazia suas as palavras de sua mãe, mas tudo parecia inútil, pois Vitória não dava ouvidos a nenhum conselho nem se interessava pelo assunto, dizendo ser um problema dela e que quem tinha que resolver era ela, o que deixava Cidinha apreensiva com a atitude da filha.

– Não entendo a razão pela qual a senhora fica tão apreensiva – dizia Vitória para a mãe. – Já sou bem grandinha para saber o que quero na verdade, mesmo porque, mãe, namoro não é casamento.

– Gostaria que demonstrasse maior interesse por tudo que tentamos ensinar para você, só isso – respondia Cidinha para a filha.

– Mãe, deixe o tempo passar, Vitória está agindo com o impulso natural da sua idade, quanto mais a senhora fala, mais ela se apega ao Fausto, e ela sabe o caminho que está trilhando – dizia Inês.

"Talvez Inês tenha razão, mas mesmo assim me preocupo, receio que ela vá até as últimas consequências; é muito impulsiva, sempre age primeiro para pensar depois", pensava Cidinha.

Alheia às preocupações que causava em seus pais, Vitória se entregava ao namorado com paixão; era como se alguma coisa a empurrasse para ele, sensação essa que a própria Vitória não compreendia.

"Por que Fausto causa em mim esse desejo forte de estar com ele sem que eu mesma consiga controlar?", pensava.

Por sua vez, Fausto também sentia uma necessidade imperiosa de estar com ela o tempo todo, como se ela devesse isso a ele; na realidade, não sabia ao certo se o que os aproximava era amor de verdade ou apenas uma paixão avassaladora que se extinguiria mais tarde. O certo era que não conseguia se desvencilhar desse sentimento confuso e abrangente.

Capítulo III

Antigas tendências

– Vai sair? – perguntou Cidinha, cada vez mais apreensiva com o rumo que tomava a relação de Vitória com Fausto.

– Vou, mãe – respondeu Vitória –, vou me encontrar com Fausto.

– Você já não o viu ontem, filha?

– Sim, mas o que tem isso a ver com nosso encontro de hoje? Cada dia é um dia, mãe, não sei a razão de sua pergunta.

– Tem a ver com seu comportamento, que se modificou. Desde que começou esse namoro, você tem deixado de lado suas obrigações, minha filha, seus estudos estão sendo prejudicados, sua atenção se volta unicamente para ele. Isso não é bom, Vitória, volto a dizer que é muito jovem ainda para um namoro tão comprometido.

– Mãe, não vamos começar com a mesma história. A que obrigações a senhora se refere?

– Com seus estudos, por exemplo; percebo que não se interessa mais; aqui em casa não cumpre as tarefas que lhe são designadas e, quando as faz, percebo nitidamente seu mau humor; enfim, não é bom, minha filha, que se volte totalmente para seu namorado, deixando de lado sua família; afinal, nem o conhecemos ainda, não sabemos nada sobre ele.

– Mãe, quem tem que saber sobre a vida dele, o que faz e do que gosta, sou eu, não vocês.

Diante da expressão de tristeza e decepção que notou no rosto de sua mãe, Vitória achou por bem concordar, para evitar confrontos maiores, e mesmo sem sentir o que expressava, disse:

– A senhora está certa mãe, peço desculpas; vou prestar mais atenção nos estudos; agora, posso ir encontrar com meu namorado?

"Ela diz isso da boca pra fora", pensou Cidinha. "É uma pena, onde será que estamos errando na educação dessa menina, meu Deus... Tenho receio de que ela se perca na irresponsabilidade e na inconsequência de si mesma."

– A senhora não me respondeu, mãe, posso ir agora?

Em um impulso de autoridade materna, Cidinha respondeu:

– Não. Não pode. O que pode e deve fazer é subir e limpar seu quarto.

Irritada, Vitória subiu os degraus que a levavam até seu quarto, não sem antes ainda tentar confrontar sua mãe.

– A senhora não é minha dona, é apenas minha mãe!

Não se deixando influenciar, Cidinha, sem responder, virou-se, indo até seu quarto para desabafar, com lágrimas, a dor que lhe comprimia a alma.

– Senhor, por misericórdia, que eu consiga perceber qual foi o momento em que me perdi na educação de Vitória, tão diferente de sua irmã – orava, pedindo auxílio.

Sua súplica foi ouvida.

Hortência e Tomás se aproximaram e, emitindo energia salutar, propiciaram a Cidinha a paz para que retomasse seu equilíbrio; Cidinha, receptiva ao amor que recebia da Espiritualidade, levantou-se e disse a si mesma:

– Preciso ter calma para conseguir agir com êxito em relação a Vitória; nosso Divino Amigo não irá me desamparar nem a Vitória; tudo vai dar certo – concluiu.

– Tomás, por que Vitória, que foi tão bem preparada para essa nova encarnação, age como se pouco ou nada tivesse aprendido?

– Porque, na realidade, pouco ou nada aprendeu, Hortência, é um espírito voluntarioso, seu desejo de melhorar foi mais frágil do que sua prepotência de se julgar acima de seu próximo.

– Ela poderá pagar caro por isso, Tomás, e voltar novamente devedora.

– Com certeza, minha irmã. Se não dominar seu instinto arrogante irá novamente se perder na inconsequência de seus atos levianos; encontrou-se novamente com Fausto, que foi tão prejudicado por ela no passado, e ele concordou em se unir a ela para sanar a animosidade de tantos anos, mas sozinho não poderá fazer muita coisa, pois a evolução depende de cada ser, é individual.

– Sabemos bem disso – concordou Hortência –, podemos ajudá-la com as inspirações benéficas, mas tudo dependerá de ela ser receptiva a nossa interferência.

– Com certeza... Agora vamos, nossa irmã já está mais calma; é um espírito corajoso, luta com dignidade e moral cristã, saberá conduzir Vitória.

– Isso se ela aceitar!

– Claro – respondeu Tomás –, se ela aceitar.

Os dois espíritos retornaram à Espiritualidade.

Cidinha, refeita, ostentou um sorriso assim que Jonas chegou.

– Tudo bem, meu amor?

– Claro, tudo bem.

– E as meninas?

– Inês foi ao curso e Vitória deve estar em seu quarto, pedi que fizesse uma faxina. Imagino que deve estar cumprindo minha decisão, pois ainda não apareceu aqui e já faz algum tempo.

– Aconteceu alguma coisa com Vitória? Você me parece um pouco nervosa.

– Nada que não fosse normal de uns tempos para cá, ou melhor, desde que ela começou o namoro com esse rapaz que mal reconheço minha filha.

– Por que diz isso? Por favor, conte-me o que aconteceu – insistiu Jonas.

Cidinha, em poucas palavras, colocou o marido a par da situação.

– E foi isso, Jonas, estou até agora chocada com as palavras de Vitória, penso que esse rapaz não está fazendo bem a ela.

Jonas apenas respondeu:

– Vou até o quarto dela ver como tudo está.

– Faça isso.

Assim que ele se afastou, Cidinha, olhando o marido, pensou: "Obrigado, meu Deus, por ter colocado em meu caminho um homem bom, com o qual posso contar sempre".

Jonas encontrou Vitória sentada em frente à janela.

– O que faz aí tão distraída, minha filha? – perguntou amavelmente.

– Oi, pai, não percebi sua chegada.

– Não percebeu mesmo, vejo-a tão absorta em seus pensamentos... Algum problema, filha?

– Não, pai, nada, estou apenas pensando.

– Posso saber em quê? Talvez possa ajudá-la a resolver o que imagino que deve estar preocupando você.

Animada e confiando no pai que tanto amava, Vitória respondeu:

– Queria muito me encontrar com Fausto, mas minha mãe não permitiu e eu não sei qual a razão dessa proibição, parece que ela não gosta do meu namorado, isso sem nem ao menos conhecê-lo.

– Vitória, sua mãe, assim como eu, está preocupada com a maneira como você está levando este namoro.

– Como assim, pai? Que maneira é essa de que vocês tanto falam?

– Filha, nós não conhecemos ainda esse rapaz, e você não faz outra coisa a não ser se encontrar com ele; descuidou de seus afazeres... Sua mãe tem razão por estar preocupada, você ainda é muito jovem para assumir um relacionamento tão sério como você está querendo.

– Quer saber o que penso, pai?

– Por favor, diga-me.

– O que querem é comandar minha vida, não permitem que eu

cresça e tome minhas decisões. Tenho esse direito, pai, quero fazer minhas escolhas sem interferência, não gosto de ser controlada o tempo todo, fazer somente o que minha mãe manda, isso não é justo.

Jonas se surpreendeu com a resposta de Vitória. Queria saber onde estava aquela menina que tanto amava; não entendia a razão de uma mudança assim tão inesperada.

– Filha, queremos seu bem, é nosso dever orientá-la, não pretendemos mandar em sua vida, mas sim direcioná-la em algumas questões que são ainda muito novas para você, mas não menos importantes, é só isso. O que você sabe sobre relacionamento sério? Seu momento é ainda de despreocupação nesse sentido, seu foco deve ser para seus estudos, suas obrigações junto a sua família, enfim, esse é o momento de buscar conhecimento, de se fortalecer para enfrentar o futuro; isso não quer dizer que não possa namorar, quer dizer apenas que seu relacionamento deve ser secundário, leve e coerente com sua idade, apenas isso.

Vitória silenciou por alguns instantes. Sabia em seu íntimo que seus pais tinham razão, mas alguma força maior a impulsionava para Fausto, sentia-se atraída pelo namorado e não sabia dizer por que isso acontecia.

– Bem – disse seu pai –, vejo que está mais tranquila e imagino que compreendeu nossa preocupação; agora, filha, faça o que sua mãe lhe pediu.

Virou as costas e saiu, deixando Vitória entregue a seus pensamentos.

Fausto esperava a namorada no local combinado, a demora de Vitória causava-lhe aflição. Ao perceber que ela não chegaria, retornou a sua casa.

"Por que Vitória não apareceu?", pensava.

Assim como Vitória, ele também sentia uma atração forte pela namorada, muita vontade de estar perto, mas ao mesmo tempo tinha muito desejo de fazê-la sofrer, e essa contradição deixava-o aflito por não conseguir entender a razão.

– Tudo é muito estranho – dizia a si mesmo. – Como posso nutrir sentimentos tão contraditórios? Não faz o menor sentido amá-la e ao mesmo tempo querer feri-la. Não consigo compreender a mim mesmo!

O Espírito encarnado conserva algum traço das percepções que teve e dos conhecimentos que adquiriu nas existências sucessivas?

Resposta: Resta-lhe uma vaga lembrança, que lhe dá o que chamamos ideias inatas. (*O Livro dos Espíritos*. – Pergunta 218)

Capítulo IV

Uma prova de amor

Vitória acordou cedo, com a intenção de procurar Fausto e dar-lhe uma explicação; queria justificar sua ausência ao encontro do dia anterior. Chegando à cozinha para o café da manhã, pôde ouvir sua mãe dizendo a Inês:

– Filha, estou muito preocupada com sua irmã.

– Por que, mãe, alguma coisa em especial?

– Preocupa-me a maneira com que Vitória está levando esse namoro com Fausto; ela é muito nova ainda, Inês, para compromisso sério, tenho medo do que possa vir a acontecer. Nós nem conhecemos ainda esse rapaz!

– Mãe, não posso acreditar que Vitória seja tão irresponsável a ponto de ir além do que é natural para sua idade.

Antes que Cidinha respondesse, Vitória, entrando, perguntou:

– Do que vocês têm medo, de que eu fique grávida? É isso?

Surpresas, as duas se entreolharam e foi Inês quem respondeu:

– E se for, Vitória, o que tem de errado nisso? A maneira como você está se portando nos faz pensar que isso pode acontecer sim, Em pouco tempo você age como se fosse um namoro de anos, entretanto nossos pais nem conhecem o rapaz.

– Se este é o problema, vou trazê-lo amanhã mesmo! – exclamou Vitória, impaciente – É isso que vocês querem?

– Filha, não complique as coisas. O que queremos é natural, é o que todos os pais querem, conhecer o rapaz que é o namorado da filha, apenas isso.

Surpresas, Cidinha e Inês ouviram Vitória dizer.

– Mãe, eu amo o Fausto e vou fazer qualquer coisa para não perdê-lo!

– Mesmo entregar sua vida nas mãos dele, sem saber se é isso realmente o que ele deseja? – perguntou Inês.

– Eu sei que ele quer!

Cidinha, abalada com o que acabara de ouvir, pensou: "Meu Deus, proteja minha filha; o que devo fazer para colocar juízo nessa cabecinha de adolescente?".

– Filha, por que você age assim? Conhece esse rapaz há bem pouco tempo... Não sabemos nada sobre ele, sua família, seu modo de vida, enfim, é precoce o modo como você está assumindo esse relacionamento. Seu pai e eu estamos preocupados, receamos que sofra mais tarde.

Mais tranquila, Vitória respondeu:

– Mãe, não sei dizer por que, mas sinto que ele deve fazer parte da minha vida, é estranho, concordo, mas é mais forte que eu esse medo de perdê-lo.

– Mas você namorar dentro do limite que deve existir não quer dizer que vá perdê-lo, minha irmã – disse-lhe Inês.

– Inês tem razão, filha, não queremos acabar com o namoro, queremos apenas que caminhe devagar, sabendo que tudo tem um tempo para acontecer, ou seja, para todos os propósitos de nossa vida existe o tempo certo. É tolice querer pular etapas, porque quando isso acontece a vida nos cobra mais tarde e aí pode vir o sofrimento gerado por nossa irresponsabilidade. Você me entende?

– Entendo, mãe! Mas posso continuar meu namoro com Fausto?

– Claro, minha filha! Ninguém está proibindo você de namorar, apenas queremos que cumpra as tarefas relacionadas a sua idade, estude, se divirta, viva com sua família de maneira saudável e feliz, só isso.

– Para atingir nosso objetivo – disse-lhe Inês –, é preciso aprender, adquirir conhecimento, fortalecer os sentimentos, enfim, crescer e amadurecer nossas ideias para sabermos fazer nossas escolhas; assim, teremos condições de alcançar o que sonhamos para nossa vida; como disse nossa mãe, tudo tem seu tempo.

– Sei que vocês têm razão, vou me esforçar de verdade, mãe, quero apenas que acredite em mim e não fique o tempo todo me vigiando, não sou mais criança.

– Acredito em você, filha, seu pai e eu iremos ajudá-la sempre que precisar.

Cidinha sentiu-se feliz ao ver a reação de Vitória, acreditava que realmente a filha iria modificar sua postura, retomando sua vida de antes, ou seja, uma menina alegre, cordata e atenciosa com seus pais e irmã.

"Agradeço ao Pai, sei que tudo voltará a ser como antes", pensou.

– Mãe – perguntou-lhe Inês –, a senhora acredita em Vitória?

– Sim, filha, ela pareceu-me sincera, você não achou?

– Não sei, mãe. Vitória, desde que conheceu Fausto, não é mais a mesma, não sei se devemos acreditar nessa mudança repentina.

– Precisamos dar a ela um voto de confiança, Inês, mas isso não quer dizer que vamos deixar de prestar atenção em seu comportamento; é como se diz, vamos confiar, mas com muita cautela.

Três meses se passaram desde então.

O namoro de Vitória e Fausto se intensificava a cada dia; diziam-se apaixonados. Desde que conhecera os pais da namorada, Fausto, sentindo-se aprovado pelos futuros sogros, passara a alimentar o sonho de se casar com Vitória, sentia que seu amor por ela era verdadeiro, mas alguma coisa o impedia de confiar plenamente no amor da moça. Tentando pôr à prova o sentimento que ela sentia por ele, resolveu criar uma situação para confirmar se esse amor que ela afirmava sentir se sustentava.

"Preciso estar seguro", pensava, "é um passo muito importante e devo me cercar de todas as certezas de nosso relacionamento; quanto a mim estou certo, mas em relação a ela, não sei por que, mas tenho dúvidas."

Vitória estranhou o comportamento de Fausto assim que ele chegou.

– O que foi, amor? – perguntou ao namorado –, você parece estranho, preocupado, aconteceu alguma coisa?

– Fui despedido – disse-lhe Fausto –, não sei o que fazer, está difícil arranjar emprego, com contas para pagar, e acontece isso comigo.

– Você arranjará logo um melhor, você vai ver.

– Não sei, Vitória, está tudo muito difícil, logo agora que eu pensava em um compromisso mais sério com você vem essa surpresa. Sempre tive uma situação confortável, poderia oferecer a você o conforto que merece, mas agora...

– Calma, Fausto, tudo vai se resolver a contento, tenho certeza.

– Espero que sim, amor, quero muito me casar com você, mas como fazer isso se não tenho nada, nem o essencial, que era meu emprego?

Olhou para a namorada e perguntou ansioso:

– Você não vai me deixar por causa disso, vai?

– Vamos dizer que por enquanto não! – exclamou Vitória, sem nenhum constrangimento.

Surpreso, Fausto respondeu.

– O que quer dizer com "por enquanto"?

– Ora, quero dizer que isso aconteceu hoje, amanhã é outro dia, vamos esperar e ver o que acontece, Fausto; é evidente que, se você não arranjar logo outro emprego com o salário compatível com esse que acaba de perder, não vou ficar presa a uma pessoa que não tem nada a me oferecer, não acho justo, sou muito nova para começar minha vida com sacrifício, dificuldade financeira, não quero isso para mim, Fausto.

– Como assim, o que quer dizer com "não tem nada a me oferecer"? E meu amor, não conta?

– Claro, evidente que conta, mas você há de concordar comigo que não atrai a ninguém passar o resto da vida sem perspectiva; um amor e uma cabana, Fausto, é só para os tolos, ninguém vive assim por muito tempo. O amor não se sustenta quando nos privamos do que achamos essencial para nossa felicidade, você não concorda?

– Surpreende-me sua colocação, Vitória. Perder um emprego não significa viver sem perspectiva; o amor que une duas pessoas deve ser forte o bastante para fazê-las superar o momento de dificuldade e uni-las na luta, que faz parte da vida; a dificuldade que se enfrenta ao lado da pessoa a que se ama torna-se mais leve, porque uma dá força para a outra.

– Tudo bem, amor, tudo isso é muito bonito, mas não prático; mas por que estamos falando sobre isso, se amanhã você já poderá estar empregado de novo? Vamos resolver o problema se ele aparecer.

Decepcionado, Fausto sentiu em seu peito que, infelizmente, o que ele suspeitava se confirmara: Vitória não o amava o suficiente para enfrentar os problemas que fazem parte da vida, principalmente o financeiro.

Pensou: "Qual será a medida de seu amor? Que importância tem sua relação com minha confortável situação financeira? Parece-me muito grande, pois na primeira hipótese de fim ela deixa claro que o amor não se manteria...".

Tentou ainda mais uma vez.

– Vitória, e se eu demorar a arranjar um novo emprego ou se arranjar e o salário não for similar ao que eu recebia nesse que perdi? O que você pensa disso?

– Nesse caso, Fausto, preciso ser sincera: acho que não suportaria viver com tão pouco, já basta a limitação que tenho com meus pais, não quero viver a mesma situação após me casar. Sonho com uma vida confortável, sem precisar ficar fazendo contas para conseguir sobreviver. Penso que isso é natural, ninguém gosta de passar dificuldade.

– Mesmo estando ao lado da pessoa que ama?

– Que amor sobrevive à dificuldade, Fausto?

– O meu sobreviveria – exclamou, cada vez mais decepcionado.

– Ponto para você! Quanto a mim, sou mais exigente, teria sérias dificuldades; mas acho melhor acabarmos com essa conversa. Vamos aproveitar que estamos juntos e deixar de lado esse futuro sombrio que você está pintando.

– Não existe futuro sombrio, Vitória, o que existe é a fragilidade de seu sentimento por mim, e por ser tão frágil seu amor penso que o melhor é dar por terminado nosso namoro.

Assustada, Vitória respondeu.

– O que você está fazendo? Está terminando comigo só porque tenho medo de uma vida de dificuldades?

– Não. Estou terminando com você por perceber que o amor que diz sentir não passa de nuvem que irá se desfazer ao primeiro vento mais forte.

– Explique-se melhor, Fausto.

– Vitória, eu fui promovido. Vim me encontrar com você com a intenção de marcarmos o dia para eu pedir sua mão em casamento a seus pais, mas percebo que ia fazer uma tolice, pois você não me ama o suficiente para passar uma vida inteira a meu lado, enfrentado as dificuldades que fazem parte da vida.

– Eu não estou entendendo, Fausto!

– É simples; não fui despedido. Ao contrário, fui promovido, queria apenas testar se seu amor era verdadeiro ou interessado nas coisas que eu podia oferecer a você, na vida confortável que levaria comigo. Infelizmente para mim, que a amo de verdade, prevaleceu a segunda opção, ou seja, seu interesse material; prefiro sofrer agora a sofrer mais tarde. Portanto, Vitória, nosso namoro termina aqui.

– Você não pode fazer isso comigo, Fausto! – exclamou Vitória, em desespero.

– Por que não posso?

– Porque eu te amo e quero me casar com você, não é uma ótima razão?

– Se fosse verdade seria, Vitória, mas há algum tempo venho desconfiando de seus sentimentos e hoje tive a confirmação de minha suspeita.

– Só porque não gostei de saber que estaria supostamente desempregado? Que namorada gostaria de saber disso?

– Realmente ninguém gostaria, mas as palavras ditas por você deveriam ser totalmente diferentes, você não acha? Não me deu a menor chance, não perguntou sequer como e por que isso aconteceu, ou seja, sua reação foi no mínimo estranha; deixou claro que não aceitaria essa situação; o medo da dificuldade foi maior que o amor que diz sentir por mim.

Vitória, retomando seu orgulho, respondeu.

– Tudo bem, Fausto, se é o que você quer que seja, não vou implorar nem chorar. Lamento por nós dois, mas não tenho talento para sofrer por causa de namorado. É como se diz por aí: um vai embora, outro chega.

A dor comprimia o coração de Fausto, que sentia a esperança da felicidade tão sonhada se desfazer como fumaça; acreditara no amor e percebia agora que tudo não passara de um sonho.

"Ela não me ama o suficiente para estar a meu lado nos dias sombrios que porventura ofuscarem nossa vida", pensava com tristeza.

Voltou à realidade ao ouvir a voz de Vitória.

– Ei, Fausto, está sonhando? Se estiver, volte para a realidade, porque estou me despedindo de você.

– Pelo menos podemos ser amigos? – perguntou.

– Não sei, não acredito em amizade depois de uma relação de amor, mas se você quiser podemos tentar.

– Tudo bem, então só posso lhe desejar felicidade! – exclamou.

Fausto saiu apressado, sem olhar para trás. Vitória, ao se ver sozinha, deixou que as lágrimas até então sufocadas escorressem pelo rosto.

– Perdi meu amor, mas ele tem razão: fui muito precipitada, deixei claro que não iria tolerar viver com uma condição modesta, e no fim ele apenas estava me testando. Agora não há mais o que fazer, ele jamais irá acreditar em mim novamente.

Caminhou a passos lentos em direção a sua casa.

– Filha, que fisionomia abatida, o que aconteceu para deixá-la assim? – perguntou Cidinha assim que a viu.

– O Fausto terminou comigo, mãe!

– O que está me dizendo? Você estava falando em casamento e agora me diz que terminaram? Explique isso direito, Vitória.

Sem omitir nada, Vitória deixou sua mãe ciente de tudo o que acontecera. Cidinha não conseguiu esconder da filha sua indignação.

– Mas o que você foi fazer, minha filha? Ele tem razão, onde já se viu uma namorada falar as coisas que você falou, não mostrar nenhuma solidariedade, dar-lhe força para enfrentar, enfim, pensou somente em você, em seu conforto, no que ele poderia lhe oferecer...

– O que a senhora queria que eu fizesse?

– Que deixasse o amor que você afirma sentir por ele falar mais alto que seu interesse; isso se o que você diz sentir é mesmo amor.

– Claro que é amor, mãe, mas isso não significa que eu tenha que passar necessidade casando com um desempregado, significa?

– Passou pela sua cabeça que ele poderia, no dia seguinte, conseguir outro emprego, sendo tão preparado como é? E mesmo que demorasse a conseguir, que o certo seria você estar ao lado dele, dando-lhe a força de que precisaria para suportar a dificuldade?

– Não é assim que funciona, mãe, a vida nos ensina que é preciso se cercar de todos os lados para conseguir o que se pretende.

Completamente surpresa e decepcionada com a filha, Cidinha respondeu.

– Não consigo acreditar no que estou ouvindo, Vitória! Você não pode ter se transformado nesta pessoa calculista que estou vendo na minha frente. O que sabe você da vida com tão pouca idade?

– Sei o suficiente para saber o que quero e o que devo fazer para conseguir.

– Sabe tanto que perdeu o que dizia querer, ou seja, o amor de um rapaz digno.

– Não seja dramática, mãe, se ele me amar de verdade volta correndo para mim!

– Aí é que você se engana, minha filha. O pouco que conhecemos desse rapaz me faz acreditar que dificilmente isso vai acontecer; a atitude dele me faz crer em seus valores, que, pelo que posso entender, não são os seus, felizmente.

– Mãe, vamos deixar tudo como está e ver o que acontece daqui para frente; com licença, vou para meu quarto, estou cansada desse assunto.

Voltou-se e rapidamente entrou em seu quarto, trancando a porta. Ao se ver sozinha, deixou que toda sua frustração aparecesse nas lágrimas que caíam por seu rosto.

– Minha mãe tem razão – pensava –, fui muito boba, deveria ter me mostrado solidária, não podia imaginar que era apenas um teste de Fausto para saber se o amava de verdade. Vou deixar passar alguns dias e depois vou procurá-lo; ele me ama e com certeza irá me querer de volta. É melhor eu me preparar, ainda vou ter que enfrentar a crítica de meu pai e de Inês.

Seu espírito, em sua nova experiência física, esquecendo-se de seu propósito e de tudo o que aprendera na Espiritualidade, permitia que mais uma vez seu orgulho a dominasse; voltada para si própria, coloca-va-se em posição de superioridade em relação às outras pessoas. Vitória fazia um elevado conceito de si mesma, achando que tudo deveria acontecer de acordo com sua vontade; não se dava conta de que preparava para si mesma, mais uma vez, um caminho de inconsequência e futuro sofrimento.

Recostou-se e, cansada das emoções, adormeceu.

Capítulo V

O preço da inconsequência

Beto olhava o amigo e não podia deixar de reparar em seu olhar triste. "Algo o está incomodando", pensava. "O fim de seu namoro com Vitória deixou-o mais abalado do que ele mesmo poderia imaginar."

– Fausto – disse-lhe –, por que se separou de Vitória se isso o deixou assim tão triste? Você a ama de verdade, não?

– Sim, Beto, eu a amo de verdade e queria passar o resto de minha vida a seu lado, mas como isso é possível se a recíproca não é verdadeira? Ela não me ama o suficiente, Beto, tive prova disso e tenho que aceitar.

– Mas por que você foi fazer o tal do teste com ela, meu amigo, se não havia a menor necessidade?

– Para mim havia, sim. Há um tempo desconfiava do sentimento dela, Beto; precisava ter certeza, pois minha intenção era pedi-la em casamento e queria estar certo de seu amor por mim.

– Ela é muito nova, não possui ainda opinião formada, nem deve saber o que é amar de verdade, você deve considerar isso, amigo. Vocês devem ficar ainda na fase do namoro; não acha precoce pensar em casamento?

– Não sei, meu amigo, pode ser que você tenha razão; às vezes penso que realmente fui muito severo com ela, mas fiquei abalado ouvindo--a dizer aquelas coisas tão sem fundamento, vazias, enfim, agora com mais calma não sei o que pensar, estou confuso, mas, para dizer a verdade, sofrendo muito.

– Então, Fausto, não tenha medo de voltar atrás; a Lúcia esteve com Vitória e disse-me que ela também está sofrendo bastante; se vocês se amam, não há razão para ficarem separados, vão com mais calma no relacionamento, deixem que o tempo lhes mostre o caminho.

Fausto estava surpreso com as palavras do amigo.

– Sabe, Beto, nunca imaginei ouvir de você esse tipo de conselho; acho que tem razão; pode ser que eu tenha errado em querer testar da maneira como fiz, acabei ocasionando uma reação inesperada em Vitória; não sei, pode ser que eu tenha mesmo me precipitado.

Pensou um pouco e voltou a dizer:

– A Lúcia disse mesmo que ela está sofrendo?

– Disse e acrescentou que ela se arrependeu de tudo o que disse. Pense com calma, Fausto, analise com cuidado, busque respostas dentro de você mesmo, serão as respostas mais certas.

Fausto sentiu-se aliviado com as palavras do amigo.

Despediu-se de Beto e foi caminhando lentamente em direção a sua casa, deixando seu pensamento ir até Vitória; tudo o que ela lhe disse passava como um filme em sua memória.

"Não é possível, meu Deus, que ela seja assim tão insensível, tão materialista; mesmo sendo tão nova, é inadmissível um comportamento assim, fundamentado apenas no desejo de consumo; será que estou tão errado assim?", perguntava-se.

A dúvida se infiltrara em seu coração. Não sabia o que fazer: agir de acordo com o que acreditava ou desculpar-se e fingir que nada acontecera? Nesse caso, porém, estaria enganando a si mesmo...

Uma ideia tomou forma em sua mente: "Vou telefonar para Inês, as duas são muito ligadas, creio que ela poderá me dizer como agir e como Vitória está administrando tudo isso de verdade".

Em casa, Vitória conversava com sua irmã:

– Então, Inês, foi exatamente como lhe contei; fui impulsiva, eu sei, mas ele poderia ter sido mais compreensivo. Foi um choque saber que namorava um desempregado, sei como é difícil arrumar outro trabalho, me assustei, foi só isso; e isso não quer dizer que não gosto dele.

Inês, perspicaz, disse-lhe:

– Vitória, estou estranhando sua maneira de dizer "gosto dele"... Não era você quem falava várias vezes que o amava perdidamente? Agora esse amor imenso se transformou em "gosto dele"?

– Não queira me confundir, Inês, é a mesma coisa: gosto, amo, enfim, que diferença isso faz?

– Não sei, minha irmã, não sei, apenas estranhei sua maneira de falar, só isso. Bem, preciso ir agora, Vitória, está na minha hora.

Saiu, deixando sua irmã entregue a seus pensamentos.

"Inês falou uma coisa que está me fazendo pensar: por que disse "gosto dele"? Sempre o amei, mas por que a possibilidade do desemprego me fez reagir daquela maneira, aumentando, para Fausto, sua dúvida quanto a meu sentimento? Isso está muito confuso em minha cabeça..."

Ouviu a voz de sua mãe chamando-a:

– Vitória, telefone para você!

– Quem é, mãe?

– Fausto!

Seu coração disparou ao ouvir o nome de Fausto.

– O que ele quer, mãe?

– Ora, filha, não sei. Com certeza falar com você, não acha?

– Estou indo.

Tentou se acalmar e, ao pegar o fone, apenas disse:

– Oi, Fausto, como você está?

– Tudo bem, Vitória, e você?

– Estou ótima, estudando, enfim, cumprindo minhas tarefas, das quais descuidei bastante.

"Ela quer parecer que não está sentindo minha falta, mas vou tirar isso a limpo de uma vez por todas", pensou Fausto.

– Gostaria de me encontrar com você, Vitória, penso que temos algumas coisas a esclarecer. Você está com tempo livre hoje à tarde?

"Preciso me fazer de difícil", pensou Vitória, "ele precisa aprender a me tratar melhor."

– Hoje não vai dar, Fausto, pode ser amanhã?

– Logo após o almoço?

– Evidente que não, Fausto, só posso no final da tarde, pode ser?

– Tudo bem, Vitória, espero você no lugar de sempre.

Ao desligar o telefone, Fausto experimentou uma sensação estranha.

"Ou ela quer se fazer de difícil ou não vai querer mais nada comigo, estava muito desligada, como se falar comigo não fosse nada importante. Mas amanhã quero deixar tudo às claras de uma vez por todas", pensou, decidido.

Desligando o telefone, Vitória foi ao encontro de sua mãe.

– Mãe, Fausto acabou de me ligar querendo se encontrar comigo.

– O que você acha disso?

– Disso o que, mãe?

– Do fato de ele querer se encontrar com você, não é disso que estamos falando?

– Claro! Acho natural, para ser sincera acho até que demorou, esperava que acontecesse, ou melhor dizendo, tinha certeza de que iria acontecer.

– Você é muito segura de si, não, minha filha? – considerou Cidinha. – Mas o que pretende fazer, se for esta a razão? Vai voltar a namorar com ele?

– Vou, mas antes me faço de difícil para ele aprender a não brincar comigo; quero dar uma lição nele, mãe.

– Cuidado, minha filha, já diziam os antigos que quem brinca com fogo pode sair queimado.

– Mãe, não venha com essas frases dos antigos, só se queima quem não sabe lidar com o fogo, eu sei o que estou fazendo, sei cuidar de mim e, mais ainda, sei como lidar com Fausto.

– Sabe tanto que ocasionou o término do namoro de vocês, não, minha filha?

Vitória ficou sem saber o que responder para sua mãe e se deu conta de que era verdade o que ela dizia; na época não agira como deveria e se machucara.

"Preciso ser mais prudente agora", pensou.

Cidinha abraçou sua filha e lhe disse:

– Vitória, não seja tão impulsiva ao falar com Fausto, pense primeiro e ouça seu coração, não jogue fora outra vez o amor desse rapaz porque ele não merece, ele a ama de verdade, seja natural e sincera; as oportunidades chegam e se não as aproveitamos elas podem passar e mudar o rumo de nossa vida. Se você gosta dele como diz, não o afaste de você.

– Obrigada, mãe, tenho consciência da minha impulsividade, mas não consigo me controlar. Quando percebo, já fiz ou falei o que não devia.

– Você vai conseguir, filha, isso é um esforço diário. Você, tendo consciência de que é necessário, vai conseguir.

No dia seguinte, Vitória se arrumou para encontrar Fausto.

Ao avistar o rapaz, sentiu que seu coração batia mais forte, teve uma sensação de tremor.

"Meu Deus, eu ainda o amo, essa é a verdade, e preciso saber conduzir nosso encontro para um final feliz, ou seja, reatarmos nosso namoro."

Assim que a avistou, Fausto foi a seu encontro.

– Como vai, Vitória?

– Bem, Fausto, e você?

– Estou bem, apenas com muita saudade de você! – exclamou.

"Ele ainda me ama", pensou Vitória, "está disposto a reatar comigo, senão não teria proposto este encontro nem afirmaria que está com saudade. Não sei se me jogo logo em seus braços ou deixo-o sofrer um pouquinho."

Fazendo a opção errada, respondeu:

– Foi você quem quis terminar, Fausto, foi grosseiro comigo e por isso não sei se quero voltar a namorar novamente com você, comprometer minha felicidade a seu lado não é uma possibilidade que me atrai. Você precisa aprender a tratar uma garota, não é mais aquele rapaz que conheci, sensível, amável, atraente. Enfim, qual é o verdadeiro Fausto: aquele ou este que está na minha frente?

E continuou:

– Se for aquele pelo qual me apaixonei, quero muito ficar com você, mas se for este tenho muitas dúvidas se quero realmente. Trago ainda, em meu coração, as marcas que sua grosseria deixou.

Fausto, a cada palavra de Vitória, ficava mais surpreso.

– Vitória, eu não disse nada para você, não vejo a razão dessa sua impertinência, recusar uma coisa que ainda não foi oferecida... Quanto àquela situação, não foi assim como você diz, mesmo porque quem deveria estar magoado sou eu e não você.

– Não precisa nem dizer, Fausto, sei que a finalidade desse encontro é você se desculpar e pedir para reatarmos, está arrependido do que me fez, estou certa?

Sentindo-se incomodado, Fausto pensou: "Ela não mudou nada, continua a mesma arrogante de sempre, coloca-se acima de todos, até da pessoa que dizia amar; Lúcia se enganou com o sentimento dela, o melhor mesmo é tentar esquecê-la, nosso relacionamento jamais dará certo, somos muito diferentes, ficar juntos é trazer sofrimento".

Certo do que queria naquele momento, respondeu:

– Não, Vitória, não está. Não vim aqui para reatar nosso namoro, vim apenas para ver se existia a possibilidade de isso acontecer, mas vejo que não há. Somos muito diferentes; agimos, pensamos e temos valores nada semelhantes um com o outro; portanto, o melhor é darmos nosso caso por encerrado definitivamente.

Vitória estremeceu e se deu conta do que fizera. "Meu Deus, minha mãe tem razão, sempre precipito tudo da maneira errada, mais uma vez destruí a possibilidade de ficarmos juntos, acho que agora é tarde para consertar o estrago que cometi novamente em relação ao Fausto, mas também não custa tentar."

Com voz carinhosa, disse-lhe:

– Fausto, me desculpe, eu não queria dizer tudo o que eu disse.

– Não queria mas disse, Vitória Mais uma vez percebo o quanto é prepotente, acha-se acima de todo mundo. Sinto muito, poderíamos viver um grande amor, construir uma vida feliz, ter filhos, enfim, tudo não passou de um sonho, quero que seja feliz ao lado de uma pessoa que seja como você quer e que, para você, eu deixei de ser.

Saiu, deixando Vitória atônita.

"Meu Deus, o que foi que eu fiz? Destruí a chance de ser feliz mais uma vez em troca de um orgulho bobo, por querer ser melhor, mais importante, coloquei-me acima dos sentimentos dele e agora sinto que o perdi para sempre."

Chorou ao vê-lo se afastar. Fausto caminhava a passos lentos, pensando na decepção que mais uma vez sofrera com Vitória.

"A felicidade não é para mim", pensava. "Preciso e vou esquecê-la, é só uma questão de tempo, é melhor sofrer agora do que mais tarde. Vitória possui um amor-próprio exagerado, coloca-se sempre em posição de superioridade em relação aos demais e eu não quero viver com uma pessoa assim, não seríamos felizes. Existem relacionamentos que não nasceram para durar e o nosso é um deles; enfim, se não é para ser, que termine de uma vez."

Capítulo VI

A vida segue seu rumo

Trinta dias se passaram.

Enquanto Vitória parecia ter se acostumado com a separação, preenchendo seus dias com a companhia dos amigos, Fausto ainda não conseguia aceitar como tudo acontecera apenas por causa de um sentimento de desconfiança e insegurança dele em relação ao amor que Vitória dizia sentir.

Tentava levar sua vida de uma maneira natural, mas sentia dificuldade nesse propósito.

– Preciso tirar de uma vez Vitória do meu coração e, para isso, devo me interessar por outra pessoa, é assim que se faz para esquecer – dizia a si mesmo, mas sem acreditar que seria possível esquecer a pessoa que amava.

Certa tarde, voltando do trabalho, parou em uma sorveteria. Olhou tudo em volta, como que procurando com os olhos aquilo por que seu coração ansiava. Nada chamava sua atenção. Saboreava seu sorvete quando ouviu alguém dizer:

– Fausto, que prazer encontrar você, tanto tempo faz que não nos vemos, mais precisamente desde que você e Vitória se separaram. Como você está?

Antes de responder, Fausto virou-se para ver quem o chamava. Surpreso, disse:

– Inês, que prazer ver você!

– O prazer é todo meu, Fausto! Como você está?

– Muito bem, e você?

– Comigo está tudo bem. O que tem feito da vida?

– Nada de importante; trabalho um dia e no seguinte também – falou e sorriu. – Mas sente-se aqui, aceita um sorvete?

– Claro, obrigada – respondeu Inês gentilmente.

Conversaram animadamente e, por fim, Fausto perguntou:

– Como vai Vitória?

– Parece a todos nós que está bem, mas você sabe como é Vitória, nunca demonstra seu real sentimento.

– Você acha que ela pode estar sentindo minha falta?

– Acho que deve estar sim, mas não demonstra em momento nenhum. E você, ainda gosta dela?

– Inês, parece impossível, mas penso nela e sinto sua falta todos os dias, meu amor por ela é muito forte para acabar assim de uma hora para outra, mas estou me esforçando porque sei que nós dois nunca seremos um casal, somos diferentes demais.

– Mas o tempo mostrará a você que é possível esquecer e se apaixonar novamente, é preciso esperar com paciência, mas sem deixar de viver, de olhar para outras pessoas e de se dar oportunidade de descobrir e sentir a brisa de novos ares. Não raro uma situação que vivemos e da qual gostamos termina para dar lugar à outra que poderá ser mais agradável e nos trazer mais felicidade e alegria; é preciso esperar e acreditar que tudo passa, Fausto, só Deus não passa e Ele é suficiente para nossa felicidade.

Fausto olhou para Inês, surpreendido com suas palavras.

– Você coloca as coisas de uma maneira agradável, Inês, faz tudo parecer mais ameno!

– Sabe o que é, Fausto? Precisamos aprender que a vida, a felicidade e a paz são caminhos e não destinos; é preciso construir esse caminho. Se ficarmos presos ao descontentamento perderemos a oportunidade de chegarmos ao destino seguro. Vitória ainda não consegue perceber que depende somente dela a construção de sua vida, seja a seu lado ou ao lado de outra pessoa; ela é impulsiva, mas o tempo lhe mostrará que para andarmos de mãos dadas com alguém é preciso que sejamos receptivos ao receber a mão do outro.

Fausto estava encantado com as palavras de Inês.

Pensava: "Que pessoa segura, não podia imaginar que fosse assim tão diferente de Vitória".

Inês levantou-se e disse.

– Sinto muito, Fausto, mas preciso ir, foi muito bom encontrar você, espero que fique bem e que tudo se resolva entre você e Vitória.

Num impulso, Fausto respondeu:

– Podemos nos encontrar outra vez para conversarmos? Você me fez muito bem.

– Quem sabe, Fausto? A gente se encontra por aí. Obrigada pelo sorvete!

Virou-se e não percebeu o olhar de admiração de Fausto.

"Que garota bacana", pensou, "tem uma maneira muito especial de falar."

Pagou a conta e foi para casa.

– Sabe quem encontrei hoje na sorveteria, Vitória? – perguntou Inês.

– Não faço a menor ideia, minha irmã.

– Fausto!

Admirada, Vitória tornou a interpelar a irmã.

– Vocês marcaram esse encontro?

Inês sorriu.

– Claro que não, sua boba, foi uma coincidência.

– Numa sorveteria?

– E qual o problema de ser em uma sorveteria? Não me venha dizer que está com ciúmes achando que eu e o Fausto...

Vitória não deixou que a irmã terminasse.

– Não estou com ciúmes, só não quero que você se envolva com ele, não vou permitir isso, portanto é melhor nem tentar se aproximar de Fausto.

Inês soltou uma boa risada.

– Vitória, você acha que eu teria alguma coisa com seu ex-namorado?

– Espero que não; nós terminamos, mas não vou permitir que ele tenha uma relação com você ou com qualquer amiga minha.

Cidinha, entrando, escutou o final da conversa.

– Vitória, se você não quer mais nada com ele, por que todo esse discurso? Ele é livre para se relacionar com quem quiser.

– Não, mãe, não é!

Assustada, Cidinha voltou a dizer:

– Você me assusta, minha filha, o que quer dizer com isso?

– Quero dizer que não quero e não aceito que ele namore outra pessoa, seja quem for; se isso acontecer, eu acabo com o namoro em dois tempos.

Cidinha e Inês se olharam, perplexas com o que acabavam de ouvir.

– Vitória – disse Inês –, tudo isso só porque encontrei ao acaso com o Fausto?

– Pode ser, mas é principalmente para deixar claro que é melhor se afastar dele, Inês, só isso.

Irritada, Inês revidou.

– Vamos parar com isso, Vitória, não quero nada com Fausto, ele é somente um amigo, encontrei-o ao acaso, não vou procurá-lo, mas fique sabendo que se encontrá-lo novamente não vou fingir que não o conheço; ao contrário, vou falar com ele sim, porque não tem nada demais falar com alguém que conhecemos.

– Você é quem sabe, depois não diga que não avisei.

– Mãe, essa menina enlouqueceu, não vejo lógica em nada do que ela fala.

– Deixe, filha, isso vai passar, é apenas mágoa por ter sido desprezada pelo namorado.

– Quem foi desprezada, de quem estão falando? – escutaram a voz de Jonas, que, chegando, ouvira o que Cidinha dissera.

– Oi, meu bem, nem vi você chegar.

– Responda-me, Cidinha, o que estavam conversando que as vejo assim tão tensas?

Inês tomou a frente de sua mãe e contou o que acontecera. Jonas ficou preocupado com o que Vitória dissera.

– O que é isso, minha filha? Por que disse essas coisas para sua irmã?

– Para que ela não se intrometa com Fausto.

– Filha – disse pacientemente para Vitória –, isso que está dizendo não procede, Inês encontrou esse rapaz por acaso, não há nenhum interesse dela por ele e vice-versa; mesmo assim, se vocês terminaram ele está livre para namorar quem quiser e você não poderá impedir.

– Posso, pai, o que é meu ninguém me toma!

Jonas reagiu mais severamente.

– Vamos parar por aqui, Vitória. Se você ainda o ama, procure-o e reate o namoro; se não, deixe o rapaz em paz, ele e quem ele escolher para namorar, você nada mais a que ver com sua vida. Agora, chega dessa conversa.

Vitória ficou assustada com o tom enérgico de seu pai.

– Por que fala assim comigo, pai, o que foi que eu fiz?

– O que você fez eu não sei, filha, mas me preocupa o que você pode vir a fazer, baseado no que ouvi quando cheguei.

– Eu não vou fazer nada, só estava dizendo que não quero a Inês envolvida com o Fausto.

– A partir do momento que você e esse rapaz não têm mais nenhum envolvimento, Vitória, ele pode se envolver com quem quiser e, como já disse, vamos acabar com este assunto; pense bem antes de tomar qualquer atitude que a faça se arrepender mais tarde.

Vitória foi para o quarto, estava indignada com Inês; mesmo sabendo que nada existia entre ela e Fausto, que fora um encontro casual, o ciúme tomava conta do seu ser. "Vou ficar atenta, se existe uma coisa que não suporto é ser passada para trás!", pensou imprudentemente.

Inês, em seu quarto, rememorava os últimos acontecimentos. "Não posso entender a reação de Vitória", dizia a si mesma. "Será que, só porque foi seu namorado, Fausto não pode conversar com mais ninguém? Isso não faz sentido. Do jeito que Vitória falou, parecia que estava querendo algo mais com ele! O melhor é eu não me aproximar mais dele, assim evito maiores problemas."

Quinze dias se passaram desde esses acontecimentos, parecia que todos haviam esquecido os fatos; tudo voltara ao normal e, como sempre acontece, a vida seguiu seu curso, dando ao tempo a incumbência de apagar ou amenizar as feridas. O tempo que realmente temos é o presente, é ele que nos dá chance de melhorarmos como pessoa. Acreditando nisso, Inês retornou a sua rotina, esquecendo-se das palavras desagradáveis que ouvira de sua irmã, consciente de que devemos sempre ocupar nosso tempo, nossa mente, com o trabalho salutar e pensamentos de amor e harmonia, evitando trazer à tona fatos e pensamentos desagradáveis. Dedicara-se ao trabalho, esquecendo-se da infantilidade de Vitória. Sem entender a razão, Inês se deu conta de que, em alguns momentos, lembrava-se de Fausto e, espantada, percebeu que isso se tornara frequente.

"O que está acontecendo comigo?", perguntava a si mesma. "Não sei por que Fausto vem à minha lembrança, se na realidade mal o conheço... Encontramo-nos poucas vezes, quando ele ia buscar Vitória em casa. Conversar mesmo com ele foi só uma vez... Por que aquele encontro absolutamente casual me marcou tanto?"

Balançava a cabeça como se esse gesto anulasse seus pensamentos. "Preciso parar com isso, acho que fiquei impressionada com tanto ciúme de Vitória e por conta disso fico pensando nas bobagens que ela disse, deve ser isso."

– Inês, por acaso você se encontrou com Fausto? Não o vejo há dias e nem imagino o que deve estar acontecendo com ele – perguntou Vitória.

– Não, minha irmã, não o vi mais. Por que acha que eu poderia vê-lo?

– Não acho nada, apenas perguntei, só isso.

– Sente falta dele?

Vitória, disfarçando a ansiedade que tomara conta de seu coração, respondeu:

– Claro que não, perguntei apenas por curiosidade.

– Ele deve estar seguindo a vida dele. – disse Cidinha, que acabara de entrar – Você provocou a separação, Vitória, não tem do que reclamar.

– Claro que não, a senhora está contra mim?

– Não, filha, jamais ficaria contra minhas filhas, apenas não concordo com o que fez você terminar um relacionamento por nada de concreto; perder um rapaz honesto, educado, enfim, um bom partido, como se diz, por questões levianas, supérfluas, agora é aguentar as consequências.

Vitória se irritou.

– Que consequências, mãe, ele não me faz falta!

Cidinha e Inês sorriram, sabiam o quanto Vitória se arrependera, mas seu orgulho não a deixava admitir.

"É importante entender que poderemos conquistar a felicidade quando deixamos de valorizar tanto nosso orgulho e nossa vaidade." (Irmão Ivo)

Seis meses se passaram sem que Fausto e Vitória se encontrassem. Com o passar do tempo, o rapaz sentiu amenizar a saudade que sentia da antiga namorada.

Trabalhava e se divertia, sempre com seu amigo Beto.

– E aí, amigo, como vai esse coração? – perguntava-lhe Beto.

– Melhor do que eu pensava, Beto; é incrível, mas sinto tranquilidade dentro de mim. Vitória ficou no passado como uma linda recordação; penso que o que me fez desligar tão rapidamente dela foi a decepção que senti por duas vezes e que me machucou muito; hoje sei que foi melhor assim, nós dois não daríamos certo porque somos diferentes, o que para mim é supérfluo para ela é essencial, enfim, se ficássemos juntos em algum momento iríamos nos separar, tenho certeza disso.

– Nossa, Fausto, onde está aquele amigo que se dizia apaixonado?

– Não sei – respondeu Fausto –, aqui é que não está; quem está aqui, meu amigo, é alguém que pensa positivamente. Deus nos ajuda a atingir nossos melhores propósitos; portanto, não vou ficar me lamentando, vou me preparar para receber o que Deus prepara para mim.

Quando chegar, se eu não estiver preparado, não vou reconhecer.

– Estou gostando de ver, como você mudou!

– Não mudei não, Beto, acho que voltei a ser eu mesmo.

– Mesmo a vida tendo tirado de você a pessoa que amava?

– Olha, Beto, eu aprendi que a vida não tira nada de ninguém, na verdade ela nos liberta de muitas coisas que no final nos fariam sofrer mais do que no momento em que achamos que é o fim de tudo; a jornada de cada um pertence a cada um, Deus deve ter outros planos para mim e para Vitória.

– Você deve ter razão – concordou Beto. – Eu ainda não vivi isso, portanto não compreendo muito bem essas coisas.

– O seu dia vai chegar, amigo, e quando chegar lhe trará o amor que o fará feliz! – exclamou Fausto.

– Espero que sim –, respondeu Beto com uma expressão tristonha.

– Que desânimo é esse, amigo? Não acha que é muito novo para estar assim desalentado, posso saber o motivo?

– Poder pode, mas não é interessante!

– Deixe que eu tire minhas próprias conclusões – rebateu Fausto –; vamos, amigo, conte-me o que o preocupa e o faz assim desanimado.

– Fausto, eu gosto de uma pessoa que não me vê senão como amigo.

– Ora, Beto, declare-se para ela, aposto que nunca disse que a ama, disse?

– Evidente que não, Fausto, nossa amizade é tão forte que tenho medo de estragar tudo por causa de um sentimento que só eu tenho.

– Como você sabe que só você sente se não disse nada, se não deu a ela a oportunidade de decidir se quer também viver com você algo mais que uma simples amizade?

– Sei que tem razão, amigo, mas falta-me coragem para tanto.

Fausto pensou um pouco e perguntou:

– Pode me dizer quem é ou vai manter segredo também para seu melhor amigo?

– Não, claro que não, você é como um irmão para mim, Fausto; evidente que vou lhe dizer, trata-se de...

Sem deixar que o amigo dissesse o nome da mulher que amava, Fausto interrompeu-o:

– Não precisa dizer, é Lúcia, não?

– Como você sabe? É a Lúcia, sim, mas como descobriu?

– Em alguns momentos observei a maneira como você olha para ela; não é um olhar de amigo, mas de alguém que está apaixonado.

– Verdade? Deu para perceber?

– Deu sim, amigo, e vou arriscar dizer que ela também tem uma quedinha por você.

– Fausto, não brinque comigo, o que sinto é coisa séria.

– Não estou brincando, pode crer; acho que você deve investir nessa conquista.

– E se não der certo?

– Se não tentar, nunca vai saber; vai deixar a oportunidade de viver um grande amor se perder em razão do receio de ser rejeitado? Existe a possibilidade de ser aceito, já pensou nisso?

– É, dei tanto conselhos para você e, no entanto, não consigo resolver as minhas questões.

– Mas é assim mesmo, Beto, o que a gente não enxerga os amigos enxergam por nós.

Os dois amigos se abraçaram, selando ainda mais a amizade que os unia.

Capítulo VII

Uma nova possibilidade

Jonas e Cidinha tomavam seu café da manhã conversando sobre suas filhas quando Vitória entrou, eufórica.

– Bom dia – exclamou com alegria –, o dia hoje está maravilhoso, mãe, bom para um passeio, não acha?

Conhecendo a filha e suas artimanhas para conseguir o que no momento desejava, Cidinha de pronto lhe disse:

– Pode falar, Vitória, o que deseja dessa vez?

– Por que a senhora acha que venho pedir alguma coisa?

– Porque a conheço bem, minha filha, "este dia bom para um passeio" quer dizer "mãe, posso sair com...". Diga logo com quem, filha.

– Nossa, mãe, a senhora me conhece bem mesmo, hein? E o senhor, pai?

– Eu o que, filha?

– Acha também que estou querendo alguma coisa?

– Penso como sua mãe; portanto, Vitória, deixe de preâmbulos e diga logo o que quer.

– Quando estava no ponto de ônibus, conheci um rapaz muito interessante, mãe, o nome dele é Almir, ficamos conversando e ele me convidou para um passeio, posso ir?

Jonas e Cidinha se olharam, pensando a mesma coisa. Foi Jonas quem respondeu.

– Não, filha, não pode.

Vitória ficou indignada com a negativa de seus pais e, dando vazão a sua impulsividade, respondeu, em tom agressivo.

– Posso saber a razão?

– Pode – falou Cidinha. Você conheceu o rapaz pela manhã e já quer sair com ele à tarde? Ora, Vitória, não acha um pouco precipitado? Mal conhece esse rapaz, não sabe nada sobre ele, vai começar tudo de novo? – perguntou Cidinha.

– Mãe, se não posso me encontrar com ele, como vou conhecê-lo? Sinto muito, mãe, mas vou desobedecê-la. Não vou fazer nada demais e é uma oportunidade de encontrar alguém com quem eu possa me relacionar sem as inseguranças de Fausto, que precisava fazer teste para ter certeza de meus sentimentos.

Diante da certeza com que Vitória falou, Cidinha e Jonas não tiveram alternativa senão concordar, dizendo:

– Tome cuidado, Vitória, não vá a lugar ermo, fique sempre onde tem bastante gente por perto, certo?

– Fiquem tranquilos – respondeu Vitória, saindo em seguida.

– É impressionante como essa menina tem resposta para tudo quando quer uma coisa –, disse Cidinha ao marido.

– É verdade, você tem razão, ela está cada dia mais segura de si, não sei onde isso vai parar. Cabe a nós colocar um fim em tudo isso. Penso que erramos em concordar com sua saída, devíamos ter impedido.

– Mas como? – perguntou Cidinha.

– Primeiro tentando dialogar com ela, demonstrando o quanto a amamos e queremos somente seu bem. Se não der resultado, veremos o que vamos fazer.

– Hortência, qual é a razão de essa irmã ter se modificado tanto? – perguntou Tomás. – Ela se preparou adequadamente para esta encarnação, entretanto percebemos que volta a cometer os mesmos enganos.

– A razão, meu irmão, está em seu temperamento orgulhoso e autoritário. É um espírito em aprendizado, mas sempre se perde nos mesmos equívocos, e se não tomar cuidado irá cair outra vez. Vitória não aceita ser contrariada em seus desejos e se você, meu irmão, prestar atenção em seus pensamentos, verá que ainda não esqueceu o que pensa ser uma humilhação.

– A irmã está falando de Fausto?

– Sim. Vitória não aceitou o término de seu relacionamento com Fausto e espera apenas o momento que julgar propício para atingi-lo. Sentiu-se frustrada em seu desejo de se tornar rica, ambicionava a situação confortável de Fausto, que poderia dar a ela a condição de autoridade que tanto ambiciona.

– O que podemos fazer para ajudá-la?

– Podemos fazer somente o que estamos fazendo sem sucesso, ou seja, inspirá-la a um comportamento correto, mas infelizmente ela não consegue aceitar nossa influência.

– Pobre irmã! – exclamou Tomás.

– Sim, Tomás, pobre irmã que não sabe o que é na verdade o respeito pelas decisões alheias e julga-se merecedora da satisfação de ter seus desejos realizados; aprendeu sobre isso, mas novamente se deixa levar por seus enganos.

> A posição elevada neste mundo e a autoridade sobre seus semelhantes são provas tão grandes e tão difíceis quanto a miséria, porque quanto mais se é rico e poderoso, mais se tem obrigações a cumprir e maiores são os meios para se fazer o bem e o mal. Deus experimenta o pobre pela resignação e o rico pelo uso que faz dos seus bens e do seu poder. (*O Livro dos Espíritos* – Pergunta 816)

Contrariando os pais, Vitória foi ao encontro de Almir; este a recebeu com cortesia e elegância, o que fez que Vitória se sentisse segura em ter encontrado alguém que a tratasse como devia.

– Pensei que não viesse – disse-lhe Almir.

– Tive um pequeno problema com meus pais, mas não importa, estou aqui.

– Que bom, Vitória. Vamos dar um passeio?

Vitória lembrou-se do conselho de sua mãe e respondeu:

– Não, Almir, prefiro ficar aqui mesmo.

– Se prefere assim!

Sentaram-se no banco da praça e, conversando, perceberam que os dois tinham muita coisa em comum.

– Engraçado, Vitória, desde que a vi percebi em mim um forte sentimento de que havia encontrado minha alma gêmea.

– Eu também senti a mesma coisa, Almir – respondeu, mesmo sem sentir a impressão mencionada por Almir. O que ela via nele era a oportunidade de ter a seu lado alguém que pudesse ajudá-la a atingir Fausto quando chegasse a hora.

– Vamos ser grandes amigos – completou.

– Só amigos?

– Por enquanto só, o tempo dirá se a amizade se transformará em outro sentimento. Não acha que é muito precoce pensar em outra coisa?

– Você tem razão, desculpe-me.

Passaram a tarde juntos, tentando se conhecer um pouco mais. Olhando o relógio, Vitória se assustou e disse:

– Preciso ir, minha mãe não quer que eu demore, fica preocupada.

– Quando nos veremos novamente?

Vitória pegou um papel, escreveu um número e, entregando-o a Almir, disse:

– Este é meu telefone, ligue quando quiser.

– Vou querer amanhã, pode ser?

– Pode, eu disse "quando quiser".

Afastou-se, deixando Almir impressionado com sua beleza e sua personalidade, que sentiu ser bastante forte.

"Penso que nos daremos muito bem", disse a si mesmo.

– Você demorou –, exclamou Cidinha assim que a filha entrou em casa.

– Desculpe, mãe, ficamos conversando na praça e não vi o tempo passar.

– E o que achou desse rapaz?

– Muito gentil e educado, assim como Fausto.

"Ela não esquece o Fausto", pensou Cidinha, "faz o possível, mas não consegue esquecê-lo, sinto isso bem claramente."

– Que bom, filha, só lhe peço que vá devagar, afinal você não o conhece direito.

– Pode deixar mãe, sei me cuidar.

Subiu até seu quarto e encontrou Inês, que escrevia em seu diário.

– Oi, irmã. O que está fazendo?

– Nada de importante!

– Parece um diário, então deve ser importante.

– Não, Vitória, não é um diário e muito menos importante. Desculpe-me, mas hoje não estou disposta para conversar, gostaria de ficar sozinha.

– Está bem, Inês, vou deixá-la entregue a si mesma, se é isso que deseja.

Virou as costas e saiu.

Inês se entregou à melancolia que sentia.

– Senhor, não entendo por que não consigo me relacionar com ninguém, minhas relações sentimentais não duram mais que poucos meses, sinto-me tão sozinha, sem ninguém para me escutar, viver comigo momentos de afeto, enfim, queria muito, Senhor, encontrar alguém que gostasse de mim de verdade.

Enxugou duas pequeninas lágrimas e resolveu: "Vou dar uma volta, assim me distraio um pouco".

– Vou sair, mãe.

– Aonde vai, filha?

– Não sei, andar um pouco, não demoro.

Caminhou alguns instantes em direção à praça, sentou-se no banco e ficou distraída olhando as pombas que, em um vai e vem constante, saboreavam os grãos de milho espalhados pelo chão. Não sabia há quanto tempo estava assim distraída quando ouviu uma voz que a chamava:

– Inês, há quanto tempo não a vejo!

Olhou em direção à voz e deparou com o sorriso amigo de Fausto.

– Fausto, você por aqui? – perguntou, estranhando vê-lo.

– Para falar a verdade, Inês, domingo é um dia que me angustia e, como nada tinha a fazer, resolvi dar uma volta. Acho que fiz bem, afinal encontrei você. Podemos conversar um pouco?

– Claro, sente-se. Assim como você, também estava ociosa em casa e resolvi vir até a praça; mas conte-me o que anda fazendo.

– Apenas trabalhando bastante, Inês. Sabe que moro sozinho; sendo assim, passo a maior parte de meu tempo na empresa, pois sei que não encontrarei ninguém a minha espera.

– Você não está namorando? – perguntou Inês.

– Não! Para ser franco, não estou procurando ninguém. Como você sabe, sofri muito em razão do rompimento com Vitória, agora quero ser mais cuidadoso ao entregar meu coração a alguém. Mas isso não inclui amizade, estou feliz por ter me encontrado com você, eu sempre a admirei muito.

– Obrigada, Fausto, também gosto de você.

– Diga-me como está Vitória.

– Do jeito que você a conhece, nada mudou em seu comportamento, sempre alegre, mas autoritária.

– Vou lhe confessar uma coisa, Inês. Fui muito apaixonado por ela e nunca entendi por que tudo aconteceu. Nossa separação aconteceu por uma razão que considerei sem fundamento; sei que errei por ter sido tão severo, mas ela também errou em se portar de uma maneira fútil, dando importância somente ao dinheiro que possuo; isso causou em mim a sensação desagradável de ser apenas uma conta bancária; você pode me entender?

– Posso sim, Fausto; penso que Vitória realmente não pensou em desagradar você, ela agiu como uma criança que não mede as palavras; posso lhe afirmar que ela o amava sim, o jeito que ela expressou seu sentimento é que colocou a dúvida em você.

– Bem, agora não me interessa mais, portanto não adianta ficar falando de algo que aconteceu, mas que ficou perdido lá trás, pelo menos para mim.

– Nesse tempo todo você nunca pensou em voltar para ela?

– Sinceramente, pensei, mas avaliando o que ela me falou quando tentei reatar vi que de nada adiantaria. Sendo assim, achei melhor tentar esquecer e consegui.

– Logo você conhece outra pessoa, Fausto, que o faça feliz, que o compreenda e pense semelhante a você. É isso que desejo para você.

– A pessoa que estiver designada para ser minha companheira, Inês, o Universo dará um jeito de colocá-la em meu caminho, se é que já não colocou.

Falando isso Fausto olhou para Inês, que abaixando a cabeça tentou disfarçar o que na verdade sentia.

– Fico feliz por você, Fausto – disse-lhe –, que seja uma pessoa que mereça você.

– Se der certo o que estou pensando, posso lhe afirmar que merece sim.

Inês, desconcertada, olhou no relógio e falou apreensiva:

– Nossa, nem percebi que já está ficando tarde, desculpe-me, Fausto, mas preciso ir.

– Posso acompanhá-la?

– Melhor não; não faz nenhum sentido.

– Quem pode dizer que não? Mas se você prefere assim…

– Prefiro, Fausto, pelo menos por enquanto.

– Mas podemos nos ver outras vezes, não? Posso lhe telefonar?

– Pode, afinal amigos se falam, não?

Despediram-se e Inês, tomando o caminho de sua casa, foi pensando: "Meu Deus, o que é isso que senti? Meu coração bateu mais forte ao ouvi-lo perguntar se podia me telefonar. Preciso ir com cuidado para não me machucar, Vitória sempre estará por perto e não vai gostar de nossa amizade".

Entrou sem falar com ninguém e foi para seu quarto querendo colocar em ordem suas ideias. "Não quero pensar em nada, foi apenas uma conversa de amigos e eu não posso ficar imaginando nada!"

Ao descer para jantar, sentia-se renovada.

Capítulo VIII

Mais que apenas amizade

Quinze dias após esses acontecimentos, Inês sentia-se ansiosa e preocupada por Fausto não ter telefonado como prometera.

"Eu sabia que era apenas uma maneira delicada de se despedir", pensava, "sou mesmo uma tola, não sei o que me deu para pensar em algo mais com Fausto, ele deve gostar ainda de Vitória, embora tenha negado."

Examinando com rigor seus sentimentos, admitiu para si mesma que, desde o namoro de Fausto com sua irmã, sentia uma grande atração por ele.

Vitória iniciara o namoro com Almir mesmo contrariando seus pais, nos quais o moço não causara boa impressão.

– A sensação que tenho é de que ele não é o que tenta parecer, Vitória, mas também posso estar enganada –– dizia Cidinha à filha.

– Curioso é que acontece o mesmo comigo – concordava Jonas.

– Vocês são muito severos com as pessoas – respondia Vitória –, isso acontece porque vocês gostavam muito de Fausto, mas devem se conformar, pois com ele não tem mais volta.

Inês, que ouvia a conversa, indagou:

– Se você deixou de gostar dele, Vitória, quer dizer que não se importaria se visse Fausto com outra namorada, não?

– Ainda não sei o que faria, acho até que aceitaria, contanto que não fosse você – exclamou sorrindo.

Timidamente, Inês perguntou:

– Por que comigo não poderia, Vitória, e qual a razão de dizer isso?

– Na verdade brinquei com você, irmã, mas, falando sério agora, não aceitaria um envolvimento seu com Fausto, você é minha irmã e isso iria me incomodar muito, mas também não me preocupo, sei que você não faria isso, mesmo porque você não faz o tipo dele.

Triste com as palavras de sua irmã, Inês criou coragem e perguntou:

– Mas se essa possibilidade existisse, Vitória, você mudaria sua opinião diante dos fatos, respeitaria a escolha dele?

– Se isso acontecer, Inês, acabo com essa relação em dois minutos – exclamou Vitória levianamente.

– Você se acha dona dele, não, Vitória?

– O que acho é que você está muito interessada nesse assunto, Inês, e isso me faz pensar que está considerando a hipótese, estou certa?

Meio sem jeito, Inês respondeu:

– Claro que não, Vitória! Apenas acho que você é muito dominadora, acredita que pode mandar na vida das pessoas, questiona suas escolhas se não estiverem de acordo com o que você pensa.

– Você sabe que sou ciumenta e tudo o que pode me causar ciúme eu corto pela raiz.

Cidinha não gostou do que estava ouvindo de sua filha e interveio:

– Você não acha que está exagerando, Vitória? Fausto tem o direito de decidir com quem vai se relacionar e você não pode impedir. Entristece-me seu jeito de pensar, minha filha, e se não mudar ainda irá sofrer muito nessa vida.

– Mãe, está profetizando que vou sofrer, é isso?

– Não, minha filha, jamais vou querer que sofra, é justamente o contrário. O que quero dizer é que, para vivermos a felicidade que sonhamos, precisamos deixar que as outras pessoas também sejam felizes, isso porque nossa felicidade está relacionada à felicidade que proporcionamos a nosso semelhante. Cabe a nós aprendermos que o mais difícil da vida não é viver e sim conviver, e somente vencerá de verdade aquele que souber transmutar sua dor em alegria. suas dúvidas em fé, suas paixões em amor e sua vida em luz.

– Existem coisas, mãe, que só são viáveis na teoria!

– Não diga isso, minha filha, você é ainda muito jovem e tem muito que aprender, e se teimar em não dar atenção às coisas que são realmente importantes a vida se encarregará de ensiná-la.

Foram interrompidas pelo toque do telefone.

– Vá atender, Inês.

Assim que pegou o fone, Inês se surpreendeu com a voz de Fausto.

– É você, Inês, que bom que foi você quem atendeu.

– Fausto! – exclamou Inês –. Que bom falar com você.

– Estou telefonando para convidá-la a se encontrar comigo agora, está tudo tranquilo na empresa e posso me ausentar por algumas horas, pode ser?

Não querendo demonstrar sua animação, Inês respondeu tranquilamente.

– Claro, Fausto, na praça?

– Sim, em quinze minutos estarei lá esperando você.

– Eu irei, pode esperar.

Ao retornar, Cidinha perguntou:

– Quem era, Inês?

Pela primeira vez Inês mentiu para sua mãe.

– Uma amiga lá do curso, mãe, se a senhora não se importar vou me encontrar com ela, pode ser?

– Claro, minha filha, pode ir.

Inês correu a seu quarto, se arrumou um pouco e, com o coração batendo mais forte, foi ao encontro de Fausto.

– Estranho, não, mãe, essa amiga ligar para Inês!

– Estranho por que, Vitória? Nada mais natural que duas amigas se encontrem.

– Agora, Vitória, vou cuidar de meus afazeres. Você não tem tarefas para fazer?

– Tenho sim, mãe, vou para o meu quarto.

– Sim, filha.

Vitória ficou impressionada com essa amiga de Inês.

"Que amiga será essa?", pensou. "Nunca nenhuma amiga ligou para ela, estranho..."

O sorriso que viu nos lábios de Fausto fez Inês sentir seu coração bater um pouco mais forte. Abraçaram-se como bons amigos.

– Que prazer ver você de novo, Inês, estava ansioso por esse dia.

– Para mim também é motivo de grande alegria, Fausto – respondeu Inês timidamente.

Enquanto conversavam animadamente, o brilho nos olhos de ambos era evidente, a cada palavra percebiam que tinham muitas coisas em comum, seus conceitos se assemelhavam, enfim, parecia que ali, naquele momento, nasceria uma relação duradoura.

– Hortência – disse Tomás à amiga –, esse encontro é o início de um encontro ou de um reencontro?

– Claramente um reencontro, Tomás. Inês é a reencarnação de Mara, ela irá viver nessa encarnação o amor que tanto desejou na encarnação passada, mas que sua fraqueza e a insensatez de Vitória não permitiram.

– E Vitória?

– Vitória terá mais uma oportunidade de aprender a libertar as pessoas, deixá-las viver e fazer suas próprias escolhas. Rogo a Jesus que ela consiga superar sua inquietação para não cair no mesmo engano de outrora.

– Os encarnados ainda têm muito que aprender sobre reforma íntima, não, Hortência?

– Tomás, desenganos, medos, ansiedades e angústias pelos quais passamos são condutores de desequilíbrios físicos; abalam a saúde física e espiritual; portanto, não se deve deixar que esses sentimentos se instalem no coração; ao contrário, deve-se lutar para que o padrão mental entre em sintonia com planos superiores, com vibrações de esperança, harmonia, confiança e principalmente fé em nosso Criador. Antes de se tentar mudar as pessoas, é preciso, em primeiro lugar, lutar pela própria reforma íntima, e sabemos que para o caminho da evolução não existem atalhos, é preciso aceitar que a responsabilidade dos atos é tarefa de cada um. A jornada de cada um pertence a cada um; e a responsabilidade também; portanto, é preciso ampliar os horizontes em direção ao Senhor, respeitar sabendo que para todos os propósitos existe um tempo, mas o tempo de amar se faz necessário que seja integral; vamos vibrar em favor de Vitória para que ela aprenda de uma vez a ser mais humilde e mais fraterna.

– Por que ela se esqueceu do aprendizado aqui na Espiritualidade?

– Porque na verdade seus sentimentos menores continuavam enraizados em seu ser; infelizmente, o Universo irá lhe mostrar o caminho através da cobrança de seus enganos.

Do primeiro encontro de Inês e Fausto nasceu um relacionamento de afeto; perceberam que entre os dois havia uma afinidade muito grande, os pensamentos de um e de outro se harmonizavam; os conceitos de ética e de espiritualidade se encontravam dentro do equilíbrio e da verdade que procuravam ter dentro de si mesmos. Os encontros foram ficando cada dia mais intensos, até que entenderam que estavam apaixonados um pelo outro.

Certo dia, passeavam de mãos dadas admirando as flores majestosas do parque quando Fausto, olhando bem nos olhos de Inês, lhe disse:

– Inês, você já sabe o quanto eu a amo e quero me casar com você, mas como fazer isso se sua família ainda não tem conhecimento de nosso namoro? Você precisa tomar coragem e enfrentar sua irmã, ela não poderá fazer nada contra nós como você imagina. Meu caso com ela pertence ao passado, já se passou tanto tempo, creio que nem ela se lembra mais.

– Não sei, Fausto, Vitória sempre disse que não admitiria um relacionamento seu se fosse comigo. Como vou falar isso para ela?

– Inês, não podemos levar a vida toda namorando escondido de sua família, já estou cansado dessa situação, somos adultos e estamos agindo como adolescentes.

– Desculpe-me, Fausto, sei que você tem razão, mas receio a reação da minha família, principalmente de Vitória. Vamos esperar mais um pouco até ela amadurecer e eu criar coragem.

– Sinto muito, meu bem, mas não concordo com você. Como vamos pensar em casamento se nem sua família sabe de nosso envolvimento? Penso que chega até a ser falta de respeito com seus pais. Quanto a Vitória, ela vai ter que se conformar. E se ela ainda pensa ter direito em qualquer decisão que eu venha a tomar, é hora de mudar e aceitar que nada mais irá existir entre nós dois; minha vida pertence somente a mim e agora a você também, se realmente quiser se unir a mim para sempre.

Inês ficou emocionada com as palavras de Fausto.

– Você não imagina o quanto eu o amo e quero estar com você para sempre, mas sou muito frágil em relação a Vitória. Deixe-me primeiro falar com meus pais, depois tomamos a decisão.

– Tudo certo, Inês, mas não demore a falar com eles. Não quero pressioná-la, meu amor, mas estou ansioso para esclarecer nossa situação.

– Pode deixar, amanhã mesmo falo com eles.

– Você me promete isso?

– Claro, meu receio não é em relação a meus pais, mas a Vitória.

Beijaram-se com todo o amor que lhes ia no coração.

Ao se despedirem, apesar da insistência de Fausto em acompanhá-la até sua casa, Inês gentilmente recusou.

– Por ora não, meu amor, Vitória pode estar em casa e não imagino o que ela faria se nos visse juntos; assim que eu resolver essa questão, que me confunde um pouco, poderemos anunciar para o mundo nosso amor, você me entende?

– Entendo, não aceito muito, mas respeito; fique tranquila, vou esperar o momento que você considerar oportuno – respondeu Fausto.

Inês se despediu do namorado mais uma vez e seguiu rumo a sua casa. Pensava sobre aquela situação que tanto a afligia. "Meu Deus, não sei por que tenho tanto receio de falar para Vitória, sinto uma angústia cada vez que penso que ela vai saber de minha relação com Fausto. Às vezes sinto-me culpada por ter me envolvido com ele, principalmente por sentir esse amor desde a época de seu namoro com Vitória. Sofri calada durante muito tempo, nunca quis interferir nesse relacionamento, mas agora, apesar do passar do tempo, sinto-me culpada."

Caminhava a passos lentos, entregue a seus pensamentos, quando ouviu uma voz conhecida chamando-a.

– Inês, espere-me!

Virou-se e deparou com Vitória, caminhando de mãos dadas com Almir.

O coração de Inês disparou: "Será que ela me viu com Fausto?"

– Vitória, o que faz aqui?

– Estava passeando com Almir! – exclamou alegre e, logo em seguida, disse:

– Almir, esta é minha irmã, Inês.

Almir, estendendo a mão, cumprimentou Inês.

– Muito prazer em conhecê-la!

– Prazer! – respondeu Inês.

– Sabe quem eu vi ao passar pela praça? Você nem vai acreditar: o Fausto.

– Verdade? Que coincidência, não, Vitória? E ele está bem, falou com você?

– Cumprimentou, mas não parou, seguiu como se não tivesse encontrado com uma pessoa que ele conhece tão bem. Não acha estranho?

– E você?

Aproximando-se bem da irmã, disse-lhe ao ouvido:

– Ainda bem que ele estava sozinho, você sabe que eu não vou permitir que ele se envolva com ninguém!

Inês sentiu seu coração pulsar descompassado e disse à irmã:

– Vou indo, Vitória, em casa a gente conversa melhor – estendeu a mão despedindo-se de Almir e partiu.

"Meu Deus, meu receio tem fundamento", disse a si mesma.

"Acho que sua irmã não foi com a minha cara", falou Almir para Vitória.

– Não liga não, ela é assim mesmo. É muito legal, mas se estiver com alguma preocupação não dá a mínima atenção a ninguém.

– Você não acha que já é tempo de eu frequentar a sua casa, Vitória?

– Tem razão, vou levá-lo a minha casa, é só marcar o dia que você quer, eu aviso a minha mãe.

– Tudo certo!

Continuaram seu passeio sem Vitória nem sequer imaginar a confusão que se instalou no coração de sua irmã.

Capítulo IX

A descoberta

Inês não conseguia pegar no sono.

As palavras de Vitória povoavam sua mente e seus pensamentos, deixando-a cada vez mais insegura e temerosa em comunicar seu envolvimento com Fausto.

"Meu Deus", pensava, "o que devo fazer diante dessa situação? Amo o Fausto, acho que o amei desde o primeiro dia em que o vi, mas nada fiz para prejudicá-lo em seu namoro com minha irmã. E agora, diante dessa atitude de Vitória em impedir que ele se envolva com outra pessoa, principalmente comigo, vejo-me encurralada em meus sentimentos, sem saber para onde devo levá-los.

Levantou-se, e abrindo as janelas de seu quarto permaneceu em silêncio, olhando o majestoso nascer do sol.

"Senhor, por que os sentimentos afetivos são sempre difíceis para mim? Assim que conheci Fausto senti, em meu coração, que ele era o homem que eu esperava para ser feliz. Guardei esse sentimento porque ele pertencia a minha irmã, mas agora que estão separados, por culpa exclusivamente dela, será que não tenho o direito de ser feliz com ele?

Emocionada, permitiu que lágrimas sentidas molhassem seu rosto.

– Hortência, pelo que percebo Mara está outra vez envolvida afetivamente com Fausto, é isso?

– Sim, Tomás, e mais uma vez irá sofrer com a impulsiva leviandade de Vitória, apesar de Inês ser, nesta encarnação, alvo do amor de Fausto.

– Por que nossa irmã Vitória sempre interfere na vida das outras pessoas, Hortência, mesmo após todo o aprendizado aqui na Espiritualidade?

– Porque, como já lhe disse, Tomás, esta irmã não conseguiu ainda extirpar totalmente do seu espírito o sentimento do orgulho e da dominação sobre as pessoas quando deseja algo.

– Não podemos evitar que isso aconteça mais uma vez, ou seja, que ela prejudique novamente a união de Fausto e Inês?

– Não, Tomás, não podemos porque ela está usando seu livre-arbítrio. A única pessoa que pode mudar isso é ela mesma, se quiser de verdade; podemos inspirá-la, enviar-lhe energia, boas vibrações, mas nunca interferir em suas decisões, não temos esse direito.

Aproximaram-se de Inês e emitiram energia salutar, fortalecendo-a para que soubesse se posicionar nessa situação sem macular seus bons sentimentos. Seus erros e enganos do passado já haviam sido devidamente reparados e agora estava livre para ser feliz com o homem que amava desde vidas passadas.

Inês sentiu uma leve brisa envolvendo-a e trazendo-lhe paz e certeza de que precisaria lutar para defender seu amor, mas um esforço sensato baseado apenas em seu amor, sem armas ou tramas.

– Inês – ouviu a voz de sua mãe chamando-a.

– Já vou, mãe – respondeu com presteza. Passou água em seus olhos e desceu correndo, atendendo ao pedido de sua mãe.

– Filha, o que fazia trancada em seu quarto esse tempo todo? Está com algum problema?

– Não é nada, mãe, fique tranquila, apenas sentia-me cansada e descansei um pouco, mas está tudo bem.

– E esses olhos avermelhados são do cansaço ou das lágrimas?

– O que quer dizer com isso, mãe? Onde a senhora está vendo lágrimas?

– Se não são de seus olhos, minha filha, são de seu coração; conheço você, Inês, sei quando está aflita por alguma coisa; só gostaria de saber o que a atormenta para eu poder ajudá-la a encontrar solução, se é que tem solução.

– Não tem nada, mãe, estou apenas cansada – repetiu Inês.

Amorosamente, Cidinha segurou entre as suas as mãos de Inês, dizendo-lhe:

– Filha, é tolice tentar esconder de sua mãe o que lhe vai à alma, sou a pessoa indicada para ouvi-la; portanto, confie em sua mãe, estamos sozinhas, pode falar sem receio.

Surpreendendo sua mãe, Inês, não aguentando a angústia de seu coração, não se incomodou em novamente derramar sentidas lágrimas.

Cidinha, abraçando a filha querida, deixou-a chorar aconchegada em seu ombro.

– Chore, filha, desabafe o que está angustiando seu coração, quando estiver mais calma vamos conversar.

Passados alguns instantes, Inês disse:

– A senhora tem razão, minha mãe, estou sofrendo muito por conta de um grande receio que está atormentando minha alma.

– Receio de que, minha filha? Abra seu coração com sua mãe!

– Sim, mãe, mas lhe peço que me escute até o fim antes de falar qualquer coisa.

– Está certo, filha, vou ouvi-la com todo o carinho e, assim que terminar, vou ver o que tenho a lhe dizer.

Animada com a possibilidade de poder dividir com sua mãe seu receio, aliviando assim sua angústia, Inês criou coragem e iniciou sua narrativa.

– Mãe, nunca deixei transparecer o sentimento que tenho por Fausto desde o dia em que Vitória o trouxe aqui, nada fiz para competir com ela, não desejei o fim desse namoro, enfim, respeitei e incentivei esse relacionamento; nesse ponto estou tranquila.

Antes que continuasse, Cidinha, surpresa, falou:

– Filha, nunca percebi nada em você que me fizesse suspeitar que pudesse estar sentindo alguma coisa pelo namorado de sua irmã!

– Eu sei, mãe, não deixava mesmo transparecer nada, não tinha esse direito, afinal não passava de um sonho apenas meu, mas agora que tudo terminou entre os dois aconteceu o inesperado.

– Inesperado? – perguntou Cidinha, ficando preocupada.

– Sim, Fausto e eu nos encontramos por acaso algumas vezes e desses encontros fomos nos descobrindo e percebemos que temos muitas coisas em comum; sem que nos déssemos conta estávamos apaixonados um pelo outro, e é isso, mãe, que está me deixando preocupada. Receio a reação de Vitória, ela vive dizendo que não vai admitir outro relacionamento de Fausto, principalmente se for comigo, e eu não sei o que faço, como devo agir.

– E Fausto – perguntou Cidinha –, o que ele pensa a esse respeito?

– Ele quer colocar tudo às claras, mãe, quer vir falar com a senhora e papai, está incomodado e pretende resolver o quanto antes nossa situação, quem está protelando sou eu.

Preocupada com a filha, Cidinha perguntou:

– Inês, o que sente pelo Fausto é real, para sempre; enfim, o que quero saber é se não é apenas entusiasmo entre vocês dois; sabe que sua irmã, com o gênio forte que tem, não irá poupá-los, não sabe?

– Sei, mãe, e é isso o que me preocupa; quanto a nossos sentimentos, pode ficar tranquila porque são verdadeiros, eu não iria brincar com os sentimentos do Fausto e nem com os meus. Só não sei como dizer isso a Vitória sem magoá-la.

– Mas ela já está namorando Almir, não faz sentido interferir no relacionamento de vocês.

– Mãe, ela namora Almir, mas quer Fausto pronto para atender seu chamado como um brinquedinho de estimação; a senhora nunca percebeu que esta é a jogada de Vitória, ter quem lhe interessa por qualquer motivo, sempre a seus pés? É a maneira de mostrar sua autoridade, sua superioridade, enfim, é seu jeito de ser.

Cidinha pensou um instante e disse à filha:

– Inês, vamos colocar seu pai a par de tudo isso, ele tem o direito de saber antes de contarmos a Vitória.

Surpreenderam-se com a voz de Jonas perguntando o que estava acontecendo que precisariam lhe contar.

Cidinha, adiantando-se à filha, respondeu:

– Jonas, Inês acaba de me contar que está namorando Fausto; que estão apaixonados e ela sente receio em contar para Vitória. O que acha você de tudo isso?

– Mas o que tenho que achar? Só posso cumprimentá-los e desejar felicidades.

– Jonas! – exclamou Cidinha. - Você está se esquecendo de Vitória!

– De Vitória? O que tem ela a ver com esse romance?

– Pai, o senhor esqueceu que ela vive dizendo que não iria permitir que ele se envolvesse com ninguém, principalmente comigo.

Calmamente, Jonas respondeu:

– E o que tem ela a ver com isso? Por acaso não está namorando outra pessoa? Por que Fausto não poderia fazer o mesmo?

– Pensamos como o senhor, pai, mas Vitória pensa diferente, quer tê-lo sempre disponível para ela.

Jonas aproximou-se de sua filha, dizendo-lhe:

– Inês, fico feliz com seu namoro com Fausto, vocês merecem encontrar a felicidade, são duas pessoas íntegras, sinceras, enfim, merecem a oportunidade de serem felizes; pode contar comigo, filha.

– Pai, e Vitória, como faço para contar-lhe sem magoá-la?

– Inês, de qualquer forma você irá magoá-la; portanto, quanto mais cedo tomar a atitude, mais cedo o caso se resolve. Estarei do seu lado, não por favoritismo, mas sim por achar que Vitória não possui mais o direito de interferir na vida desse rapaz – disse Jonas, com autoridade.

– Está bem, pai, vou conversar com Fausto e marcaremos o dia para ele vir aqui; obrigada, pai.

– Filha, você não está fazendo nada de reprovável e espero que Vitória também não faça.

Inês sentiu-se aliviada e feliz por receber de seus pais o apoio de que precisava.

Uma semana se passou.

Inês e Fausto encontraram-se em uma doceria. Conversavam animados e felizes, combinando o dia da visita de Fausto à casa da namorada; Fausto segurava com delicadeza as mãos de Inês, demonstrando todo o carinho que sentia por ela. Tão envolvidos estavam que não perceberam Vitória passando em frente ao recinto. Olhando distraidamente para o interior da doceria, a moça avistou Fausto. Como Inês estava de costas para a porta, não identificou de imediato de quem se tratava; entrou pensando em fazer uma surpresa ao antigo namorado, mas seu verdadeiro intuito era saber quem era a moça com a qual Fausto dividia aquele momento.

Aproximou-se e, antes que dissesse uma só palavra, Inês se virou e Vitória constatou que se tratava de sua irmã.

— Mas o que é isso agora, Fausto, ficaram amiguinhos a esse ponto? A amizade é tanta que dá direito a ficar de mãos dadas?

— Olá, Vitória – respondeu Fausto. – Sente-se conosco, é um prazer encontrá-la.

Inês nada disse, apenas respondeu à provocação de Vitória quando esta falou:

— Não perdeu tempo, hein, Inês? Bastou eu deixar o campo livre para você se apoderar de quem sempre foi meu.

— Eu não me apoderei de nada nem de ninguém, Vitória!

Irritado, Fausto não deixou que a namorada dissesse mais nada, falando para Vitória com severidade:

— Quem disse a você que sempre fui seu? Por acaso você me comprou? Nosso relacionamento terminou faz tempo, Vitória. Nada mais nos une a não ser o fato de que vamos ser cunhados em um futuro bem próximo.

Vitória sentiu seu mundo ruir; quase sem palavras, conseguiu responder timidamente:

— Eu pensei, Fausto, que ainda tínhamos alguma coisa em comum, que você ainda sentisse carinho por mim. Acho isso um desrespeito comigo, poderia ser com qualquer pessoa, menos com minha irmã!

Depois completou:

– Se quer saber o que penso, vou dizer: não aceito isso de forma nenhuma e não vou permitir que continue com essa encenação, sei que tudo que está fazendo é por ciúme, por saber que já estou com outra pessoa, por achar que não me interesso mais por você, sei que é assim.

Inês permanecia em silêncio, sem nada dizer. Vitória continuou:

– Fausto, pare com isso, vamos aproveitar que nos encontramos e esclarecer tudo o que aconteceu entre nós, tudo não passou de um malentendido.

Fausto estava perplexo.

– Vitória, você está muito enganada, não faço nada por ciúme, o que você está vendo e constatando é apenas um relacionamento entre duas pessoas que descobriram o quanto se amam, nada tem a ver com você; não tenho o menor interesse em reatar com você. O passado ficou lá atrás e não pretendo trazê-lo de volta para meu presente, que, aliás, é a época mais feliz da minha vida.

– Eu não acredito em você, está blefando!

– Não, não estou! Pelo contrário, nunca falei com tanta verdade e certeza de que Inês é a mulher da minha vida.

– Pois eu lhe digo que não ficarão juntos, pode apostar!

Inês, saindo de seu silêncio, disse:

– Vitória, como pode agir assim, você está se esquecendo de que existe alguém que gosta de você, está se esquecendo de Almir, do que ele significa para você.

– Não coloca o Almir nessa confusão, Inês, ele é um problema meu!

– Você não quer que eu me envolva em seu namoro, por que então se envolve no meu?

– Porque eu não tomei namorado de ninguém. Quanto a você, com essa carinha de boa moça, a melhor de todas, roubou o meu namorado!

– Pare com isso, Vitória, há muito tempo está separada de Fausto, o que faz você pensar que ele ainda é seu namorado, que você pode mandar e desmandar na vida dele? Ele agora está relacionado com minha vida, nós dois decidimos, nós construímos e nós dois vamos usufruir da construção de nosso amor e cumplicidade.

Vitória, sentindo seu rosto enrubescer, de tanta raiva que sentia, ameaçou Inês, deixando Fausto completamente surpreso.

– Vamos parar com isso, Inês, em casa conversamos melhor e você vai saber quem vence!

Nervoso, Fausto interferiu.

– Não faça ameaças, Vitória, Inês não está sozinha nem desamparada. Agora quem cuida dela, quem a protege sou eu, e o que você fizer com ela, lembre-se, está fazendo comigo.

Impulsiva, irritada e completamente nervosa, Vitória virou-se e antes de sair ainda disse:

– Veremos, o que eu não quero que aconteça eu não deixo acontecer!

Vendo-a sair de maneira tão brusca e nervosa, Fausto pensou: "Deus do céu, como pude um dia ser apaixonado por ela?"

Voltou-se e percebeu que Inês limpava delicadamente seus olhos úmidos de lágrimas.

– Meu amor, nada tema, estamos juntos e não vou permitir que Vitória a magoe; confie em mim, confie em meu sentimento por você, vamos lutar juntos e vencer a resistência de Vitória, resistência sem nenhum propósito, não temos mais nada um com o outro e jamais teremos, o que aconteceu entre nós não tem volta; só precisamos nos unir, confiar um no outro e não acreditar nas possíveis manobras de Vitória, porque sei que ela fará.

– É disso que tenho medo, Fausto, medo do que ela pode fazer para nos separar – respondeu Inês.

– Ela só terá sucesso se deixarmos, ou seja, se desconfiarmos um do outro, se acharmos possível magoarmos um ao outro, enfim, Inês só temos que confiar em nosso sentimento e não nos deixar levar por qualquer insinuação que venha de sua irmã.

– Tem razão, meu amor, meus pais estão do nosso lado, sabem que não fizemos nada de errado, que tudo aconteceu com tranquilidade e respeito, sabem que nunca quis afrontar Vitória, só não consigo entender a reação dela, que se diz feliz com Almir.

– Vitória não gosta de perder, Inês, sempre foi assim desde que a conheço; a última palavra sempre tem que ser dela, quando se sente ameaçada de perder o controle sobre as pessoas reage dessa maneira, mas ela vai aprender porque a vida sempre nos ensina da maneira mais intensa e dura o que relutamos em aprender com sabedoria e suavidade.

– Você tem razão! – exclamou Inês, e complementou: – Agora preciso ir, Fausto, tenho que enfrentar o que está por vir.

– Vou levá-la até sua casa.

– Prefiro que não, deixe-me ir sozinha, não quero dar mais motivo para aumentar a irritação de Vitória.

Despediram-se com um beijo.

No caminho, Inês ia pensando: "Meu Deus, que os bons amigos espirituais estejam me amparando, a mim e a Vitória, para não sairmos do respeito e podermos nos entender como duas criaturas sensatas e adultas".

Caminhou lentamente, como que tentando chegar mais tarde, adiando assim o confronto com a irmã; sabia que de nada adiantaria, mas tentava dar a si mesma um tempo para acalmar seu coração.

Assim que entrou em casa, escutou a voz de Vitória gritando com sua mãe:

– Ela não podia fazer isso comigo, mãe, e o pior é que a senhora apoia, é sempre assim, sempre apoia tudo o que Inês faz, mesmo que seja para me prejudicar,

– Filha, em que sua irmã prejudicou você? No meu entender, absolutamente nada, você e Fausto estão separados há muito tempo e não faz o menor sentido toda essa sua indignação.

– Eu sei que estamos separados, mas não definitivamente, achava que uma hora iríamos nos acertar, agora se torna impossível isso acontecer, e sabe por quê? Exclusivamente por causa de Inês.

– Vitória, você precisa se controlar, minha filha. Sempre que perde em qualquer situação se descontrola e passa a culpar todas as pessoas, pessoas essas que na maioria das vezes nada têm a ver com o sucedido; é preciso assumir que o engano, a leviandade está em você mesma, e que geralmente é a única culpada. Quando assumir sua impetuosidade irá perceber que quem precisa mudar o jeito de ser é você, minha filha.

– A senhora sempre está contra mim, mamãe, nunca me apoiou; ao contrário, sempre me culpou de tudo!

– Não é verdade o que está dizendo, Vitória – respondeu Cidinha –, sempre procurei orientar você, mas nunca consegui que me ouvisse.

– Veja agora o caso de Inês, ela...

Cidinha interrompeu, perguntando:

– Ela o que, Vitória? O que sua irmã fez que a deixa assim tão irritada? É por causa do namoro dela com Fausto?

– Claro, ela não tem esse direito, já falei e vou repetir, ela não tem o direito de roubar meu namorado.

– Mas, filha, vocês terminaram há tempos, o que espera dessa situação, que Fausto fique esperando por você até que decida se quer ou não ficar com ele, é isso!

– Nossa separação foi momentânea, sei que iríamos nos reconciliar.

– Entretanto, sabendo disso como fala que sabe, fica enganando o Almir, é isso, Vitória? Minha filha, você não está agindo com respeito em relação a três pessoas, Fausto, Inês e Almir. Acha isso justo, digno, respeitoso?

– Se é tudo isso aí que a senhora fala não sei, o que afirmo é que juntos eles não vão ficar porque não vou permitir.

Nesse momento Inês não aguentou, entrou e disse também, já nervosa.

– Com que direito pensa que vai se intrometer na minha vida, ou melhor, na nossa vida, Vitória? Somos maiores de idade, desimpedidos e nos amamos, o que pode você fazer para impedir nossa felicidade, pode me dizer?

– Não, não posso, mas posso afirmar que você não perde por esperar, Inês. Quando decido uma coisa vou até o fim e decidi que vocês não vão ficar juntos, pode acreditar.

Inês e Cidinha se assustaram, diante das palavras ameaçadoras da filha. Cidinha ainda tentou argumentar, mas foi em vão, Vitória virou-se e, batendo com força os pés no chão, foi para seu quarto. Nesse exato momento, Jonas apareceu e, sem entender o que acontecia, interpelou a esposa.

– O que está acontecendo, Cidinha, por que Vitória saiu dessa maneira grosseira?

Em poucas palavras Cidinha colocou o marido a par do que acontecera.

– E foi isso, Jonas, Vitória não aceita a relação de Inês com Fausto, foi mais além, disse que vai impedir de qualquer modo esse namoro dos dois; estou preocupada com essa posição de Vitória, não é justo com Inês nem com Fausto, que nada fizeram para se tornarem alvos de tanta mágoa.

– Vitória não vai fazer nada para você, Inês, eu lhe prometo, vou dar um jeito nisso agora mesmo.

Saiu nervoso em direção ao quarto de Vitória. Assim que entrou, viu a filha deitada sobre a cama, entregue a copioso pranto. Sentiu compaixão por aquela menina que não sabia o que fazer diante das negativas que a vida lhe dava. Aproximou-se e gentilmente disse-lhe:

– Filha, levante-se, enxugue essas lágrimas e vamos conversar.

– Desculpe, pai, mas não tenho mais nada a dizer, tudo que deveria já disse, mas ninguém me compreende, sempre sou eu a perder.

– Filha, mas o que você acha que perdeu?

– Perdi o que Inês tirou de mim, pai, a oportunidade de ser feliz, acha pouco?

– O que acho, filha é que quem realmente afastou essa oportunidade foi você mesma.

– O que o senhor quer dizer?

– Quero dizer que foi você quem plantou a discórdia entre você e o

Fausto, por motivo banal, sem nenhuma consistência, simplesmente por considerar as coisas materiais mais importantes que seus sentimentos, filha. Ele fez o que qualquer um faria, decepcionado com você preferiu apagá-la de seu coração a correr o risco de cometer um engano que poderia transformar sua vida em um inferno por pensar muito diferente de você.

– Mas ele me traiu, pai!

– Não! Nem ele e nem sua irmã traíram você, você traiu a si mesma quando não soube defender seu amor por ele. O que deveria ter feito? Colocá-lo acima de seus interesses materiais e seguir a seu lado; agora, minha filha, está tarde para se arrepender, ele seguiu a vida e nesse caminho encontrou a companheira que procurava, ou seja, sua irmã.

Ao ouvir as palavras de seu pai, teve a real consciência do que fizera tempos atrás, seu orgulho falara mais alto, seu desejo de se tornar superior através da condição social que ambicionava lançara sobre ela o que na verdade a faria sofrer, ou seja, perdera para sempre o amor de Fausto.

Mas seu pensamento de vingança não a deixava em paz; tentando enganar seu pai, disse-lhe:

– Sabe, pai, o senhor tem toda a razão, vou reconhecer minha culpa em tudo e nada vou fazer para prejudicar Fausto e Inês, por mim eles podem fazer o que quiserem que não vou me importar, pode ficar tranquilo, vou deixar Inês em paz.

Feliz e acreditando na filha, Jonas respondeu:

– Fico feliz em ouvi-la falar assim, minha filha, sabia que compreenderia e que não teria coragem de prejudicar sua irmã, sempre foram unidas... Para que prejudicar esse sentimento que sempre nutriram uma pela outra? Siga sua vida e deixe que Inês siga a dela, todos temos um propósito e todos são importantes, a felicidade nós a encontramos dentro de nós mesmos, somos nós que a construímos e ela só será válida se não estiver vinculada ao sofrimento alheio, você me entende?

– Claro, pai, pode ficar tranquilo porque não vou fazer nada, já disse, para prejudicar Inês e Fausto, eles que sejam felizes! – exclamou, escondendo dentro do peito a raiva que lhe ia à alma.

Assim que seu pai saiu do quarto, feliz por confiar na filha e acreditar na veracidade de suas palavras, Vitória disse em voz baixa, para somente ela escutar:

– Sinto muito, pai, mas vou acabar com esse namoro, já disse e vou cumprir, eles não vão ficar juntos nem que seja a última coisa que eu faça na vida.

– Então? – perguntou Cidinha ao marido assim que o viu.

– Então penso estar resolvida esta questão, Vitória demonstrou boa vontade, disse que nada irá fazer para prejudicar a irmã, enfim, acho que foi somente uma explosão de ciúmes, mas ao que parece já passou.

– Deus permita que seja realmente assim, Jonas. Acho a Vitória meio dissimulada, sei que é minha filha e que não deveria falar desse modo, mas Jonas, essa menina mudou muito e a cada ano fica mais voluntariosa, cheia de vontade, achando-se dona de tudo e de todos, não consigo compreender sua personalidade.

– Precisamos ajudá-la, querida, não passa de uma menina mimada acostumada a ter tudo o que quer, vai passar.

– Quero muito pensar como você, Jonas, mas dentro de mim penso que ainda teremos muito dissabores por conta do gênio impulsivo de Vitória.

– Fique tranquila, vamos deixar o tempo passar.

– Hortência, às vezes me pergunto por que, apesar do preparo, das orientações que o espírito recebe na Espiritualidade, ele ainda se perde, entregando-se aos mesmos enganos, praticando os mesmos atos que o fizeram decair na encarnação passada.

– O meio mais eficaz para se melhorar nesta vida e resistir ao arrastamento do mal, Tomás, é "Conhecer-te a ti mesmo". Interrogar a si mesmo se não violou as leis de Deus, se não cometeu nenhum mal; o homem é responsável por sua própria infelicidade; ao praticar as leis de Deus ele pode poupar a si mesmo de muitos males. É preciso, Tomás, extirpar o menor resquício de orgulho e egoísmo do próprio coração. São esses sentimentos mesquinhos que tomam conta do ser e impedem-no de se lembrar do aprendizado, da preparação para a nova encarnação; enfim, seremos felizes somente quando a verdade firmar sua raiz no nosso espírito, germinando as flores do amor e do respeito ao semelhante.

– Vitória conseguirá?

– Dependerá somente dela!

Afastaram-se.

....

Capítulo X

O plano

Vitória tomou seu desjejum rapidamente, apressava-se para ir ao encontro de Almir.

– Posso saber a razão de tanta pressa, filha?

– Vou me encontrar com Almir, mãe.

– E por que essa pressa? Nem se alimentou direito.

– Estou sem fome e preciso mesmo muito falar com ele, se a senhora me der licença – disse, já se levantando e saindo apressadamente.

"O que será que esta menina está aprontando?", pensou Cidinha. "Ao contrário de Jonas, não consigo acreditar na compreensão dela em relação ao namoro de Inês e Fausto; sinto alguma coisa diferente no ar, ninguém muda de um dia para outro, principalmente Vitória."

– Falando sozinha, mãe?

– Oi, Inês, falava com os meus botões, como se diz.

– Posso saber sobre o quê? Alguma coisa a preocupa?

– Nada de importante, Inês, deixa pra lá.

Tentando desviar o assunto, perguntou:

– Filha, você e Fausto já combinaram o dia para ele vir almoçar conosco?

– Vamos decidir isso hoje, mãe, talvez no próximo domingo, fica bom para a senhora?

– Claro, filha, teremos muito prazer em recebê-lo, afinal ele já frequentou nossa casa em outro momento, não?

– Eu sei, mãe, então vou acertar para esse dia.

– Faça isso, quanto mais cedo ele vier, melhor.

– Por que a senhora diz isso?

– Por nada, apenas acho que se essa situação ficar clara e definitiva acaba de vez com o possível sonho de Vitória de reconquistar seu namorado.

– A senhora acha mesmo que ela ainda pensa nele?

– Nunca se sabe o que se passa na cabeça de sua irmã, Inês; ela está namorando o Almir, mas não sei se esse relacionamento é sério ou apenas uma brincadeira de Vitória.

Pensou um pouco e voltou a perguntar:

– Ela tem pressionado você, Inês?

– Explicitamente não, mas deixa uma dúvida nas entrelinhas, como se estivesse me mandando um recado, mas eu não estou mais ligando, mãe; Vitória não vai mudar e eu decidi não me preocupar mais com o que ela pensa; ou faço assim ou acabo pondo tudo a perder com meu namoro.

– Você gosta muito do Fausto, não, filha?

– Muito, mãe, eu o amo muito mesmo, para toda a vida, e se a senhora quer saber acho que tenho direito de ser feliz com ele, nada fiz de errado, não traí ninguém para que isso acontecesse, entretanto aconteceu da maneira mais natural possível, não provocamos nem queremos atingir ninguém, somente queremos viver nosso amor de uma maneira verdadeira, só isso.

Cidinha se emocionou com a maneira singela com que sua filha falou.

– Todos nós sabemos disso, Inês, e como você também queremos a felicidade de vocês, da mesma maneira que queremos a felicidade de Vitória.

Assim que chegou ao local combinado, Almir, aproximando-se da namorada, disse-lhe:

– Espero que seja um assunto muito importante para nos encontrarmos assim tão cedo. Isso são horas de marcar encontro, Vitória?

– Tenho pressa em falar com você, Almir, só você poderá me ajudar, isso é, se você quiser e não colocar obstáculo e nem vir com lição de moral.

– Meu Deus, mas o que tem de tão importante para me dizer? Fale logo.

Sentaram-se em um banco da pracinha e Vitória, sem demora, foi explicando o que na verdade esperava que ele fizesse. No primeiro momento, Almir ficou indignado ao ouvir de sua namorada um plano para acabar com o namoro de sua própria irmã.

– Não posso acreditar que você está me fazendo essa proposta, Vitória, não sente amor pela sua irmã?

– Claro que sinto, Almir, e é por amá-la muito que não quero que ela sofra!

– Mas por que sofreria se namora o rapaz que ama, se está feliz com ele? Enfim, quero saber direitinho dessa história, pode começar a explicar.

– Não tenho nada para explicar, só quero saber se você me ajuda, só isso.

Almir ficou pensativo, tentando entender o que movia sua namorada a engendrar um plano para atingir sua própria irmã.

– Então – perguntou Vitória –, vai ou não colaborar comigo?

– Não sei não, Vitória, sou avesso a esse tipo de atitude, manipular, enganar, armar contra pessoas inocentes que nada fizeram para serem atingidas dessa maneira.

– Eu disse que não quero lição de moral, ou está comigo ou está contra mim, você escolhe.

Almir lutava contra seus sentimentos, gostava da namorada, sabia que se não a ajudasse o namoro estava acabado; por outro lado, não se sentia confortável em participar de plano sem nenhum fundamento, com o intuito apenas de levar sofrimento aos envolvidos.

– Estou esperando – ouviu novamente a voz de Vitória.

– Vamos fazer o seguinte Vitória, não tenho condições de lhe responder agora, me dê dois dias para pensar e dar uma resposta, mas primeiro conte-me como seria este plano.

Vitória mais ou menos lhe disse em que havia pensado.

– E seria assim, Almir; precisa ser alguma coisa forte que não permita voltar atrás, entendeu? Algo que decepcione Inês de uma maneira tão violenta que a obrigue a terminar para sempre com esse amor que ela diz sentir.

– É, Vitória, preciso pensar, nunca passou pela minha cabeça participar de uma leviandade dessas.

– E eu nunca pensei que fosse tão covarde, Almir, uma mentira sem importância, todo mundo faz isso quando precisa e eu estou precisando fazer, entendeu?

– Engano seu, Vitória, o normal não é fazer armação para se conseguir o que quer, o natural é respeitar as pessoas em qualquer situação, mesmo na derrota. Apesar de seus pais terem dúvida quanto a meu caráter, sou um homem de bem, Vitória, não me presto a determinadas situações só para tirar proveito.

– Por que diz tudo isso? Acha que eu estou derrotada?

– Não acho, tenho certeza, e é essa sensação de derrota que a está movendo a agir assim de uma maneira desrespeitosa e leviana. Posso lhe fazer uma pergunta?

– Claro!

– Onde eu fico nessa história toda, Vitória, que papel tenho nessa trama? Pensei que sentisse algo mais sério por mim, mas constato que não existe sentimento. Você só pensa em Fausto, em vingança, em destruir, está apenas me usando para concretizar seu plano, do qual não vou participar... Acertei?

Vitória empalideceu, não sabia o que dizer, pois tudo o que Almir disse era verdade, tinha por ele um sentimento de amizade, mas não amor; imaginara que seria fácil convencê-lo, pois sabia que ele a amava, sempre dissera isso, o que ela não esperava era essa reação contrária.

– Diga-me, Vitória, estou certo na minha conclusão?

– Eu...

– Não invente desculpas, sei que você jamais se esqueceu de Fausto e é esse amor que sente por ele que a tira da realidade, não se conforma de tê-lo perdido para sua irmã.

– Fui eu quem não quis namorar com ele e pelo que soube ele sofreu muito com nossa separação! – exclamou Vitória, sentindo-se ameaçada.

– Sei que foi você, mas na realidade você jogou e saiu perdendo, e agora que sabe não ter mais volta entra em desespero.

Tentando mudar o rumo da conversa, Vitória disse, agressiva:

– Vai querer ou não me ajudar? É isso o que me interessa.

Após alguns segundos, Almir respondeu:

– Ao contrário do que lhe disse, dou minha resposta agora: não. Não vou ajudar você nesse plano inconsequente e leviano; tenho muitos defeitos, Vitória, mas não sou cafajeste, portanto nossa história termina aqui.

– Você não pode fazer isso comigo!

– Não posso? E por que não posso?

– Você é meu namorado!

– Ex-namorado, Vitória. Não vou construir minha vida baseada em mentiras e planos que trazem sofrimento aos outros.

Virou as costas e deixou Vitória entregue à raiva que sentia.

– Você vai se arrepender! – gritou raivosa.

– Talvez, mas assim como fez Fausto, eu também esqueço você.

– Quem não está do meu lado, Almir, está contra mim. – disse para si mesma – Você vai me pagar caro!

Ao ver o namorado se afastar, Vitória chorou por ser mais uma vez abandonada; em um momento de lucidez, disse:

– O que tenho em mim que me faz agir sempre dessa maneira? Sinto que jamais serei feliz! Quero agir diferente, mas sem perceber sempre me coloco na mesma posição, ou seja, sempre impondo ou destruindo alguma coisa.

Aproveitando o momento sensível de Vitória, o que era raro acontecer, Hortência e Tomás se aproximaram.

– Vitória, tente se controlar, minha irmã, assumimos com você o compromisso de ajudá-la a melhorar, aprender a amar de verdade as pessoas, mas você está fechada a nossos apelos, a nossas inspirações, isso é perigoso, pois está caindo na mesma inconsequência do passado. Promova seu progresso espiritual, deixe as pessoas viverem a história delas, tudo tem um motivo, uma razão, interferir é não respeitar o livre-arbítrio de cada um; é atrasar seu adiantamento.

Vitória sentiu uma energia boa atingir seu corpo, mas envolvida na ira que sentia não conseguiu assimilar a inspiração salutar do Espírito.

– Veja, Tomás, o que faz o orgulho e o egoísmo de querer e acreditar que tudo que deseja precisa lhe ser entregue; Vitória, apesar de todo seu aprendizado na Espiritualidade, não conseguiu ainda se livrar de suas fraquezas e imperfeições.

– Ela poderá pagar bem caro por isso, não, irmã?

– Sim. Se não se livrar desse pensamento que alimenta sua mente, que a faz se esquecer da finalidade com a qual retornou ao plano físico, poderá pagar caro por sua irresponsabilidade e inconsequência.

– Que nosso Mestre a proteja! – exclamou Tomás, acompanhando Hortência de volta à Espiritualidade.

Cidinha percebeu o estado descontrolado da filha quando ela entrou em casa. Preocupada, perguntou:

– O que foi, minha filha? Voltou cedo, não se encontrou com Almir?

– Encontrei sim, mãe, mas não foi bom, terminamos nosso namoro.

Espantada, Cidinha interrogou:

– Por que, minha filha? Vocês se davam tão bem!

– É, mas não deu certo, ele não faz mesmo meu tipo, pensamos muito diferente um do outro, não ia dar certo.

– Mas percebo que você está sofrendo, acertei?

– Um pouco só, mãe, logo ele desaparece de minha mente e me entrego a quem me merece.

Cidinha não acreditou muito no que lhe dizia a filha; voltou a perguntar.

– Filha, você não terminou com ele por causa de Fausto, foi?

Vitória ficou pálida e respondeu sem muita segurança:

– Claro que não, mãe, Fausto é página virada para mim.

– É bom que seja assim, minha filha. E por falar em Fausto, domingo ele estará aqui para almoçar conosco e conversar com seu pai.

– Ah, é?

– Sim, espero que você o trate bem.

Vitória pensou: "Vou tratá-lo bem até demais, mãe; isso não vai, não pode ficar assim, preciso agir o mais depressa possível".

A mente de Vitória agia rapidamente na expectativa de descobrir um meio de separar Inês de Fausto; não sabia na realidade o que poderia fazer, mas tinha certeza do que queria, ou seja, queria Fausto de volta para si.

"Fui muito tola em dizer aquelas coisas para Fausto, devia saber que ele sempre foi careta, todo certinho, gostava de mim e eu estraguei tudo, mas não me conformo e vou dar um jeito nisso custe o que custar; é bem como se diz: 'se não for meu não será de mais ninguém'."

Recolheu-se em seu quarto e deu asas à imaginação; em poucos minutos, adormecia.

Durante o sono, os liames que unem o espírito ao corpo se afrouxam, o espírito percorre então o espaço e entra em relação mais direta com outros espíritos, e foi o que aconteceu com Vitória, mas a lei da afinidade se faz presente e logo Vitória encontra espíritos que pensam igual a ela, ou seja, que se comprazem em fazer o mal sem se importar com as consequências de seus atos; o que desejam na verdade é satisfazer seus desejos momentâneos nem sempre salutares.

Vitória levianamente alimentava o desejo de acabar, com sua interferência, uma união que apenas cumpria os desígnios do Plano Superior; e essa atitude enganosa a levaria a cometer novamente atos que a lançaram no sofrimento; esquecera-se do aprendizado, encerrara-se novamente em seu orgulho e pretensão de tudo poder, sem medir consequências.

Passados alguns minutos, acordou assustada, sentindo angústia em seu peito.

"Que sonho horrível eu tive", pensou, "foi mesmo um pesadelo!"

Levantou-se, passou as mãos pelo cabelo, lavou o rosto e, sentindo-se mais tranquila, disse a si mesma: "Que estranho, parece que estou tendo uma ideia genial, por que não pensei nisso antes? É perfeito para o que desejo!".

Animada, foi ter com sua mãe:

– Que alegria é essa, minha filha, viu passarinho verde?

– Vi, mãe, verde... vermelho... amarelo, enfim, estou muito feliz!

– Que bom, filha!

– Mãe, quando é mesmo que o Fausto vem aqui?

– Já lhe disse, no próximo domingo; posso saber a razão do interesse?

–Claro que pode, mãe, a senhora não quer que o receba bem, pois então, vou recebê-lo com todas as honras.

– Não brinque, Vitória, e, por favor, não invente nada que possa magoar sua irmã, entendido?

– Claro, pode ficar tranquila, já disse que não vou prejudicar ninguém, pode acreditar.

Saiu do mesmo jeito que chegou, com impetuosidade.

Cidinha, vendo a filha se afastar, pensou:

"Ela vai aprontar alguma coisa, preciso ficar atenta; Jonas acredita nas palavras de Vitória, mas alguma coisa me diz que teremos problemas. Vitória não cede assim tão facilmente".

Capítulo XI

Decepção

Inês acordou feliz.

Finalmente chegara o dia em que Fausto viria conversar com seus pais. A ansiedade tomava conta de seu ser, olhava pela vidraça de seu quarto e tudo lhe parecia mais lindo, mais florido, mais encantador; era simplesmente a felicidade que sentia invadir seu coração.

– Não posso acreditar que tudo está dando certo; meus pais não se opuseram a nada, Vitória parece ter entendido que nós não podemos mudar as opções das pessoas, interferir em sua liberdade de escolha; isso me deixa despreocupada, acreditando que tudo é possível a partir do coração sincero.

Lembrou-se da época em que Fausto estava ligado a Vitória, o quanto sofria por aquela situação que imaginava nunca acabar.

– Vitória não soube valorizar o grande homem que estava ao seu lado – pensou. – Acabou destruindo uma relação que poderia durar para sempre, tudo por causa de seu orgulho e impulsividade; por sua vontade extrema de sempre comandar, direcionar as pessoas, levá-las para o lado que mais deseja; sempre foi assim desde a tenra idade, manipula as pessoas e sempre consegue o que quer; felizmente, neste caso não deu certo, Fausto tem personalidade forte e não se deixa envolver por nada que esteja fora de seus princípios.

– Ele é um homem de bem – concluiu.

Voltou à realidade quando ouviu a voz de sua irmã lhe chamando.

– Inês, abra a porta, preciso falar com você!

Surpresa por ser ainda tão cedo e Vitória já estar em pé, foi até a porta e a abriu.

– Que foi, Vitória, aconteceu alguma coisa?

– Não sei, mas é melhor verificar porque diz respeito a você!

Preocupada, Inês respondeu:

– A mim? Meu Deus, fale de uma vez, é tão cedo, o que poderia estar acontecendo?

– O que está acontecendo não sei, só sei que diz respeito ao Fausto.

Nervosa, Inês indagou da irmã o que de verdade ela sabia e por quem sabia.

– O que eu sei é que minha amiga, quando ia à padaria, viu o Fausto chegando em casa com um ar de preocupação, mal a cumprimentou e entrou, segundo ela estava abatido e desalinhado; acho melhor você ver o que aconteceu para deixá-lo nesse estado.

– Ela tem certeza de que era mesmo o Fausto?

– Claro, Inês, ela é vizinha dele, não tem como se enganar.

Com o coração palpitando de ansiedade e angústia, Inês disse:

– Vou ligar para ele.

Assim que ouviu a voz do amado, Inês perguntou sobre o que dissera Vitória.

– Nada demais, meu amor, foi apenas um mal-entendido, mais tarde conversaremos.

– Graças a Deus, Fausto! Fiquei muito preocupada, vai descansar então, meu amor, mais tarde nos falamos.

Vitória, que prestava atenção em tudo que Inês falava, perguntou com um tom de ironia:

– Então, está tudo certo?

– Graças a Deus, Vitória, foi tudo um mal-entendido, mais tarde ele explica melhor.

– Que bom, minha irmã, hoje é um dia especial para vocês, nada pode dar errado.

– Não vai dar, Vitória! – exclamou Inês e sentiu um incômodo em seu peito.

Desceram as duas para o café da manhã. Cidinha estranhou a presença de Vitória, ela sempre levantava mais tarde aos domingos, e questionou a filha.

– Mãe, sei que hoje é um dia especial para Inês e resolvi tomar café com ela, há algum mal nisso?

– Claro que não, filha, acho até bonito de sua parte querer estar com sua irmã, dar-lhe apoio, enfim, fico feliz em vê-las juntas, assim é que deve ser, é bonito os irmãos se unirem em qualquer situação.

– Vamos então tomar nosso café! – exclamou Vitória. – Papai já se levantou?

Antes que Cidinha respondesse, ouviram a voz de Jonas.

– Claro, não ia perder a oportunidade de estar logo cedo tomando meu café na companhia das pessoas que mais amo na vida!

– Oi, amor – disse Cidinha. – Sente-se, que bom estar a família toda reunida.

– O que temos para o café?

– O que você mais gosta: bolinhos fritos!

Animados e felizes, passaram o tempo conversando e usufruindo da companhia um do outro.

A manhã transcorreu atarefada com os preparativos do almoço. O relógio marcava 12 horas quando Fausto chegou, trazendo um ramalhete de flores para Cidinha e uma caixa de bombom para Inês.

– Assim você nos acostuma mal! – exclamou Cidinha –, agradeço muito sua gentileza.

– Ele sempre foi gentil, eu o conheço bem, não é, Fausto? – perguntou Vitória, causando um desconforto em todos.

Jonas e Cidinha olharam para a filha, demonstrando que não aprovavam o que fizera. Vitória, ignorando os olhares de seus pais, continuou querendo atrair para si a atenção e ao mesmo tempo deixando Fausto constrangido, ou arrependido de tê-la preterido.

– Você lembra, Fausto, quando saíamos para passear e você não se cansava de oferecer-me flores, bombons e sei mais o que; parecia incansável em me agradar; sabe, Inês, ele sempre foi assim!

Inês nada respondeu, limitou-se a olhar o namorado e este, percebendo seu desconforto, disse:

– Isso é passado, Vitória, hoje minha realidade é outra, o meu amor por Inês me transforma em um ser melhor porque é um sentimento feito de verdade e sinceridade plena.

Voltou-se para Inês e lhe disse, sem constrangimento:

– Eu a amo, Inês, não duvide disso!

Feliz, Inês respondeu:

– Acredito em você, Fausto, eu também o amo muito!

– Tudo esclarecido – disse Cidinha –, vamos mudar o rumo dessa conversa.

– É verdade, Fausto, afinal o que aconteceu com você hoje pela manhã, algo sério?

– Bobagem, Inês, apenas um tremendo mal-entendido, mas vou verificar isso tudo e saber da onde partiu essa armação.

Vitória sentiu-se tremer. "Meu Deus, ele não pode descobrir, se isso acontecer estou perdida!", pensou.

– Mas o que foi que aconteceu, Fausto?

– Vou lhe explicar, Inês. Recebi um telefonema dizendo que você estava em determinado lugar a minha espera, precisava falar comigo com urgência, algo importante antes de nos encontrarmos aqui em sua casa. Era tarde da noite, estranhei, mas como fiquei preocupado resolvi tirar a limpo tudo isso; saí e fui para o local indicado encontrar-me com você; mas aí veio a surpresa, tudo não passava de uma armadilha para me constranger; deparei com uma garota seminua, assim que me viu ela correu e enlaçou-me no pescoço pedindo que a salvasse. Eu não entendia nada, por mais que a empurrasse ela se grudava em mim, beijava meu rosto sem me largar, algo assim inusitado. Por fim consegui me desvencilhar e perguntei a razão de tudo aquilo, ela não respondeu, nesse momento consegui me afastar e vim embora sem nada entender; foi isso o que aconteceu.

Nesse instante a campainha da porta tocou.

– Deixe que eu atendo – falou Jonas.

Voltou com um pequeno embrulho e entregando a Inês disse-lhe:

– É para você, minha filha!

– Para mim? O que pode ser?

– Abra, Inês, se não abrir não vai saber do que se trata – falou Vitória.

– Tem razão.

Ao abrir o envelope Inês quase caiu de susto. Fotos estampavam uma moça sem a parte de cima da blusa abraçada a Fausto com muita intimidade. Junto às fotos, um bilhete:

"– Não tente tirar o que é meu, nós nos amamos, ele apenas não sabe como se livrar de você. Passamos a noite juntos, se quiser saber mais estou à disposição para provar o que estou dizendo."

Inês sentiu-se agredida. Não aguentando olhar para as fotos tão comprometedoras, desmaiou nos braços de Fausto.

A correria foi intensa, todos queriam ver o que havia de tão grave a ponto de Inês sofrer uma reação tão severa. Jonas pegou as fotos e ao vê-las sentiu-se ultrajado por aquele que já considerava da família; olhou firme para Fausto que até então não havia visto nada e disse-lhe:

– O que significa isso, rapaz?

Ao se deparar com tamanho absurdo, Fausto não teve alternativa senão dizer:

– O que aconteceu eu já expliquei, não imaginava que essa trama ig-nóbil fosse tão longe; não tenho mais nada a dizer além do que já disse, só afirmo que falei toda a verdade, Inês, exatamente como aconteceu, não tive culpa nenhuma, jamais vi essa garota em toda a minha vida, só posso afirmar o que já disse, a verdade, acreditar é uma opção sua, Inês.

Inês, completamente atordoada, não conseguia pronunciar uma única palavra, estava como que entorpecida, anestesiada; olhou para o namorado e sem nada dizer afastou-se, indo se refugiar em seu quarto.

Cidinha, mais calma que o marido, aproximou-se de Fausto e, com delicadeza, disse-lhe:

– Vá agora, meu filho, volte depois quando a poeira baixar para conversar com Inês, agora tudo o que você falar não vai surtir o efeito desejado.

– Não precisa voltar, Fausto, minha filha tem dignidade bastante para não se envolver com uma leviandade desse porte – disse Jonas.

Timidamente, Fausto respondeu:

– Sr. Jonas, o senhor acha que se isso tivesse acontecido dessa maneira eu iria contar para Inês? Falei primeiro, expus o que de verdade aconteceu, fui vítima de uma armadilha sórdida e inconsequente, que somente pessoas extremamente levianas podem armar.

Disse e olhando para Vitória completou:

– Você não acha, Vitória?

Sem jeito, ela respondeu:

– Não acho nada, Fausto, não me meto na sua vida, cada um colhe o que planta, pensasse nisso antes de acontecer.

Fausto pensou com tristeza: "Foi ela quem armou tudo isso, alguma coisa me diz que foi ela, mas não vai ficar assim, vou provar minha inocência para Inês e o Sr. Jonas, custe o que custar".

Levantou-se e despedindo-se de todos ia saindo quando Cidinha disse-lhe:

– Não desanime, Fausto, a verdade sempre aparece, é como eu disse: deixe o tempo passar, a poeira vai baixar e a verdade virá à tona.

– Obrigada, D. Cidinha, muito obrigada por sua compreensão.

Saiu.

Vitória, não satisfeita, ainda falou:

– Ainda bem que consegui me livrar de uma pessoa tão sem caráter.

Cidinha observava a filha com tristeza. "Ela está feliz com tudo isso, aposto que está. Meu Deus, não permita que seja o que estou pensando!"

Inês não abria a porta para ninguém. O pranto descia copiosamente sem que ela tivesse força para estancá-lo.

"Ele não podia fazer isso comigo, não podia", repetia para si mesma; o dia feliz tão sonhado transformou-se em pesadelo; não sei se aguento tanta desilusão".

— Por favor, abra a porta, minha filha — ouviu a voz de sua mãe.

— Desculpe-me mãe, preciso ficar sozinha.

— Filha, confie em sua mãe, vamos conversar, vai ser bom para você desabafar, pôr para fora o que está sentindo.

— Eu sei mãe, mas outra hora, não tenho condições agora, por favor.

— Está bem, quero apenas que saiba que pode contar com seus pais, estamos aqui.

— Eu sei, mãe, eu sei.

— Ela está muito abalada, Jonas? O que foi que fizeram com nossa filha? Ela não merece isso.

Jonas, até então em silêncio, se manifestou.

— Cidinha, você acredita na inocência de Fausto? Tudo isso me parece confuso demais, meio fantasioso.

Com calma, Cidinha respondeu:

— Jonas, sempre achamos, eu e você, ser Fausto um rapaz de caráter, custa-me acreditar que fosse capaz de tanta cafajestagem, você não acha? Ninguém muda assim tão de repente, qual foi o motivo da separação dele e de Vitória? A razão ficou clara, ele não aceitou determinadas posturas que Vitória tomou, a maneira insensata com que ela conduzia a relação dos dois, por que agora faria algo tão lamentável?

Jonas ficou pensativo.

— Analisando por esse lado, você não deixa de ter razão, mas como fica nossa filha? Ela não merece esse sofrimento, essa decepção; se realmente ele foi vítima de uma armação, como irá provar para Inês que não houve nenhuma intenção, nenhum envolvimento da parte dele? As fotos são muito claras, não há como negar que a situação aconteceu!

— Mas porque então ele contaria de livre espontânea vontade o fato? Poderia ter inventado outra desculpa ou simplesmente ficar calado.

— Sabe, Cidinha, estou abalado com tudo isso. Acho uma situação forte demais, chocante, enfim, não sei mais o que pensar a respeito, o que me preocupa é o estado lastimável de Inês.

– Precisamos dar a ela todo nosso apoio e compreensão, deixá-la digerir tudo isso no seu tempo. Quando tudo se acalmar vamos conversar, ver o que ela pensa, o que quer fazer, como irá resolver essa situação, à qual somente ela poderá dar um desfecho.

Após um tempo em silêncio, Jonas timidamente disse à esposa:

– Cidinha, me passou pela cabeça um pensamento que me assusta.

– Qual, Jonas?

– Você acha que existe a possibilidade de Vitória estar envolvida nesse caso?

Cidinha apenas respondeu:

– Jonas, confesso que também pensei nessa possibilidade, conhecendo nossa filha como conheço, mas tentei logo apagar de minha mente, por achar que seria sofrimento demais para nós se isso tivesse acontecido; não é possível que Vitória chegasse a esse ponto tão leviano, inconsequente e cruel. Mas por que despertou essa dúvida em você?

– Não sei ao certo, mas tive a impressão e analisando friamente que Vitória não se surpreendeu como nós, deu-me uma sensação de que esperava por isso; mas deve ser bobagem minha, ela não seria capaz... Ou seria?

– Não sei, espero que estejamos enganados, que tudo não passe de fruto de nossa imaginação, do impacto que essa situação causou em nós.

Enquanto isso Inês, em seu quarto, não conseguia estancar as copiosas lágrimas que molhavam seu rosto; tudo parecia irreal, um pesadelo que iria acabar assim que ela acordasse.

– Meu Deus, permita que eu esteja sonhando, não pode ser real, por que sofrer tamanha dor? O que vou fazer com os pedaços de meu amor por Fausto? Não me deixe afundar no desespero, salve o que resta em mim, o que restou dessa desilusão.

O pedido sincero e sentido de Inês não ficou sem resposta. Em segundos, Hortência e Tomás se aproximaram dela e emitiram energia salutar, proporcionando–lhe tranquilidade e calma. Inês deitou-se em sua cama e, abraçada ao travesseiro, sentindo seu corpo tornar-se mais leve, mais tranquilo, adormeceu embalada pelo amor dos amigos espirituais.

Assim que se viu liberta parcialmente de seu corpo físico, Inês percebeu a presença de Hortência e Tomás.

– Quem são vocês?

– Seus amigos, Inês, viemos atender seu pedido de socorro.

– Sofro tanto, não entendo a razão de tanta dor, se nada fiz para sofrer assim.

– Inês, nada fez nesta sua encarnação, que não é a primeira; esse sofrimento é a reação de suas ações do passado, quando compactuou com a armadilha de prender Fausto a um casamento sem amor, fruto da leviandade de Vitória e sua.

– Mas ela me obrigou!

– Não, quem se obrigou foi você mesma, ao mentir e enganar; o ultrajado sempre foi Fausto, alvo da inconsequência de Vitória, que não consegue se separar de seu orgulho absurdo e envolve as pessoas em seu redor.

– Ele está falando a verdade, devo confiar nele?

– Quem tem que saber é você, Inês; não podemos interferir nas decisões dos encarnados, cabe a cada um buscar a verdade dentro de si mesmo; acalme seu coração, busque Jesus, se entregue a seu amor; somente assim terá condições de perceber a verdade.

– Os sofrimentos deste mundo às vezes decorrem de nossa própria vontade; que se remonte à origem e verá que a maioria é composta por consequências de causas que poderíamos ter evitado, bastando para isso vivermos em acordo com as leis divinas, amando nosso próximo, respeitando os sentimentos do semelhante, enfim, viver e permitir que o outro também viva.

– O que posso fazer então?

– Não permitir que o ódio se instale em seu coração; tenha gestos simples e desejos moderados e aguarde, Deus sabe o momento certo de intervir. Aprenda com o sofrimento, Inês, ele irá fortalecê-la, e é nesse instante que saberá o que fazer. Confie, minha irmã; agora retorne a seu corpo, irá despertar mais calma e com mais lucidez.

– Que Jesus a proteja, minha irmã – disse-lhe Tomás.

Inês, despertando, sentiu-se mais tranquila, relaxada, com capacidade para pensar melhor sobre tudo que acontecera.

"Esse sono me fez bem", disse para si mesma, "estava a ponto de explodir de tanta angústia, agora posso pensar com mais clareza."

Embora a dor continuasse a maltratá-la, Inês parecia haver descoberto a melhor maneira de enfrentar o vendaval que passara sobre ela como um verdadeiro tsunami.

"Preciso falar com meus pais", pensou, "devem estar tão angustiados quanto eu."

Encontrou-os sentados na varanda da casa, ainda pensativos sobre tudo que acontecera.

– Oi, filha – disseram assim que a viram chegar –, como está se sentindo, está melhor?

– Pai, diga para mim que tudo não passa de um pesadelo, por favor, diga que nada aconteceu.

– Gostaríamos muito de poder dizer isso para você, filha, mas infelizmente não é possível, pois tudo é real, aconteceu, mas também nem tudo está perdido.

– O que o senhor quer dizer com isso?

– Quero dizer que nada ficou bem explicado, você tem direito a uma explicação do Fausto, encontre-se com ele e ouça a sua versão dos fatos.

– Não sei se tenho condições para isso, pai, preciso de um tempo para encará-lo novamente; preciso ter minha cabeça no lugar para saber raciocinar com exatidão, do jeito que estou não posso responder pela minha reação ao ficar frente a frente com ele, o senhor me entende?

– Claro, filha, sua mãe e eu estamos aqui para ajudar você, estaremos sempre do seu lado em qualquer circunstância, o que queremos na verdade é que você seja feliz, nada mais que isso.

– Obrigada, pai, sei que posso contar com vocês.

Parou por uns instantes e timidamente perguntou a seu pai:

– Posso lhe fazer uma pergunta, pai? Sei que pode parecer inadequada, cruel até, mas preciso ouvir o que o senhor e mamãe têm a dizer, ou seja, o que pensam sobre isso.

– Fale, filha, o que a preocupa?

– Pai, não consigo tirar da minha cabeça uma impressão que está me atormentando; o senhor acha que Vitória pode estar envolvida nessa trama, se é que é uma trama, digo isso porque ela na verdade nunca aceitou nosso namoro e sempre deu a entender que tudo acabaria, por mais que disfarçasse sempre percebi uma ponta de ciúme em seu comportamento, não que eu queira justificar o que Fausto fez, mas não consegui perceber em Vitória a mesma indignação que vi nos olhos de vocês.

Jonas e Cidinha se olharam, deixando Inês incomodada.

– Desculpe-me se desconfio da minha própria irmã, talvez esteja sendo cruel e leviana, querendo de alguma forma justificar a imprudência de Fausto.

– Filha, por ora vamos esquecer essa hipótese – respondeu Jonas. – Ela existe, mas não podemos acusar nem desconfiar dessa maneira gratuita, sem provas e sem nenhum embasamento real.

– É verdade, Inês – concordou Cidinha. – Vitória é na verdade um pouco avoada, muitas vezes inconsequente, mas daí a se prestar a uma barbaridade dessas deve haver uma longa distância. Não é possível que tenhamos errado tanto assim em sua educação! – exclamou Cidinha, sentindo no peito a dor da suspeita.

– O melhor a fazer por enquanto, Inês, é você ter uma conversa franca, adulta e equilibrada com Fausto, escute o que ele tem a dizer com calma, raciocinando, enfim, dê a ele a oportunidade de se defender.

– Sua mãe tem razão, minha filha, a situação exige calma e equilíbrio para ser solucionada da melhor forma possível; depois de se entender com ele você terá mais elementos para analisar e chegar a uma conclusão definitiva e racional.

Concordando, Inês beijou seus pais e retornou a seu quarto para, em seu canto, deixar que novamente as lágrimas invadissem seu rosto.

"A dor é o jeito de o Universo chamar a nossa atenção. Não existem vítimas, apenas estudantes no processo de reabilitação." (Irmão Ivo)

Capítulo XII

Tudo esclarecido

Fausto caminhava tranquilo pelo asfalto molhado.

Trazia as mãos colocadas displicentemente nos bolsos, a cabeça baixa, e distraidamente chutava uma latinha que, toda amassada, saltitava de um lado para outro obedecendo assim seu impulso.

Ia preocupado, seu pensamento estava voltado para tudo o que acontecera e que motivara o afastamento de Inês. Por mais que tentasse, não conseguia encontrar uma explicação para tamanha inconsequência; não entendia a razão do desvario daquela moça que o agarrara se nunca a tinha visto.

O que será que aconteceu para ela se transfigurar a tal ponto de se colocar desnuda e agarrá-lo da maneira como o fizera? Parecia algo premeditado, armado, mas por que e por quem? Só podia ser armação, visto ter alguém no local para tirar a foto comprometedora.

Não encontrava nenhuma resposta para essas perguntas.

Prosseguia seu caminho quando ouviu a voz de Beto:

– Fausto, oi, amigo, por que está assim tão pensativo?

– Oi, Beto – respondeu. – Que bom encontrá-lo, preciso mesmo falar com alguém, desabafar, enfim, dividir minhas angústias.

– Estou aqui para isso, amigo, vamos sentar em algum lugar para conversar.

Sentaram em um banco próximo a um pequeno lago em que vários peixinhos iam e vinham, provocando o borbulhar da água.

– Sou todo ouvidos, o que está preocupando você? Brigou com Inês?

– Pior que isso Beto, ela não quer me ver e por um motivo muito forte, reconheço.

– Santo Deus, o que foi que você fez para isso acontecer?

Fausto, decidido a colocar um fim na sua angústia, narrou para o amigo tudo o que de fato acontecera; nada omitiu, e ao fim da narrativa disse:

– Foi isso o que de verdade aconteceu, Beto, mas Inês não conseguiu entender, não quis ouvir minha explicação, ou melhor, ouviu, mas não aceitou, considerou fantástica demais.

– Amigo, que barra, você caiu em uma cilada, o difícil vai ser provar sua inocência, você não sabe nem a quem procurar.

– É verdade, não conheço a moça, nada sei sobre ela, como vou poder explicar que foi armação? Inês só poderá se basear na confiança e no que sabe a meu respeito, ou seja, que jamais seria capaz de um ato tão sórdido.

– Talvez seja pedir demais para alguém apaixonada e enciumada.

– É verdade, Beto, mas estou sofrendo muito e, para falar a verdade, está nascendo em mim um desejo de vingança. Mostrar para quem arquitetou tudo isso que seu plano diabólico não funcionou e fazer sofrer tanto quanto eu estou sofrendo, só preciso descobrir quem foi o responsável.

– O que vai ser difícil! – exclamou Beto.

– Difícil sim, mas impossível não. Um dia, mais cedo ou mais tarde, tudo se esclarece, só receio demorar tempo suficiente para separar Inês de mim definitivamente.

– Torço por você, meu amigo, se quiser posso ajudá-lo a encontrar a ponta desse novelo.

– Obrigado, Beto, você é um grande camarada, aceito, assim não me sinto tão sozinho.

– Fausto, você e Inês já conversaram francamente após esse incidente?

– Na verdade não, Beto, ela não quis falar sobre o assunto, não me deu chance de explicar o que já havia dito antes de chegar a maldita foto. Acho que ela foi intransigente demais!

– É como eu disse, amigo, mulher apaixonada e enciumada não consegue analisar friamente certas situações; porque não volta a procurá-la? A poeira já deve ter baixado um pouco, ela pode estar mais calma, enfim, acho que vale a pena tentar.

– Você tem razão, vou procurá-la.

Despediram–se.

Tomada a decisão de se encontrar com Inês, Fausto sentiu em si a esperança retornar.

"Beto tem razão, preciso lutar pelo meu amor, vou falar com ela agora mesmo."

Dirigiu-se até a casa de Inês.

Cidinha, abrindo a porta, estranhou ao ver a figura abatida de Fausto.

–Fausto! – exclamou surpresa –, o que o traz aqui?

– Boa tarde, D. Cidinha, se a senhora permitir, posso falar com Inês?

– Claro, entre, vou chamá-la.

Tímido e inseguro, Fausto entrou e, ansioso, esperou Inês.

– Fausto está aqui, mãe? – perguntou Inês, espantada. – Mas o que ele quer?

– Ora, filha, falar com você.

– Mãe, não temos nada para dizer um ao outro, a inconsequência dele nos levou a isso.

– Filha, não seja tão intransigente, ouça o que ele tem a dizer, é seu amor que está em jogo, sua felicidade ao lado do homem que ama, não acha que vale a pena dar a ele a chance de se explicar?

Surpresas, ouviram a voz de Vitória.

– O que é isso, mãe, não posso acreditar no que ouvi a senhora dizer, o que ele fez não tem perdão, não faça Inês se comportar como uma tola, sem dignidade.

Virou-se para a irmã e acrescentou:

– Inês, não se influencie pelas palavras de nossa mãe, deixe tudo como está, você vai encontrar outra pessoa que a mereça, não precisa mendigar o amor de quem não a merece.

Cidinha e Inês olharam-se surpresas com a ênfase com que Vitória falava, estranharam sua maneira incisiva de analisar a situação.

– Vitória, você parece ter medo de que Fausto e eu possamos nos reconciliar, é isso?

– É isso, mas é por você, minha irmã, ele não a merece, conheço-o muito bem, quem faz uma vez faz a segunda e também a terceira, pense nisso.

Para dar mais veracidade a suas palavras, complementou:

– Inês, quero sua felicidade, não suporto vê-la sofrer!

Cidinha, mais perspicaz, falou para Vitória:

– Não acha que quem tem que resolver é sua irmã, Vitória? Ela tem idade para saber o que deseja e somente ela pode resolver e decidir.

– Calma, mãe, falei para o bem dela, se ela quiser continuar a sofrer, ela que corra para os braços dele, depois não diga que não foi avisada.

Cidinha olhou para sua filha e pensou: "Meu Deus, quando Vitória vai parar, aonde essa menina quer chegar, o que mais ela é capaz de fazer para conseguir o que quer? Não possui limites quando se trata de conseguir o que deseja; está claro para mim que o que ela deseja é o Fausto de volta, sem se importar nem um pouco com sua irmã, mas vou acompanhar isso bem de perto".

Continuou dando asas a suas lembranças. "Uma menina meiga que perde todo seu equilíbrio quando se trata de satisfazer seus caprichos; não sei se é por orgulho ou vaidade excessiva."

O orgulho aniquila todo o sentimento de humildade, coloca o indivíduo na posição de superioridade em relação aos demais. O orgulhoso esquece-se de Deus tal o domínio que pode exercer.

A vaidade é um sentimento que flui das criaturas que se julgam superiores às demais, seja quanto ao saber, à beleza, às posses, posição que ocupa, enfim, quanto a tudo o que possui ou que realiza.

Léon Denis, no livro *Depois da morte*, assim se expressa a respeito do orgulho:

"O orgulhoso, entre todos os homens, é o que menos se conhece: presunçoso, nada pode arrancá-lo do erro, pois ele evita com todo cuidado tudo quanto serve para esclarecê-lo, odeia que o contradigam e não se agrada senão com a companhia dos aduladores".

Cidinha sentia-se incomodada com tal pensamento, mas ao mesmo tempo sabia que não podia ignorar essa hipótese; estava em jogo o equilíbrio de sua filha. Tentou mais uma vez argumentar.

– Vitória, você não acha que as pessoas mudam, mesmo quando agem de maneira leviana em algum momento, mas percebem o engano e fazem o caminho de volta? Não pode acontecer com Fausto? Vamos imaginar que ele tenha mesmo cometido essa leviandade por vontade própria, será que não merece perdão se realmente existir arrependimento? Ou então não poderá estar sendo vítima de alguém interessada nele e sem escrúpulos o suficiente para agir tão cruelmente contra ele e contra Inês?

Vitória sentiu uma ameaça na fala de sua mãe, e com todo o cuidado respondeu:

–É, mãe, pode ser. Inês deve considerar essa hipótese – disse, sem muita convicção.

Lembrando-se de Fausto, que a esperava na sala, Inês falou:

– Mãe, vou falar com ele, já deixamos Fausto esperando demais.

Assim que entrou na sala, seu coração bateu descompassado; olhar o homem que amava e não poder correr para seus braços fazia-a sofrer. Reparou em como estava abatido, com a expressão magoada, triste, e por um segundo quase se esqueceu de tudo, lembrava apenas o quanto queria estar a seu lado.

– Oi, Fausto, você está bem?

– Dentro do possível, Inês, não é fácil ficar longe de você, principalmente quando se é inocente e se sofre por não ter culpa nenhuma do que o acusam.

Inês sentiu seus olhos lacrimejarem.

"Meu Deus, como eu o amo, o que vai ser da minha vida sem ele ao meu lado?"

– Por que veio até aqui?

– Precisamos conversar, Inês, não podemos nos separar assim dessa maneira sem analisarmos com prudência os fatos que me marcaram como um homem sem caráter. Sim, porque agir tão levianamente só pode caracterizar alguém sem a mínima decência.

– Vamos conversar, Fausto, quero mesmo tentar entender tudo isso; pode começar, mas não esconda nada, por favor, seja o que for fale às claras, a verdade é sempre melhor.

Fausto iniciou seu relato; narrou a Inês tudo como exatamente havia acontecido, sem nada acrescentar nem omitir. Ao término, disse a sua amada:

–Inês, você pode nem acreditar, sei que é realmente difícil visto ter uma foto comprovando o que na verdade aconteceu, mas apelo a sua boa vontade; você me conhece há tempos, como pode não acreditar em minhas palavras e pensar que sou essa pessoa sem caráter? Como pode duvidar do amor que sinto por você? Não julgue com severidade porque as aparências enganam, Inês, e apesar delas afirmo categoricamente que sou inocente nessa historia toda, fui vítima de uma armação; mas nem que demore, um dia a verdade vai aparecer e vou provar inequivocamente minha inocência.

Inês sentia-se atordoada: de um lado, o grande amor que sentia por Fausto; do outro, a dúvida de ter sido traída. Fausto, percebendo sua indecisão, voltou a dizer:

– Querida, se você precisa de um tempo para pensar e avaliar seu sentimento dou-lhe o tempo que quiser, só não quero perder você; não é justo que a gente se separe definitivamente por algo que não cometi, só lhe peço que avalie com lucidez o fato de ter alguém naquele lugar, naquela hora, tirando uma foto. Isso não caracteriza uma armação? Você já pensou nisso? Quem estaria ali por acaso? A única explicação é que tudo estava devidamente pensado.

Inês concordou que realmente este fato soava estranho; olhou para Fausto e, em um ímpeto de emoção e muito amor, enlaçou-o em um abraço, dizendo:

– Meu amor, eu acredito em você, sei que não agiria tão leviana-mente!

Abraçaram-se movidos pelo sentimento maior e sincero que nu-triam um pelo outro.

– Eu a amo, Inês, peço-lhe que jamais duvide desse sentimento, que é o melhor e mais sincero que já senti em toda a minha vida.

– Eu também amo você, Fausto, com a mesma intensidade, quero estar a seu lado pelo resto de minha vida.

Beijaram-se apaixonadamente; tão envolvidos estavam que não perceberam a entrada de Vitória, que ao deparar com a cena inespera-da falou quase gritando:

– Inês, não tem o mínimo de decência? Perdeu seu amor-próprio, é isso? Ouve algumas palavras e na mesma hora cai nos braços de quem não a respeitou?

– O que é isso, Vitória? – falou Cidinha, que vinha logo atrás da filha – Por que fala assim com sua irmã?

– Não vê, mãe, o que Inês está fazendo?

– E o que ela está fazendo, reconciliando-se com seu namorado? Isso incomoda você?

– Ora mãe, isso é completa falta de amor-próprio, perdoar uma trai-ção comprovada, acreditar nas palavras sem sentido desse mau-caráter, é isso que a senhora quer para sua filha?

– O que eu quero para minhas filhas é a felicidade real, Vitória, aque-la que existe sem magoar ninguém, sem ferir os sentimentos de outra pessoa; só não compreendo a razão de tanta raiva, pode me explicar?

– A única explicação, mãe, é que me envergonha Inês ser assim tão crédula a ponto de se submeter a uma farsa de Fausto, uma pessoa que conheço muito bem e sei do que é capaz para enganar as pessoas, a senhora acha pouco?

– O que acho, minha filha, é que precisamos conversar e esclare-cer esse seu comportamento, que, aliás, é muito estranho; portan-to, venha comigo e deixe sua irmã em paz, ela é maior e sabe o que é melhor para ela.

Olhou para Inês e Fausto e disse-lhes:

– Fiquem à vontade, conversem bastante e esclareçam tudo o que tem que esclarecer para colocarem de uma vez por todas um ponto final nessa história. Quem tem que saber o que fazer são vocês.

Olhou para Inês, que até então nada conseguira dizer, e aproximando-se dela disse:

– Filha, pense em você, em seus sentimentos, ouça seu coração e tome a decisão que ele lhe disser, sem se preocupar com o que outras pessoas irão dizer; o que importa é que tanto você quanto Fausto se entendam e sejam felizes.

– Obrigada, mãe, eu amo a senhora!

– Eu e seu pai também amamos você, filha; agora com licença, vou falar com Vitória.

Saiu, deixando Fausto e Inês pensativos.

– Inês, me ocorreu uma dúvida, peço que me desculpe, mas achei muito estranha a atitude de Vitória, a raiva estampada em seu rosto, será que ela tem alguma coisa a ver com toda essa história?

– Não precisa se desculpar, meu amor, pensei a mesma coisa que você, é difícil admitir, mas minha irmã deixou claro que não quer nossa reconciliação, e por quê? Eu mesma respondo, porque ainda ama você, ou melhor, pode ser que nem ame, mas quer você disponível para os caprichos dela, nunca se conformou com o fim do relacionamento, é orgulhosa demais para aceitar ser trocada pela sua irmã.

– Estou chocado com a atitude de Vitória, principalmente por começar a achar que ela está envolvida nessa trama toda; desculpe-me, meu amor, mas vou lutar para provar quem armou contra nós, mesmo se for Vitória, vou desmascarar.

– Precisamos tomar cuidado, Fausto, se foi ela, pode tentar outra vez.

– Sim, mas se nos unirmos acreditando um na palavra do outro, jamais alguém conseguirá nos separar.

– Tem razão.

Esquecendo-se de tudo, entregaram-se ao sentimento que os unia em um beijo apaixonado.

Cidinha pegou Vitória pelos braços e, levando-a até seu quarto, indagou:

– Agora, mocinha, vai me contar tudo direitinho como aconteceu, não adianta negar porque tanto eu quanto seu pai estamos inclinados a considerar que foi você quem planejou toda essa situação para flagrar Fausto, não foi?

Antes que Vitória respondesse, ouviu a voz de Jonas, que acabava de chegar.

– O que está acontecendo aqui, Cidinha?

Em poucas palavras, Cidinha colocou o marido a par de tudo o que acontecera. Jonas falou, irritado:

– Mas o que é isso, Vitória, quer dizer que o que eu e sua mãe suspeitávamos é verdade, é isso?

Diante do silêncio de Vitória, Jonas repetiu a pergunta.

– Você ouviu o que eu perguntei, Vitória? Se não ouviu, vou repetir. O que você tem a ver com essa história de traição de Fausto? Pelo amor de Deus, filha, o que foi que fez contra eles?

Vitória não respondia, entregou–se ao choro e apenas falava:

– Pai, mãe, me perdoem, eu não sei como fui capaz de agir assim, estou arrependida, podem acreditar em mim.

– Como acreditar em você, se sempre está agindo da mesma maneira irresponsável, minha filha?

Cidinha falou.

– Vitória, por que está deixando desenvolver dentro de você sentimentos tão pequenos, mesquinhos, por que isso, minha filha? Por que não respeita as pessoas, luta pelo que quer com armas perigosas, levianas? Enfim, o Universo não lhe pertence, porque Deus deu a todas as suas criaturas o direito de estar na sua grande casa que é o planeta Terra, somos inquilinos neste planeta e se aqui estamos é para aprender a amar as pessoas, respeitar seus direitos, seus desejos, não se pode simplesmente interferir em suas vidas para satisfazer nossos desejos, você me entende?

– Eu entendo, mãe, e acho que vocês estão certos, mas não sei dominar meus impulsos, peço que me perdoem e que me ajudem, se puderem.

– Podemos sim ajudá-la, Vitória, mas nada surtirá efeito se você não trabalhar para que isso aconteça, é preciso querer, só você pode mudar essa situação que, a nosso ver, está fora de controle.

Querendo encerrar o assunto, Vitória disse:

– Tudo bem, sei que estão certos, sei que errei, mas até que ponto errei sozinha? Se Fausto não quisesse, nada tinha acontecido.

– O que quer dizer, filha? – perguntou Jonas, com a fisionomia cansada.

– Quero dizer que se Fausto não tivesse sido tão implacável comigo, hoje estaríamos juntos e felizes, mas agora ele colocou tudo a perder. Sei que não tem volta e é isso que não consigo aceitar, e não vou aceitar nunca.

– Mas pelo menos deixe os dois em paz, Vitória, você não vai conseguir mudar o sentimento que os une.

Um pouco mais irritada que o marido, Cidinha foi mais inflexível.

– Querendo ou não, minha filha, não tem mais volta, e o que está resolvido está resolvido; portanto, coloque seu pensamento e seu interesse em outro lugar.

Dando vazão a sua impulsividade, Vitória levantou-se e saiu batendo com força os pés no assoalho.

– Essa menina não muda nunca, Jonas, ela na verdade não consegue saber ou sentir o amor como um sentimento maior, camufla esse sentimento nos seus desejos egoístas.

– Infelizmente tenho que concordar com você, querida, Vitória ainda vai nos dar muitos motivos para chorar.

Emmanuel, no livro *Palavras da vida eterna*, retrata o perfeito amor em oposição ao imperfeito. Diz ele:

> O imperfeito amor, procurando o gozo próprio no concurso dos outros, é quase sempre o egoísmo em disfarce brilhante, buscando a si mesmo nas almas afins para atormentá-las sob múltiplas formas de temor, quais sejam: a exigência e o ciúme, a crueldade e o desespero, acabando ele próprio no inferno da amargura e da frustração.

O perfeito amor, contudo, compreende que o Pai Celeste traçou caminhos infinitos para a evolução e aprimoramento das almas, que a felicidade não é a mesma para todos e que amar significa entender e ajudar, abençoar e sustentar sempre os corações queridos no degrau de luta que lhe é próprio.

Capítulo XIII

A insistência de Vitória

Vitória acordou sentindo-se melancólica; presenciar as cenas de carinho entre Fausto e Inês acabou por deixá-la triste e deprimida, pois não conseguia aceitar a situação, por mais que tentasse.

O tempo passava e ela não pensava em outra coisa senão interromper novamente esse relacionamento que a incomodava tanto; não que amasse de verdade o namorado da irmã, mas não podia tolerar ter sido rejeitada, o orgulho a dominava, falava sempre mais alto, impelindo-a a agir cada vez mais de maneira leviana e inconsequente.

Quando tudo corria de acordo com o seu desejo, era uma pessoa doce e carinhosa, mas ao primeiro sinal de contrariedade um vulcão explodia em seu peito, tentando afastar quem ousasse discordar de seu objetivo.

Levantou-se e, olhando-se no espelho, disse a si mesma:

— Eu mereço e já sei a quem procurar, quem sabe dessa vez consigo convencê-lo a me ajudar.

Trocou-se e logo após o café da manhã pegou o telefone e ligou para Almir. Ele, ao ouvir a voz de Vitória, sentiu seu coração pulsar por aquela que ainda amava.

— Almir, preciso falar com você, podemos nos encontrar?

— Claro, Vitória, terei imenso prazer em revê-la.

– Espere-me na praça, em dez minutos estarei lá, beijo.

– Combinado!

– O que será que vem por aí? – pensava Almir –, Preciso me preparar para não cair na armadilha de Vitória, porque sei que alguma coisa ela está arquitetando.

Foi ao encontro de Vitória. Ao vê-la se aproximar pensou, com tristeza: "O que faz uma pessoa com tantas qualidades e beleza física se comportar da maneira como se comporta Vitória? O que será que a move a agir com tanta imprudência?".

– Oi, Almir – disse Vitória, beijando-o no rosto. – Quanto tempo não nos falamos, estava com saudade!

– Estava mesmo, Vitória?

– Por que a pergunta, não acredita em mim?

– Não sei, Vitória, às vezes fica difícil acreditar, nunca se sabe o que você pensa na verdade, é cheia de mistérios!

– Não exagere, Almir, eu apenas penso e tento realizar meus sonhos, existe algum mal nisso?

–Se não interferir na vida de ninguém, mal nenhum, mas nem sempre é assim, não? Mas vamos ao que interessa, por que me chamou aqui?

Fazendo charme, Vitória respondeu:

– Almir, preciso de sua ajuda e espero que dessa vez você queira me ajudar e me poupe de suas razões nem sempre válidas.

– Diga-me, você está doente, alguma coisa desse gênero?

– Claro que não, Almir, estou bem, aliás, muito bem, o assunto é outro.

– Então fale.

– Almir, eu estou sofrendo muito e penso que só você poderá me ajudar a resolver uma questão.

– Fale de uma vez, Vitória, o que você quer?

Sem querer amenizar nada, Vitória respondeu:

– Quero o Fausto, não sei como conseguir isso, mas eu o quero e só você poderá me ajudar; não suporto mais vê-lo agarrado a Inês, parece até provocação.

Almir sentiu perder o chão. Não podia acreditar no que acabara de ouvir; novamente a mesma história.

– Não é possível que você ainda pense nesse absurdo, Vitória.

– Por que absurdo, diga-me, por quê?

– Porque Fausto não quer você, porque ele é apaixonado por sua irmã e é correspondido, porque você não tem o direito de interferir na vida das pessoas, Vitória, principalmente quando essa pessoa não sente nada por você e está feliz com outra.

– Você está me magoando! – disse Vitória, dramaticamente.

– Ah! Eu estou magoando você apenas por falar a verdade, mas você quer magoar duas pessoas que nada fazem para agredi-la, ofendê-la, enfim, que apenas vivem a felicidade que merecem e que fizeram por conquistar, e você quer destruir isso apenas pelo prazer de se julgar vencedora, é isso?

– Não seja indelicado, Almir, vim pedir-lhe ajuda e, no entanto, você me condena, me agride.

– Veja que contradição, Vitória, você se sente ofendida por pouco, ou melhor, por nada, mas não percebe o tamanho da leviandade que pretende cometer; eu já lhe disse uma vez e vou repetir: não me presto a isso, nada tenho contra Fausto e muito menos contra sua irmã, e mesmo que tivesse jamais agiria dessa forma tão inconsequente. Você não pensa no sofrimento das pessoas, no quanto sofrem quando são atingidas imprudentemente por pessoas que pensam e agem como você, Vitória? Não tem sentimento?

Vitória por alguns instantes sentiu-se acuada, mas logo, recuperando sua habitual confiança em si mesma, respondeu:

– Se você não quer me ajudar, nada mais tenho a dizer, apenas que quem não está a meu favor está contra mim; portanto, Almir, nossa amizade termina aqui e agora.

Falou e sem esperar qualquer resposta virou-se, deixando Almir surpreso com sua atitude.

Pensou: "É melhor mesmo que não sejamos nem amigos, quem sabe assim consigo tirar da minha cabeça uma pessoa tão vingativa, jamais seríamos felizes, se tudo isso aconteceu talvez seja para que eu a conheça como é na realidade".

Decepcionado, caminhou lentamente, tentando colocar ordem em seus pensamentos. Vitória, por sua vez, colocava em seus passos rápidos e firmes toda sua frustração por não ter conseguido mais uma vez convencer Almir a ajudá-la.

"Se ele pensa que vou desistir está muito enganado, vou encontrar alguém disposto a ajudar, alguém que pense como eu, que tenha sangue nas veias e não se intimide diante da vida."

Voltando à casa, foi interrogada por sua mãe.

– Filha, onde você foi assim tão cedo?

– Saí para dar uma volta, mãe.

– Assim tão cedo, Vitória? O que foi fazer na verdade?

– Já disse, fui dar umas voltas para esfriar minha cabeça, dar uma direção para os meus pensamentos, nada sério, mãe, criancice minha.

Cidinha, como desconfiava de quase tudo que vinha de sua filha, pensou: "É hora de redobrar minha atenção!"

– Mãe – ouviu a voz de Inês –, Fausto vem jantar hoje aqui em casa, pode ser?

– Claro, minha filha, sem problema – exclamou Cidinha, no que foi prontamente repreendida por Vitória.

– O que é isso, mãe, todo dia agora temos visita, a senhora não acha que tira a nossa liberdade?

– A que liberdade você se refere, Vitória? – perguntou Inês, na defensiva.

– A liberdade de a família poder ficar à vontade sem pessoas de fora, Inês, só isso.

– Só isso, você diz. O que percebo, Vitória, é que você continua do mesmo jeito, ou seja, não suporta meu relacionamento com Fausto e quer de qualquer maneira minar nosso namoro, mas vou lhe dizendo, Vitória, que estamos preparados para enfrentar suas indiretas, suas armações, sua obsessão em querer a qualquer custo nos afastar.

– Olha aqui, Inês, escuta bem o que vou lhe dizer, não preciso fazer nada para isso, você sozinha irá perceber quem na verdade é seu namorado, ele sozinho vai se desmascarar.

– É uma pena, minha irmã, que seja tão leviana a ponto de prestar mais atenção a minha vida do que a sua própria.

Cidinha, tentando evitar que o assunto se prolongasse, disse:

– Por favor, vamos parar com isso, Vitória. Deixe sua irmã em paz, não há mal nenhum em Fausto vir a essa casa sempre que quiser, ele será bem-vindo, mesmo porque logo vai fazer parte da nossa família e é justo que procure se integrar conosco.

Ao ouvir o que disse sua mãe, Vitória levou um susto.

– Por que diz que ele logo vai fazer parte de nossa família?

Foi Inês quem respondeu.

– Porque vamos marcar a data de nosso casamento, Vitória, não acha um bom motivo?

– Não acho nada, Inês, você é quem sabe o que quer para sua vida, depois não diga que não foi avisada.

Cidinha novamente interferiu.

– Já pedi que parassem com esse assunto, vamos respeitar o Fausto, ele merece nosso respeito e consideração; portanto, Vitória, não interfira e aceite as coisas como elas são, entendeu?

– Tudo bem, mãe, se a senhora pensa assim...

– Penso e quero que seja assim, sugiro que coloquem uma pedra nesse assunto, que já está passando dos limites. E você, Vitória, preste atenção no que vou dizer, respeite sua irmã e não se meta na vida dela, entendido?

– Claro, mãe, não precisa se preocupar, não vou dizer mais nada, aliás, vou apenas aguardar o desfecho dessa história que, tenho certeza, não será como vocês estão pensando.

Vitória retirou-se levando o sentimento de inveja que minava e se infiltrava cada vez mais em seu coração, colocando-a em risco de mais uma vez se perder pelo mesmo motivo.

O homem bem compenetrado do seu destino futuro não vê na existência corpórea mais do que uma rápida passagem. É como uma parada momentânea numa hospedaria. Ele se consola facilmente de alguns aborrecimentos passageiros, numa viagem que deve conduzi-lo a uma situação tanto melhor quanto mais atenciosamente tenha feito os seus preparativos para ela. Somos punidos nesta vida pelas infrações que cometemos às leis da existência corpórea, pelos próprios males decorrentes dessas infrações e pelos nossos próprios excessos. Se remontarmos pouco a pouco à origem do que chamamos infelicidades terrenas, veremos a estas, na sua maioria, como a consequência de um primeiro desvio do caminho certo. Em virtude desse desvio inicial entramos em um mau caminho, e de consequência em consequência, caímos afinal na desgraça. (*O Livro dos Espíritos* – Pergunta 921 – Penas e Gozos Terrenos)

Vitória não conseguia aceitar o casamento de Fausto com Inês. Em sua mente, os pensamentos se confundiam tentando encontrar uma maneira de interferir nesse enlace sem deixar suspeitas.

"Eu amo minha irmã", dizia tentando convencer a si mesma, "mas não consigo me livrar desse sentimento em relação ao Fausto, como vou conseguir passar minha vida ao lado dele sabendo que pertence a minha irmã? Onde foi que errei a ponto de perder o amor de Fausto para sempre? Fui uma tola, confiei demais em seu amor e na minha ascendência sobre ele e, devo confessar, me dei muito mal."

Pensava um pouco e voltava a falar consigo mesma. "Preciso dar um jeito nisso, não sei como, mas vou dar um jeito nisso!"

Foi interrompida pela voz de Inês chamando-a.

– Vitória, abra a porta, preciso falar com você.

– Por favor, Inês, quero ficar sozinha, mesmo porque não temos nada para falar uma com a outra.

– Engano seu, temos sim muito que dizer e gostaria que fosse agora.

Com ar enfadonho, Vitória levantou-se abriu a porta para sua irmã.

– O que você deseja, Inês? Já falamos tudo o que tínhamos para falar, portanto acho bobagem começarmos tudo de novo.

– Engano seu, Vitória, o principal ainda não dissemos, o mais importante ficou preso em nosso coração, nossa voz se calou na parte mais importante.

– E qual é essa parte?

Inês aproximou-se da irmã e, para surpresa de Vitória, abraçou-a, dizendo:

– Esqueci-me de dizer a você que eu a amo, Vitória, não quero que sofra, não quero ser responsável por sua infelicidade.

Vitória não acreditou no que acabara de ouvir de sua irmã.

– O que está me dizendo?

– Estou dizendo que a amo, que é minha irmã querida.

– Pare de brincar comigo, Inês!

– Não estou brincando, falo a mais pura verdade; não posso construir minha felicidade deixando marcas de sofrimento atrás de mim.

Vitória sentou-se, cobriu o rosto com as mãos e chorou.

– O que foi minha irmã, não gostou do que falei?

– Gostei, choro porque percebi que você é muito melhor do que eu, não sei por que não consigo me controlar quando os fatos estão ligados ao Fausto, não sei a razão dessa obsessão por ele.

– Fique calma, minha irmã, vamos dar um jeito nessa situação.

– Como, de que jeito, se não consigo ver outra coisa senão que perdi Fausto para sempre?

Calma, Inês respondeu?

– Tudo tem uma solução quando estamos dispostos a resolver com sinceridade, Vitória.

– Como assim?

– Primeiro, é preciso analisar o sentimento real. Será mesmo amor ou apenas um sentimento gerado pela rejeição, pelo orgulho ferido, pela vontade de provar que se é superior?

– O que está querendo dizer, Inês?

– Quero dizer que foi você mesma quem terminou seu relacionamento com Fausto quando se comportou daquela maneira impulsiva, querendo mostrar estar acima dos sentimentos dele, lembra? O tempo passou, você encontrou Almir e parecia estar bem com ele, até que descobriu meu envolvimento com Fausto. Ao saber disso deu vazão a seu orgulho ferido e permitiu que a ira se instalasse em seu coração, travou então uma luta consigo mesma tentando provar que poderia tê-lo de volta, se quisesse.

Vitória estava boquiaberta com as palavras de Inês; tinha consciência de que ela estava certa, só não entendia como Inês conseguira perceber o que ela tentava esconder de si mesma.

Inês continuou.

– Para se livrar desse sentimento de rejeição, Vitória, é preciso em primeiro lugar tentar expulsar esse orgulho tolo que tanto a faz sofrer e aceitar que Fausto possui a liberdade de se apaixonar por outra pessoa e que ninguém pode impor ao outro um amor que o outro não deseja, não se pode aprisionar as pessoas; ao contrário, o amor quando verdadeiro liberta e não aprisiona. Procure sua felicidade, Vitória, ao lado de uma pessoa que possa lhe dar o amor que você merece e que você também possa oferecer o mesmo sentimento sincero.

Vitória, apesar de entender que Inês estava certa, ainda sentia dificuldade para se livrar de sua arrogância, pensava que desistir seria o mesmo que mostrar para as pessoas sua incapacidade de atrair quem quisesse; era se colocar no nível inferior, e isso ela não suportaria.

Seus valores distorcidos a levavam cada vez mais para a leviandade, era-lhe impossível anular em si o que mais a prejudicava, seu orgulho e egoísmo.

– O que está pensando, minha irmã? – perguntou-lhe Inês.

– Penso em tudo o que me disse e chego à conclusão de que não passa de teoria, o que você chama de orgulho é autoestima; quem não é egoísta quando está em jogo a realização de seu desejo? Enfim, Inês, penso que é fácil para você dizer tudo isso, fazer essas colocações nobres, sei lá mais o que, você está em uma posição confortável, ama e é amada, tudo está dando certo para você, quanto a mim é o contrário, perdi tudo de que gostava e que queria para minha vida e você ainda quer que eu esqueça?

– Vitória, você se esquece de um detalhe apenas, foi você quem quis assim quando se fez de difícil com Fausto, imaginou que ele não se conformaria, mas se conformou, pensou que não a esqueceria mas esqueceu, e agora você se acha no direito de exigir sua volta, mesmo sabendo que não acontecerá.

Irritada, Vitória respondeu:

– Agradeço sua preocupação comigo, mas gostaria que não interferisse mais na minha vida.

– Assim como você não vai mais interferir na minha, é isso, não? Se for assim, tudo bem, cada uma cuida do que é seu – disse Inês, triste por perceber que de nada adiantou conversar com ela, tentar se entender, mostrar que viver é sempre melhor quando agimos com amizade e respeito pelas pessoas, que tudo passa porque nada é para toda a eternidade.

Conscientizou–se de que nada mais tinha para falar porque nada mudaria o pensamento de Vitória.

"Ninguém consegue modificar ninguém", pensou, "isso é uma tarefa individual que só acontece quando se deseja."

– Que você consiga encontrar seu caminho, Vitória, e ser feliz! – exclamou ao sair do quarto.

Vitória disse para si mesma: "Serei feliz, Inês, nem que seja à custa de sua infelicidade, porque não vou desistir".

Cidinha, percebendo a melancolia no rosto de Inês, perguntou:

– Filha, o que houve? Está com uma carinha tristonha.

– Estive conversando com Vitória, mãe, mas de nada adiantou, ela é irredutível no que diz respeito a seus conceitos.

– Infelizmente, filha, sua irmã não consegue entender onde ela está se perdendo, diz e age da maneira mais leviana quando se trata de conseguir o que deseja, não sei de quem essa menina herdou esse gênio.

– Com certeza não foi nem da senhora nem do papai, os dois são pessoas generosas, completamente o contrário de Vitória, que só enxerga a si mesma.

– Tenho receio de que ela venha a sofrer mais ainda se não tirar da cabeça seu namorado.

– E eu, mãe, para falar a verdade, tenho medo do que ela possa fazer para prejudicar nosso namoro, principalmente agora que Fausto falou em casamento.

– E por falar em casamento, quando ele vem para marcarmos a data?

– Por ele, já teria vindo, mãe, fui eu quem pediu que esperasse até eu conversar com Vitória, o que fiz hoje, mas agora sei que de nada adianta esperar, pois ela não vai mudar em nada.

– Filha, siga o seu caminho sem pensar em Vitória, deixe-a que, com o tempo, ela vai perceber que os dias, os meses e os anos passam e, quando se vê, deixamos de plantar as sementes que floresceriam na próxima primavera agraciando-nos com perfumadas flores.

– Tem razão, mãe, vou falar com Fausto e ele decidirá o dia que for melhor para ele.

– Faça isso, minha filha.

Vendo uma sombra de tristeza nos olhos de Inês, Cidinha perguntou à filha:

– Inês, o que a preocupa ainda? Noto tristeza em seus olhos.

– Mãe, estou triste sim, receio por Vitória, a maneira como ela está conduzindo sua vida com certeza não irá lhe trazer felicidade e sim sofrimento.

– Filha, o que você podia fazer já fez, conversou com ela, demonstrou seu amor por ela e principalmente não alimenta rancor por sua irmã. Se ela não foi sensível a suas palavras, a seu gesto de carinho, nada mais você pode fazer, porque quem tem que se conscientizar da necessidade de mudar seu comportamento é ela, e infelizmente ela ainda não consegue perceber isso.

– Quem sabe um dia ela conseguirá, mãe!

– É, filha, quem sabe um dia – concordou, com tristeza, Cidinha.

As vicissitudes da vida são de duas espécies, ou, se assim se quer, têm duas fontes bem diferentes que importa distinguir: umas têm sua causa na vida presente, outras fora dela.

Quantos homens tombam por suas próprias faltas!

Quantos são vitimas de sua imprevidência, de seu orgulho e de sua ambição!

Quantas pessoas arruinadas por falta de ordem, de perseverança, por má conduta e por não terem limitado seus desejos!

A quem, pois, culpar de todas as aflições senão a si mesmo?

Deus quer o progresso de todas as suas criaturas; por isso Ele não deixa impune nenhum desvio do caminho reto; não há uma só falta que não tenha consequências forçadas e inevitáveis mais ou menos tristes.

(*O Evangelho Segundo o Espiritismo* – Cap. V)

Capítulo XIV

O grande dia

Fausto e Beto conversavam, tomando um suco, quando foram surpreendidos por Vitória.

– Olá, amigos, tudo bem? – perguntou.

Fausto, receoso, respondeu laconicamente:

– Oi, Vitória, tudo bem sim, e você?

– Eu estou ótima, posso fazer-lhe companhia?

Fausto olhou para Beto, que entendendo o receio do amigo, respondeu:

– Que pena, Vitória, já estávamos de saída.

– E o que vão fazer com esse suco, jogar fora?

– Não– falou Fausto. – Vamos fazer isso – bebeu de uma só vez todo o conteúdo do copo. Virou-se para o amigo e disse:

– Vamos, Beto?

– Claro, tenho um compromisso agora e já estou atrasado.

Levantaram, mas antes que saíssem Vitória disse a Fausto:

– O que é isso, Fausto, está com medo? É tão inseguro a ponto de recear ficar perto de mim, é isso? – perguntou, desafiadora.

– Não, Vitória, não tenho problema nenhum, apenas não quero estragar um dia tão bonito como esse trocando a companhia de Beto pela sua, que nada tem de agradável. Com licença – disse e saiu, acompanhado pelo amigo.

Vitória sentiu o sangue subir-lhe pelo rosto.

"Se ele pensa que pode me tratar assim está muito enganado. O que é seu, Fausto, está guardado", disse a si mesma. "Ele se esquece de que vamos ser parentes e não faz ideia do que sou capaz de fazer para conseguir meu objetivo. Ou ele volta para mim ou não terá mais ninguém."

Alheios ao que Vitória pensava, Fausto e Beto seguiam conversando a respeito do que acontecera.

–Você viu, Beto? Essa menina não cansa de me afrontar, um dia perco a cabeça e não sei o que sou capaz de fazer.

– Calma, Fausto, não faça o jogo dela porque é isso que ela quer, mostrar para as pessoas um lado seu que existe somente na mente insana dela.

– Tem razão, meu amigo, preciso manter a calma e a distância de Vitória, por mim e por Inês, que não merece passar por nenhum constrangimento; mas, com sinceridade, vou lhe dizer que receio o que essa tresloucada pode fazer para nos prejudicar. Ela não tem medida, Beto.

– Por isso lhe digo que não deve cair na armadilha de Vitória. Você e Inês devem estar preparados, não se deixem envolver nas artimanhas de Vitória. Precisam confiar um no outro, fortalecerem-se mutuamente; se não derem brecha, ela acabará desistindo.

– Será? – perguntou Fausto, sem acreditar muito.

– Vamos pensar que sim, assim fica mais fácil para vocês.

Inês, radiante, preparava a casa para o dia tão esperado; logo mais à noite, Fausto estaria ali pronto para marcar a data do casamento de ambos. Era o sonho que se tornava realidade.

– Senhor, nunca esperei que esse dia fosse chegar. Quando eu apenas sonhava com Fausto me pedindo em casamento, parecia impossível que ele e Vitória se desentendessem, propiciando assim nosso encontro; entretanto, aconteceu e eu vos agradeço. Que nada possa interferir neste momento mágico para mim.

– Falando sozinha, filha?

– Oi, pai, acho que ainda estou perdida na minha própria felicidade, isso é possível?

– Filha, tudo é possível quando trazemos o coração limpo, aberto para a vida e para Deus. Isso é real e você merece cada pedacinho desse encanto, vocês serão muito felizes.

– Obrigada, pai, tenho certeza que sim.

O dia, para Inês, demorou a passar, tal era sua ansiedade. Finalmente, na hora marcada, Fausto tocava a campainha. Trazia um lindo ramalhete de flores, que entregou à amada dizendo:

– Querida, a partir de hoje essas flores irão perfumar todos os dias de sua vida; mesmo que murchem seu perfume ficará gravado em seu coração para que você nunca se esqueça do quanto eu a amo.

Feliz, Inês abraçou-o emocionada.

– Eu também amo muito você, Fausto, meu desejo é fazê-lo feliz por todos os dias de nossas vidas.

Jonas e Cidinha, também emocionados, abraçaram a filha; percebendo a ausência de Vitória, Cidinha indagou.

– Onde está Vitória?

– Deve estar lá em seu quarto – respondeu Jonas. – Vou chamá-la.

Subiu até o quarto da filha e encontrou-a deitada, com o rosto oculto pelo travesseiro.

– Filha, você não vai descer?

– Não!

– Qual é a razão de não participar do noivado de sua irmã, Vitória? Ela ficará sentida com você.

– Quem está sentida sou eu, foi ela quem se apoderou do que me pertencia e age como se fosse inocente.

– O que está dizendo, Vitória?

– O que o senhor ouviu, pai, vocês fingem que não enxergam, mas quem me agrediu foi Inês, quem me traiu foi ela, entretanto o senhor e a mãe agem como se eu fosse a infratora, a que não pensa nem sente, ninguém vê o meu lado, o que passa na minha cabeça, o que sente o meu coração.

– Não diga bobagem, Vitória, ninguém pensa isso de você!

– Não parece, estão sempre me chamando a atenção, como se eu estivesse errada.

Jonas, com toda a paciência, respondeu.

– Filha, o que nos preocupa a mim e a sua mãe é perceber que você não se dá conta dos seus atos; teima em querer uma pessoa que não a quer; está levando essa sua teimosia longe demais, sofre e faz os outros sofrerem. É preciso aceitar as coisas que não podemos mudar, Vitória, o casamento de Inês e Fausto você não vai poder mudar porque eles se amam. Acha justo interferir como você está fazendo?

– Foi Inês quem o procurou, pai, foi ela quem o seduziu! – gritou Vitória, com raiva.

– O que está dizendo, filha? Ninguém seduziu ninguém, tudo aconteceu da maneira mais natural, mesmo porque se Fausto estivesse mesmo apaixonado por você ninguém conseguiria separar vocês dois, da mesma maneira que você não vai conseguir separá-lo de Inês. Entenda isso minha filha, deixe de sofrer por algo que não vai se resolver.

– Não consigo, pai, é como se eu tivesse um vulcão dentro de mim, pronto para liberar sua lava.

Jonas se assustou.

– Sabe o que é esse vulcão, Vitória? O orgulho que domina você, arrastando-a ao desvario, ao egoísmo, à ilusão de se achar superior a todos, aquela que tem direitos garantidos. Enfim, filha, é preciso parar e meditar sobre você mesma, é fundamental que não prossiga nessa escuridão em que está se metendo.

– Não sei sair, pai!

– Já experimentou falar com Deus? Trazê-Lo para sua vida, permitir que Ele entre em seu coração? Tente, filha, tente!

– Como assim, pai? Não sei fazer isso.

– Vitória, escute com atenção – disse-lhe Jonas, com carinho. – Para conversar com Deus, nosso Criador, precisamos apenas falar, liberar nosso melhor sentimento e ter confiança de que Ele nos escuta sem precisarmos gritar. Deus sabe exatamente do que precisamos e nos dará em abundância tudo para que possamos promover a nossa reforma íntima, ou seja, não o que desejamos, mas do que necessitamos, e do que você, nesse momento, necessita, filha, é lutar para excluir de seu coração esse orgulho que está consumindo você, jogando-a na inconsequência; precisa ter força para apagar esse vulcão, como você mesma diz.

– Quem vai me ajudar a fazer isso?

– Ninguém, minha filha; somente você poderá fazer se realmente quiser; se perceber o mal que está fazendo a si mesma com essa teimosia de querer o que não está mais destinado a você, entende?

– Mas eu amo o Fausto, pai, o que faço com esse amor?

– Primeiro, aceite que ele existe somente em seu coração, depois pergunte a você mesma se esse sentimento é realmente amor ou apenas orgulho ferido. Tendo as respostas, lute contra, porque nem uma nem outra irá lhe fazer bem, visto o amor ser uma via de mão dupla e o orgulho o carrasco que fatalmente a levará ao desatino e à infelicidade. Quando permitimos e contribuímos para que a felicidade se faça na vida de nosso próximo, estamos promovendo nossa própria felicidade.

Jonas percebeu que havia, de alguma forma, tocado o coração da filha.

– Agora – completou ele –, desça e participe desse momento tão esperado por sua irmã. Você sentirá paz em seu coração e uma luz se fará dentro de você a partir do instante em que deixar de interferir na vida das pessoas, respeitando as coisas como elas são.

Vitória segurou a mão de seu pai e o acompanhou até a sala. Assim que viu Fausto e Inês de mãos dadas, felizes, sentiu seu corpo tremer; apertou a mão de seu pai, tentando, nesse gesto, se sentir segura e amparada. Os noivos, assim que a viram entrar, vieram a seu encontro.

– Que bom que veio, minha irmã – disse Inês, com sinceridade. – Agora minha felicidade está completa.

– Inês tem razão, Vitória, é uma alegria tê-la conosco! – exclamou Fausto, olhando-a nos olhos.

Jonas, percebendo a indecisão da filha, respondeu por ela.

– Vitória também está feliz por vocês, não está, minha filha?

– Claro que sim, pai, desejo que sejam felizes.

– Nós seremos – respondeu Inês.

– Tenho certeza que sim!

A noite transcorreu tranquila, sem nenhum problema; Vitória comportava-se com seriedade e cautela, o que fez Cidinha estranhar seu procedimento.

– Jonas, o que você disse para Vitória que a fez ficar tão passiva? Estou estranhando e ao mesmo tempo temerosa, nunca se sabe o que Vitória vai fazer.

– Fique tranquila, querida, conversei com ela e parece-me que entendeu a inutilidade de tentar qualquer coisa que possa ferir a irmã.

– Não sei não, Jonas, vou ficar atenta, é difícil acreditar que algumas palavras possam ter mudado o que Vitória traz dentro de si, com tanta força, durante toda a sua vida.

– Se isso a acalma!

– É melhor, Jonas, nunca se sabe! – exclamou Cidinha, preocupada.

O jantar transcorreu em paz; Vitória se comportava com serenidade, deixando Inês feliz por acreditar que finalmente ela entendera a situação.

Finalmente chegou a hora em que Fausto, dirigindo-se a Cidinha e Jonas, pediu Inês em casamento, colocando em seu dedo um lindo anel de noivado. Aquele gesto provocou o sentimento de mágoa e fez voltar em Vitória o rancor e o desejo de acabar com o que julgava ser uma farsa. Levantou-se e dirigiu-se à cozinha, dizendo ir buscar uma bebida; depois de alguns segundos, gritou pedindo que fossem ajudá-la, o que fez que Fausto prontamente se dispusesse a ver o que acontecia, que era o que ela queria, na verdade. Assim que ele entrou, Vitória o abraçou impetuosamente, gritando que a largasse, fazendo que Inês corresse para ver o que ocorria. Vitória, então, agarrada ao pescoço de Fausto, beijou-o com paixão, deixando-o paralisado diante da situação que ela provocara. Foi essa cena que Inês presenciou.

– O que é isso? – perguntou, atônita.

– Fausto me agarrou, Inês, não tive culpa, estou tão chocada quanto você!

Diante do ocorrido, Fausto não conseguia dizer nada, tão surpreso estava com a audácia e o desrespeito de Vitória; Jonas tentava entender a razão de tudo aquilo, mas Cidinha, que não acreditava na filha, disse, com autoridade:

– Chega de mentira, Vitória, já basta de tanta armação, a quem você pensa que engana? Todos nós aqui sabemos o que você é capaz de fazer quando deseja alguma coisa, e o que deseja nesse momento não lhe pertence nem vai lhe pertencer; portanto, peça desculpas a sua irmã e a Fausto e, por favor, suba para seu quarto, deixe que eles usufruam desse momento importante para os dois.

– Mãe, a senhora ouviu o que eu disse? Foi o Fausto quem me agarrou!

Irritada e decepcionada com a filha, Cidinha enfrentou a situação com coragem, apesar de sentir seu coração sangrando, por ter consciência do quanto Vitória era inconsequente.

– Ouvi, Vitória, e afirmo que é mentira. Conheço você o suficiente para afirmar que foi o contrário, quem o agarrou foi você; portanto, faça o que eu disse: peça desculpas e vá para seu quarto, mais tarde vamos conversar.

Percebendo que nada havia dado certo, Vitória afastou-se, dirigindo-se a seu quarto, levando dentro de si mais fortalecido o sentimento de revolta e rancor.

"Não faz mal, pensava, eu ainda tenho chance de acabar com esse casamento, e é isso que vou fazer, custe o que custar."

Fausto, delicadamente, dirigiu-se a Inês, dizendo-lhe:

– Meu amor, acredite em mim, nada fiz, fui surpreendido com Vitória agarrando-me e fazendo toda essa cena.

Inês abraçou-o e disse:

– Acredito em você, meu amor, vamos esquecer tudo isso, hoje é um dia feliz para nós, merecemos isso: portanto, o que temos a fazer é esquecer e confiar um no outro, porque sei que ela vai tentar de novo.

– Você acha?

– Tenho certeza, conheço minha irmã, jamais aceitou uma contrariedade, não admite perder quando quer algo, e ela quer você, Fausto.

– Mas eu não a quero!

– Eu sei, meu amor, acredito em você!

– Todos nós acreditamos em você, Fausto – disse Jonas –, vamos deixar o tempo passar, só o tempo poderá resolver tudo isso.

– Obrigado, seu Jonas e dona Cidinha, pelo apoio e confiança, jamais irei decepcioná-los.

– Bem, vamos voltar a nosso jantar, que deve estar frio – disse Cidinha, querendo quebrar o mal-estar que se instalara.

Não conseguiram retomar a alegria inicial, apesar do esforço de todos. Vitória conseguira toldar a felicidade de Inês com sua atitude leviana.

Em seu quarto, Vitória dava vazão ao sentimento de derrota; não se conformava: apesar de tudo o que armava, nada dava certo.

"Parece que tudo conspira contra mim, o que foi que eu fiz para merecer tudo isso?", perguntava-se sem se dar conta de que era a única responsável; fora feliz com Fausto tempos atrás, mas imprudentemente o afastara de si por conta de seu orgulho e presunção. "Agora sinto que é tarde, jamais o terei de volta; meu pai disse-me coisas certas, mas não consigo agir como ele fala, não domino a mim mesma."

Chorou lágrimas mistas de arrependimento, mágoa e vergonha por ter agido tão levianamente. "O que faço para melhorar, ser o que meus pais esperam que eu seja, tirar de dentro de mim esse monstro que me domina e me faz sofrer?", dizia Vitória, triste consigo mesma. Cansada, deitou e logo se entregou ao sono.

Hortência, acompanhada como de costume por Tomás, assim que viu Vitória entregue ao sono reparador chamou-a docemente.

– Irmã, venha sem medo, com a permissão de nosso Mestre estamos aqui para mostrar-lhe os espinhos do caminho que você insiste em percorrer.

O espírito de Vitória aproximou-se dos dois amigos e, atingido por uma luz intensa, disse-lhes com humildade.

– Os espinhos, o que devo entender por espinhos?

– As atitudes que anda tomando imprudentemente, ferindo as pessoas a sua volta, não medindo as consequências de seus atos, atos esses que têm como única finalidade obter o que deseja; por que insiste, minha irmã, em querer o que não mais vai lhe pertencer, por que não promove sua felicidade através do amor, da generosidade, respeitando o livre-arbítrio das pessoas, o direito que possuem de fazerem suas próprias escolhas sem sofrer armações iguais as que você está gerando?

– Mas eu amo o Fausto e o quero para mim, mereço isso!

– Não, Vitória, seu tempo com este irmão já passou. Lembra-se do preparo a que se submeteu quando na Espiritualidade, seus estudos, seu arrependimento das leviandades do passado, seu desejo de resgatar todo o mal que já infligiu a esse irmão?. Pois bem, chegou o momento de colocar em prática, na sua vida atual, todo o aprendizado recebido; essa é a hora de livrar-se desse orgulho, que a faz retornar à Espiritualidade sempre devedora; lembre-se de nosso Mestre, que permitiu essa sua nova experiência na Terra, para que pudesse evoluir, e ore pedindo-Lhe auxílio para que consiga retomar o controle sobre si mesma, que tenha coragem de aceitar que o rumo de sua existência terrena não é mais o mesmo desse irmão, que por várias vezes foi prejudicado por você. Deixe-o ser feliz.

O espírito de Vitória ouvia os conselhos sábios de Hortência e, em seu íntimo, sentia que tudo o que ela dizia era verdadeiro; se deu conta de que precisava se modificar, abrir os horizontes da própria vida e partir em busca de sua evolução, porque essa é a finalidade de todos os que se acham encarnados: evoluir e alcançar o céu através do bem e do amor.

Hortência, percebendo que Vitória começava a ficar inquieta, pediu-lhe:

– Irmã, volte para seu corpo e descanse, rogo a Jesus que, quando acordar, sinta a paz que irá lhe direcionar para uma nova postura diante dos homens e diante de Deus.

Vitória abriu os olhos e, através da escuridão de seu quarto, percebeu que a noite ainda reinava lá fora.

Pensou: "Que sonho estranho eu tive...". Virou para o lado e voltou a dormir.

Capítulo XV

Inspiração do bem

A partir daquele episódio, Jonas e Cidinha passaram a viver dias de muita tensão. Sofriam por constatar mais uma vez que Vitória não conseguia superar seus piores sentimentos, a ponto de não se importar com o sofrimento que causava a sua irmã e seus pais. Quando estavam em jogo seus desejos, agia sempre sem nenhum escrúpulo.

Perguntavam-se em que momento haviam falhado na educação de Vitória, que agia tão diferente de Inês, apesar de receber igual carinho e orientação.

— Sempre fui atenta com minhas filhas, Jonas, você sabe disso, e não consigo compreender a atitude de Vitória em relação a Fausto. Ele não a quer, mas mesmo assim ela insiste em provocar a irmã, sabendo que não existe a menor possibilidade de reverter essa situação, pois os dois se amam.

— Sei que você sempre foi e é uma boa mãe, querida, sempre colocou nossas filhas em primeiro lugar, assim como eu também o fiz; portanto, não vamos nos culpar tanto assim, penso que essa inconsequência de Vitória está inserida em sua personalidade, faz parte de sua essência; se pensarmos com cuidado, verá que Vitória age dessa maneira voluntariosa desde pequena, quando exigia que todas as atenções se voltassem para ela; naquele tempo, achávamos que era normal para sua idade, ficávamos solidários, entendendo que era coisa de criança, de filha caçula, E é aí, Cidinha, que está nosso engano, foi aí que erramos, agora nos resta reparar e tentar trazê-la de volta à razão.

Cidinha, com lágrimas nos olhos, concordou com o marido, apesar de ter consciência de que Jonas mimava Vitória em demasia, mas não cabia agora nenhum julgamento: o momento era de tentar mostrar a inutilidade de tanto orgulho e arrogância.

– Precisamos fazer alguma coisa mais – disse ao marido –, tomar alguma atitude que possa mostrar a ela que existem caminhos mais equilibrados, seguros e dignos para construir a felicidade que almejamos.

– Você tem razão, querida, mas não sei por onde começar, já conversei com ela, mostrei-lhe um caminho, imaginei que tivesse entendido, mas me enganei e não sei realmente o que fazer diante dessa leviandade de nossa filha.

– Não vamos nos desesperar, Jonas, para tudo existe uma solução quando estamos dispostos a enfrentar com coragem o que nos desagrada, principalmente quando está em questão a dignidade cristã; vamos confiar no Plano Maior, pedir auxilio e direção, tenho certeza de que acharemos o caminho.

Abraçaram-se, dando força um ao outro.

– Mãe – ouviram a voz de Inês –, podemos conversar um instante?

– Claro, filha – respondeu Cidinha.

– Posso participar ou prefere que eu saia? – perguntou Jonas.

– Pode ficar, pai, prefiro mesmo que fique.

Sentaram-se e, com atenção, ouviram Inês.

– Sei que vou deixá-los tristes, mas me sinto na obrigação de colocá-los a par do que aconteceu.

Inquietos, como se já imaginassem o que poderia ser, Jonas e Cidinha esperaram o relato de Inês. Cidinha logo perguntou:

– Está relacionado a Vitória, é isso?

– Infelizmente sim, mãe.

– Então diga, minha filha – disse Jonas, preocupado –, o que foi dessa vez?

– Vitória me procurou e, sem nenhum cuidado, disse-me que se eu não terminasse com Fausto ela se encarregaria de providenciar para que isso acontecesse. Diante de minha surpresa, ela continuou:

"– Não adianta insistir, Inês, não consigo aceitar sua união com Fausto; ele me pertence, sempre me amou e vai continuar me amando, entenda isso de uma vez por todas."

– O que você está dizendo? – perguntei a ela.

– Estou dizendo que não vou medir esforços para acabar de uma vez por todas com essa farsa.

– Que farsa, Vitória? – perguntei.

– A farsa, dessa ilusão de que estão apaixonados; de seu lado eu acredito, mas você não percebe que ele está apenas me provocando, querendo me atingir por causa das coisas que eu disse e que ele não esquece, porque não consegue me esquecer?

– Você ficou maluca, Vitória – disse eu, nervosa. – Será que não compreende que nada poderá fazer para nos separar?

– O que eu sei, minha irmã, é que não consigo aceitar essa situação e vou lutar até o fim para ter Fausto de volta. Espero que entenda isso de uma vez, assim evitará muitos aborrecimentos."

Jonas e Cidinha mal podiam acreditar no que estavam ouvindo.

– Essa menina enlouqueceu, Jonas – disse Cidinha, com lágrimas nos olhos. – Isso não é amor, é obsessão.

– A situação está se tornando perigosa, precisamos fazer alguma coisa com urgência – disse Jonas, preocupado. – Nada do que disse a ela surtiu efeito, ela parece não ouvir nada quando o assunto envolve o Fausto.

Inês chorava.

– Não sei o que fazer; sei que Fausto me ama, não duvido disso, mas como vou viver sendo alvo do rancor de Vitória, minha própria irmã?

– Calma, filha, vamos resolver isso, eu prometo – disse-lhe Jonas. – Continue sua vida, tente viver feliz com seu noivo, porque vocês se amam; quanto a Vitória, Deus irá nos mostrar um caminho.

– Obrigada, pai, mas será muito difícil prosseguir deixando tristeza atrás de nós.

– Filha, isso quem tem que resolver é sua irmã, ela precisa se conscientizar da inutilidade de querer o que já não lhe pertence mais; ela vai conseguir, se Deus quiser – falou Jonas, emocionado.

– É isso, minha filha, seu pai tem razão, vamos dar toda a atenção para Vitória, vamos procurar ajuda e tudo irá se resolver. Vamos confiar na Providência Divina.

– Confio em vocês e quero lhes dizer que eu os amo muito, são os melhores pais do mundo, quero muito que Vitória encontre seu caminho e seja feliz também.

Abraçou seus pais e foi para seu quarto, com o coração mais aliviado, deixando Jonas e Cidinha entregues à angústia de constatar a irresponsabilidade de Vitória, que nada mais fazia do que agredir de maneira violenta sua própria irmã.

– Eles saberão o que fazer – pensou.

– Hortência, o que faz o espírito se esquecer dos conhecimentos adquiridos na Espiritualidade? – perguntou Tomás.

– Tomás, quando o orgulho, a arrogância e o egoísmo se instalam no coração do homem, não permitem que os sentimentos nobres ocupem espaço. Vitória sempre retorna de sua existência física com o mesmo débito, ou seja, não aceita que as coisas aconteçam de modo diferente do que deseja; seu apego a Fausto vem de outras encarnações.

– Mas ela se preparou para enfrentar novo encontro com Fausto, por que não consegue?

– Porque, na realidade, apesar do estudo, das palestras, das orientações, Vitória não conseguiu dominar, extirpar de uma vez o sentimento destruidor; assim que se viu na matéria, tudo voltou à tona e, mais uma vez, ela está se perdendo na inconsequência; isso é parte importante de seu espírito voluntarioso.

– Até onde ela irá com esse propósito, Hortência?

– Até entender e aceitar as leis divinas que regem todo o Universo, Tomás; até entender que necessário se faz respeitar o livre-arbítrio do semelhante em querer o que ela não quer; enquanto isso não acontecer, irá cada vez mais se aprisionar em si mesma.

– O que podemos fazer para ajudá-la?

– O que já estamos fazendo: inspirá-la para o bem; acolhê-la em seu sono, mostrando-lhe seu desatino, e principalmente pedir auxílio ao Mais Alto por meio de nossas orações, para que retorne à razão; a mudança depende somente dela, porque ninguém tem o poder de transformar o outro. A evolução, Tomás, é uma questão individual e intransferível.

Partiram de volta à Colônia.

Toda a moral de Jesus se resume na caridade e na humildade, quer dizer, nas duas virtudes contrárias ao egoísmo e ao orgulho.

Em todos seus ensinamentos, Ele mostra essas virtudes como sendo o caminho da felicidade eterna. Bem–aventurados, disse Ele aos pobres de espírito, quer dizer, os humildes, porque deles é o reino dos céus; bem-aventurados os que têm puro o coração; bem-aventurados os que são brandos e pacíficos; bem-aventurados os que são misericordiosos; amai vosso próximo como a vós mesmos; fazei aos outros o que queríeis que vos fizessem; amai os vossos inimigos; perdoais as ofensas se quiserdes ser perdoados; fazei o bem sem ostentação; julgai a vós mesmos antes de julgar os outros. Humildade e caridade, eis o que não cessa de recomendar e Ele mesmo dá o exemplo; orgulho e egoísmo, eis o que não cessa de combater; mas faz mais do que recomendar a caridade, coloca-a claramente, e em termos explícitos, como a condição absoluta da felicidade futura [...].

(O Evangelho Segundo o Espiritismo – Cap. XV)

Capítulo XVI

Um novo caminho se descortina

Uma semana se passou sem que encontrassem uma solução, um caminho em que pudessem inserir Vitória, na tentativa de abrir-lhe os olhos e o coração. Cidinha não economizava lágrimas, em razão da grande dor que lhe ia na alma.

– Meu Deus – orava insistentemente –, mostre-nos uma direção, não posso deixar minha filha se perder dessa maneira, mas eu e Jonas não sabemos o que fazer. É triste vê-la se afundar nessa inconsequência, parece que não tem limites em seu propósito, passa por cima de qualquer obstáculo, mesmo que ele seja sua própria irmã.

Enquanto conversava com Deus, deixava as lágrimas descerem sobre seu rosto. Sabia que, para falar com o Criador, era preciso apenas deixar que o coração sincero exprimisse seu anseio, e seu pedido justo foi atendido.

Sentiu uma energia salutar invadir sua alma, amparando-a nesse momento de angústia.

Hortência e Tomás vieram atendê-la, acompanhados de Madre Teresa, que auxiliara Vitória na Espiritualidade. O auxílio solicitado com sinceridade e embasado em uma causa justa nunca fica sem resposta, e Cidinha sentiu em seu íntimo a certeza de que estava amparada.

Continuou:

– Senhor, mostre-me o caminho, volto a pedir, não tenho medo da luta que porventura possa vir, porque sei que eu e Jonas estaremos amparados pelos tarefeiros de Jesus, só não sei, Senhor, por onde começar, o que procurar para ajudar Vitória a rever seus próprios conceitos.

Madre Teresa aproximou-se mais de Cidinha e, amorosamente, disse-lhe:

– Filha, procure auxílio no amor de Jesus, leve-a onde a palavra do Divino Amigo seja ouvida e exercitada, lá encontrará respostas e força para seu objetivo de reconduzir Vitória para o caminho seguro de evolução. Estaremos atentos e prontos para ajudá-la nesse mister, com a permissão de Jesus.

Cidinha, sensível à inspiração do bom espírito, lembrou-se de sua amiga Eulália.

– Meu Deus – disse a si mesma –, por que não me lembrei de Eulália? Ela frequenta uma casa espírita há muitos anos e sempre me convidou para ir às reuniões do Evangelho... Acho que este é o caminho para reconduzir Vitória ao bom senso e ao respeito pelas escolhas das pessoas.

– Obrigada, Senhor, por eu ter-me lembrado dessa querida amiga.

Levantou-se e correu ao encontro de seu marido.

– Jonas, enquanto orava, pedindo ao Senhor auxílio para nossa preocupação com Vitória, lembrei-me de Eulália; ela frequenta uma casa espírita e sempre falou muito bem de suas reuniões, convidou-me várias vezes para acompanhá-la... Acho que o momento é esse, poderíamos encontrar uma direção de como ajudar nossa filha... O que pensa sobre isso?

– Tudo é válido, querida, quando nos encontramos perdidos, sem direção, sem saber o que fazer... Enfim, fale com ela sim e veja a possibilidade de irmos às reuniões. Sempre aprendemos alguma coisa onde o tema principal é Jesus, mas vamos fazer tudo sem pressionar Vitória. Converse com ela, mas sempre lembrando que é importante que nada seja imposto, porque se for não surtirá o efeito que esperamos. É preciso que ela queira, as pessoas só modificam se estiverem dispostas a isso.

– Tem razão, Jonas, vou falar com Vitória, vamos ver o que ela diz.

Animada e esperançosa, Cidinha passou o dia acreditando que tudo se resolveria.

– Vou telefonar para Eulália – disse em dado momento, o que fez de imediato.

– Amiga, sou eu, Cidinha!

– Oi, amiga – respondeu Eulália. – Que prazer falar com você, algum motivo especial para esse telefonema?

– Sim, Eulália, gostaria muito de conversar com você, posso ir até sua casa?

– Evidente que sim, Cidinha, quando você quiser.

– Hoje à tarde, pode ser?

– Estarei esperando por você – respondeu Eulália com simpatia.

– Então estarei aí logo mais.

– Até lá!

Assim que desligou o telefone, Cidinha sentiu com força a esperança entrar em seu coração. Falou consigo mesma: "Esse é o caminho, tenho certeza, vai dar tudo certo!".

– Falando sozinha, mãe? – perguntou Inês, que chegava neste instante.

– Oi, filha, falo comigo mesma.

– Posso saber o que vai dar certo?

– Pode.

Pegou Inês pelas mãos e, sentando à mesa, serviu um cafezinho. Enquanto o saboreavam, contou à filha seu plano para ajudar Vitória.

– Tenho fé, Inês, de que este é o caminho; lá ensinam a palavra de Jesus, seus conselhos, seu amor pela humanidade e, principalmente, o respeito pelo semelhante. É isso que sua irmã precisa: aprender a respeitar as pessoas, não interferir da maneira como ela faz... Enfim, estou esperançosa, Inês, acho que é o melhor caminho.

– Dou o maior apoio, mãe. A senhora sabe que Fausto frequenta o grupo de jovens de uma casa espírita?

Espantada, Cidinha perguntou:

– Fausto? Ele é espírita?

– Sim, mãe, há muito tempo. Convidou-me várias vezes para o grupo que frequenta, mas não tive vontade ainda.

– Por que não, minha filha?

– Não sei, mãe, penso que não chegou o momento, mas estou caminhando para isso.

Interrompendo o assunto, Cidinha disse:

– Desculpe-me filha, mas agora preciso ir me encontrar com Eulália. Se seu pai chegar antes de mim, diga-lhe aonde fui e que pretendo não demorar.

– Pode ir, mãe, darei seu recado.

Cidinha despediu-se da filha e seguiu para seu encontro com a amiga.

– Que prazer recebê-la, Cidinha – disse Eulália assim que a viu. – Entre, por favor.

Após cumprimentarem-se, Eulália perguntou:

– Mas diga-me, Cidinha, o que a traz aqui? Imagino que alguma coisa a está incomodando... Pode se abrir comigo, se eu puder ajudá-la, eu o farei.

– Obrigada, Eulália, sei que o fará.

Cidinha colocou a amiga a par de tudo o que acontecia com Vitória, a preocupação dela e de Jonas, a insegurança de Inês em virtude das agressões verbais da irmã, enfim, nada escondeu. Ao terminar, Eulália percebeu os olhos umedecidos da amiga.

– Não podia imaginar que fosse isso tudo o que está me contando, Cidinha, mas posso lhe dizer que para tudo existe uma solução quando se quer de verdade se modificar; imagino que sua filha sofra por não conseguir se dominar.

– Também achamos que ela deve sofrer, amiga. Ela não é uma pessoa ruim, apenas não consegue controlar seus impulsos, se nega a aceitar que nem tudo o que queremos e que sonhamos está em nossa história de vida, que é necessário respeitar os sentimentos dos outros, principalmente quando são diferentes dos nossos.

– É verdade, mas o que posso fazer para ajudá-la?

– Leve–me à casa espírita que você frequenta, Eulália, sei que lá posso acalmar meu coração, é a única saída para mim e para Jonas; imagino que será muito útil para Vitória, dizem que os espíritos podem fazer muito por todos nós.

– Sim – confirmou Eulália –, mas não podem interferir tão ostensivamente em nossa vida; não podem eliminar o que precisamos vencer para nosso crescimento espiritual; podem nos ajudar com conselhos, mostrar-nos a inutilidade de certas atitudes, aconselhar a prece e a fé Naquele que nos criou. Agora cabe a nós mudar nossos atos, investir no bem, modificar o que podemos para dar lugar ao equilíbrio, trazer para nós mesmos e para aqueles que estão a nosso lado uma energia de paz. Eles podem sim ajudar Vitória por meio das orientações equilibradas e sensatas; podem ajudá-la a perceber seus enganos, mas a tarefa de superação e modificação só depende dela mesma.

– O que está querendo me dizer?

– Que é necessário que Vitória queira ser ajudada; enfim, posso levá-la sim e com o maior carinho, sei que lhe fará bem, mas seria muito bom que Vitória fosse também; assim poderia conhecer o mundo da Espiritualidade, ou seja, nosso mundo real, aquele de onde viemos e para onde iremos com toda a certeza, pois, antes de sermos encarnados, somos espíritos em evolução.

– Eu não compreendo muito bem isso tudo, Eulália, mas aceito o que me diz e quero muito conhecer esse mundo; só não sei se conseguirei levar minha filha.

– Se ela não quiser ir, não a obrigue, Cidinha. Vá você e Jonas. Quanto a Vitória, espere, porque tudo acontece a seu tempo, o coração se abre de dentro para fora e não adianta forçá-lo a abrir se o dono da chave não permitir.

– Mas Vitória está muito enraizada nessa leviandade, Eulália, não aceita nenhum conselho e age com impulsividade, querendo tirar de sua frente tudo o que atrapalha seus planos.

– Calma, minha amiga, não se desespere porque tudo passa, mas

Deus, que nos criou e que ama suas criaturas, não passa, Ele é suficiente; portanto, confie, tenha coragem e esperança e tudo se resolverá a seu tempo.

– Obrigada, amiga... Quando poderemos ir?

– As reuniões acontecem às quintas-feiras, às 20h. Passe aqui em casa e iremos juntas.

Despediram-se e Cidinha retornou a sua casa com o coração mais aliviado. A esperança tomara conta de seu ser; sentia que o caminho era esse, e se entregaria a ele de coração aberto.

Relatou a Jonas tudo o que aprendera com a amiga, enfatizou a maneira como ela explicara sobre os espíritos; o modo como agem, sempre respeitando o livre-arbítrio das pessoas. Jonas gostou de tudo o que ouviu e, seguro, disse a sua esposa:

– Quinta-feira estaremos lá, querida. Como você, também sinto que esse é o caminho.

Os espíritos nunca agem fora das leis naturais. Pensamos erradamente que a ação dos espíritos só deve se manifestar por fenômenos extraordinários; desejaríamos que viessem em nosso auxílio através de milagres e sempre os representamos armados de varinha mágica. Mas assim não é, eis por que sua intervenção nos parece oculta e o que se faz pelo seu concurso nos parece inteiramente natural, assim o homem conserva sempre o seu livre-arbítrio.

(*O Livro dos Espíritos* – Pergunta 525)

Capítulo XVII

A casa espírita

Cidinha mal podia esperar a hora de ir à casa espírita, tal a ansiedade que tomou conta de seu coração; sentia que a ajuda viria para aquietar sua angústia; não conseguia parar de sofrer vendo sua filha se entregar com tanto empenho à leviandade, ao sentimento mesquinho que a cegava a ponto de nada mais importar a não ser a conquista do objeto de seu desejo.

– Calma – dizia-lhe Jonas –, tenha paciência que só faltam dois dias, estaremos amparados pelo Plano Maior, como dizem, e isso é o que, na verdade, importa.

– Sei que tem razão, querido, mas não consigo controlar minha ansiedade; talvez por ser a primeira vez que vou me deparar com a Espiritualidade, e isso me assusta um pouco.

– É natural, precisamos apenas ir com fé, respeito e confiança, que tudo dará certo.

Foram interrompidos pelo som do telefone.

– Quem fala?

– Sou eu, dona Cidinha, o Almir. Posso falar com Vitória?

– Claro, vou chamá-la.

– O que ele quer? – perguntou Vitória, de imediato.

– Filha, como vou saber? Você só saberá se for falar com ele.

– No mínimo, mãe, vai ser outra tentativa de reatar comigo, só pode ser.

– E você, não acha que será bom ter um namorado?

– Mãe, a senhora sabe que não vou gostar de mais ninguém, vocês sabem quem eu quero mas não me apoiam porque julgam que estou errada, então não me venha empurrar um namorado.

– Filha, de que adianta querer quem não quer você, quem ama outra pessoa? Teimar só vai trazer sofrimento para todo mundo, principalmente para você, e não queremos vê-la sofrer, e nem a sua irmã. Agora vá atender ao telefone, Almir a espera.

Demonstrando má vontade, Vitória pegou o telefone, dizendo:

– Oi, Almir, o que você quer comigo?

– Vitória, gostaria de me encontrar com você, pode ser?

– Para quê, Almir?

– Não se preocupe porque não vou insistir no que você não quer, o assunto é outro.

– Sendo assim, pode ser.

Marcaram o encontro, ao qual Vitória compareceu para satisfazer sua curiosidade.

Indo ao encontro de Vitória, Almir pensou no que Beto lhe havia dito:

– Mude seu comportamento em relação a ela, Almir. Vitória é controladora e orgulhosa o suficiente para não aceitar que ninguém a rejeite, mesmo que não lhe interessa. Ela gosta de saber que domina as pessoas, que elas estão a seu dispor como um brinquedo.

– Mas ela está a fim de Fausto – respondeu.

– Está apenas para provar o que eu disse, não suporta ter perdido para sua irmã e quer tê-lo de volta porque assim alimenta sua vaidade de se sentir superior. A partir do momento que perceber que você não a quer mais, dará um jeito de trazê-lo de volta, pode acreditar.

– Talvez Beto tenha razão –pensou –, vou fazer esse jogo.

Assim que se encontraram, Vitória percebeu a frieza de Almir.

– O que foi, Almir? Estou estranhando você! Aconteceu alguma coisa?

– Não aconteceu nada, Vitória, pedi para encontrá-la apenas para deixá-la tranquila e dizer que não vou mais importunar você.

– Como assim, Almir? O que quer dizer com isso?

– Quero dizer que conheci outra pessoa com a qual estou me relacionando e estou feliz. Sei que a pressionei algumas vezes, mas isso não vai mais acontecer.

Vitória recebeu as palavras de Almir como um impacto.

– Você quer dizer que me trocou por outra pessoa, é isso?

– Vitória, não a troquei por ninguém, pois não namoramos mais, não temos mais nenhum envolvimento; portanto, vim lhe contar apenas para deixá-la à vontade, sem constrangê-la com minha insistência.

Vitória pensou: "Ele não pode fazer isso comigo, ser novamente trocada não vou aceitar, quem ele pensa que é? Isso não vai ficar assim".

Mais uma vez, Vitória era vítima de si mesma. Sua arrogância, seu orgulho desmedido novamente a aprisionavam.

Despediram-se e Almir seguiu seu caminho, pensando: "Acho que Beto tem razão, ela ficou incomodada, talvez dê certo".

Cidinha percebeu, assim que Vitória entrou em casa, que algo não ia bem; conhecia sua filha o suficiente para notar seu descontentamento.

– O que foi, filha, conversou com Almir?

– Conversei, mãe. Eu odeio o Almir!

– O que foi que ele fez, Vitória, por que está tão nervosa?

– Deixa pra lá – respondeu, indo para o quarto.

– Aconteceu alguma coisa que a incomodou, deixando-a assim tão perturbada. Preciso convencê-la a ir conosco à reunião, ela precisa de ajuda.

O orgulho e o egoísmo andam de mãos dadas, impedindo o progresso espiritual. Esses sentimentos destroem a sensibilidade do coração, levam suas vítimas a viverem em função delas mesmas e não raro nem os laços de família são respeitados. Pessoas com esses conflitos vivem em função de si mesmas e não conseguem perceber que elas próprias se lançam no abismo do embrutecimento espiritual.

Cidinha criou coragem e foi falar com a filha.

– Filha, quero convidá–la para ir comigo e seu pai a uma reunião espírita amanhã, gostaria de ir?

Surpresa, Vitória respondeu:

– Claro que não quero ir, mãe, não sou adepta desse tipo de reunião; aliás, quem gosta disso é o Fausto.

– O Fausto? – perguntou Cidinha, não deixando transparecer que ficara sabendo através de Inês.

– Sim, ele pertence ao grupo de jovem de uma casa espírita.

– Ele não fala sobre isso! – exclamou Cidinha.

– Ele é muito discreto, mãe.

– Então, não se anima a nos acompanhar?

– Desculpe, mãe, talvez em outra oportunidade.

– Tudo bem, filha, outro dia você vai.

Cidinha saiu um pouco decepcionada, pois acreditara que Vitória iria concordar.

Pensou: "Não faz mal, pode ser que não seja o momento certo para ela".

Ao comentar com Jonas a recusa de Vitória, ele lhe disse:

– Querida, entendo sua ansiedade, mas precisamos respeitar o tempo de Vitória. É a primeira vez que vamos participar de uma reunião dessas, nem sabemos ao certo como será, vamos dar um tempo para nós e principalmente para ela. O dia certo chegará. Mas por que não disse que já sabia que Fausto é espírita?

– Não sei, Jonas, no momento achei que não seria bom falar de Inês, tudo para Vitória é motivo para agressão.

– Você tem razão, querida, talvez tenha sido melhor mesmo, nunca sabemos qual será a reação de Vitória...

Na hora combinada com Eulália, Jonas e Cidinha chegaram a sua casa.

– Ainda é cedo? – perguntou Cidinha.

– Não, amiga, estão no horário. Vamos?

– Vamos.

Acompanharam Eulália com expectativa. Não imaginavam o que seria essa reunião, nunca haviam sequer conversado sobre esse assunto, e a ansiedade era grande.

Assim que chegaram, se surpreenderam com o que viram; imaginavam uma casa cheia de adereços, mas o que viam era a simplicidade. Ao centro, uma mesa simples, com toalha branca e um jarro de flores singelas e perfumadas; na parede, o quadro com o retrato do Divino Amigo; ao lado, perceberam uma pequena mesa com copinhos de água e nada mais. Uma música suave compunha o ambiente, dando-lhes a sensação de paz e tranquilidade.

Eulália, percebendo a surpresa, disse-lhes:

– Imaginavam tudo diferente, não?

– Sinceramente, sim – responderam os dois.

– Tudo é muito simples – disse Jonas –, mas tão aconchegante a ponto de nos fazer ter uma sensação agradável.

– Não precisamos de mais do que isso, meus amigos. Aqui se fala de amor e não de luxo. Como diz um grande amigo, o Dr. Klein, "a casa espírita se impõe pelo bem que pratica e não pelo luxo que ostenta".

Acomodaram-se em silêncio, esperando o início da reunião, o que se fez sem demora.

O dirigente, após uma breve oração, iniciou:

– Irmãos, se acreditamos firmemente na palavra de Deus, nos ensinamentos que Jesus nos deixou, não devemos nos amedrontar diante das dificuldades que enfrentamos na nossa caminhada neste mundo físico; ao contrário, necessário se faz tirar dessas dificuldades o alento, a força para prosseguirmos; tentar enxergar a mensagem contida nesses obstáculos. Só aprendemos quando encontramos obstáculos, porque ao tentar vencê-los estamos promovendo nossa própria evolução.

– Quando conseguimos enxergar e compreender o Evangelho do Cristo, é nossa missão, a missão do homem que se diz cristão, propagá-lo aos irmãos que ainda não conseguiram se aproximar dele, vivendo, por isso, longe da verdade redentora, à margem dos ensinamentos do Pai.

–É necessário esclarecer nossos irmãos – sem imposição – sobre a espiritualidade; falar de paz, de consolação, de fraternidade e de esperança; explicar-lhes a inutilidade dos vícios que os levam ao abismo, ensinar-lhes as verdades de Cristo, mas respeitando os limites e a compreensão de cada irmão, sem esquecer que cada ser é uma individualidade e precisa ser respeitado, mas não esquecer que nossa conduta frente a vida, frente a nosso próximo, é o maior ensinamento que podemos passar.

– Felizes daqueles que conseguem trabalhar em nome de Jesus com desinteresse e sem outro motivo senão o de auxiliar o próximo. Falar de perdão a seu semelhante, mas não se esquecer de perdoar; quando extirpamos de nosso coração a inveja e a discórdia, vivemos o amor em sua expressão mais pura.

– Não se pode ter medo de empunhar a bandeira de Cristo, porque Jesus não teve medo de sofrer por nós para mostrar-nos a grandeza do amor Divino; ensinando-nos que aquele que crê... verá; aquele que não tiver receio de trabalhar na seara do Pai e o fizer com amor, se aproximará do reino dos céus; somos filhos de nossas obras, delas teremos o mérito, e a recompensa será segundo o que tivermos feito.

–Se pedirmos a Deus a luz para clarear nosso caminho, a força para resistirmos ao mal, e o fizermos com humildade, sem arrogância e orgulho, Nosso Pai que está no céu nos dará a bênção, permitindo aos bons espíritos que nos acompanhem e nos assistam, nos aconselhando o bem; caso contrário, se formos abandonados a nossa própria força e fragilidade, consequentemente sofreremos quedas em razão do próprio orgulho.

– Que Deus, em sua infinita misericórdia, nos auxilie sempre para que possamos cumprir nossa missão de verdadeiros cristãos: esclarecer, auxiliar, amparar, compreender, perdoar e, sobretudo, Amar!

Ao terminar, as palavras foram desnecessárias para Jonas e Cidinha dizerem qualquer coisa, tal a emoção que sentiam. Permaneceram todos em silêncio, acompanhando a sessão com atenção e profundo respeito; antes do término, Afonso, que dirigia os trabalhos, dirigindo-se ao casal, disse:

– Sejam bem-vindos a nossa casa, que os bons espíritos possam mostrar-lhes o caminho a seguir. Não se esqueçam de que tudo acontece no tempo certo; por isso, não se entreguem ao desânimo, confiem em Nosso Pai e auxiliem quem se encontra perdido, prisioneiro de si mesmo. Mostrem-lhe a inutilidade da ostentação do orgulho, mas respeitem seu tempo; Jesus os abençoe.

Jonas e Cidinha mal acreditavam no que acabavam de ouvir.

– Como ele sabe, Jonas? – perguntou Cidinha ao marido. – Nada falamos, não o conhecemos... Como pode ser isso?

– Não tenho essa resposta, Cidinha, não imagino como essas coisas acontecem, mas pelo visto acontecem!

– Vou me informar com Eulália – disse Cidinha, querendo se inteirar desse mundo até então desconhecido para ela.

– Vou com você, gostaria também de saber mais sobre esse assunto que muito tocou meu coração! – exclamou Jonas.

– Amanhã falarei com ela.

Saíram da casa espírita de mãos dadas e comentaram sobre a reunião que acabavam de assistir.

– Sabe, Jonas, estou surpresa, pois sempre imaginei que fosse completamente diferente do que acabamos de presenciar. O que se escuta falar são sempre coisas, às vezes, chocantes. Entretanto, tudo para mim foi tranquilo. Não acha estranho?

– Também penso assim, Cidinha, mas Eulália poderá nos explicar. Ela entenderá nossa surpresa; afinal, tudo isso é novidade para nós.

– Sabe, Jonas o que mais me impressionou foi o momento que eles chamam de passe, senti uma sensação tão boa, forte mesmo, como se fosse um alívio para a tensão que sentia.

– Tem razão, aconteceu a mesma coisa comigo. Como será que isso funciona?

– Agora me recordo, Jonas, há algum tempo Eulália sugeriu que fôssemos até a casa espírita tomarmos um passe, perguntei o que era e ela disse: "O passe é uma transfusão de fluidos espontâneos, sem dúvida tão eficientes e poderosos quanto o potencial emitido pela vontade de seu agente, que acalma o receptor através da energia salutar".

– Ela tem razão, a sensação é realmente de paz.

Seguiram confiantes e esperançosos no futuro.

André Luiz nos elucida, em seu livro *Missionários da luz*/Chico Xavier– FEB, que:

> Passe é o nome que se dá ao tratamento espiritual que consiste na imposição das mãos do médium, a uma distância próxima do doente, a fim de transmitir-lhe energias espirituais ou magnéticas. Efetua-se essa transfusão pela simples transfusão das mãos, da mesma forma que Jesus o fazia. Sem movimento, sem malabarismos, pois a veiculação dos fluidos depende apenas da vontade, do desejo do médium em servir seu semelhante. Ao aplicar o passe, o medianeiro transmite não só as próprias energias como também energias retiradas do fluido cósmico universal, manipuladas pelos espíritos que auxiliam na transmissão dessas energias irradiantes. As energias transmitidas pelo passe adentram o corpo físico e espiritual do indivíduo; expelem, por assim dizer, os fluidos deletérios, renovando-lhes as energias salutares.

Capítulo XVIII

Elucidações

Cidinha foi surpreendida pelo telefonema de Eulália.

– Olá, amiga, estou ligando para saber como estão. Está tudo bem com vocês?

– Oi, Eulália, que bom você ter ligado, ia mesmo procurá-la.

– Algum motivo especial, Cidinha?

– Sabe o que é? Desde a reunião da qual participamos, tanto eu quanto Jonas gostaríamos de esclarecer algumas dúvidas com você a respeito de sua doutrina.

– Não gostaram? – perguntou Eulália, surpresa.

– Não, amiga, pelo contrário, gostamos demais, ficamos surpresos com tudo o que presenciamos: a limpeza do lugar, a tranquilidade que nos envolveu, a palestra, a maneira equilibrada com que tudo nos foi apresentado, enfim, tudo completamente diferente do que imaginávamos. Isso nos deixou interessados em conhecer um pouco mais dessa doutrina.

– Fico feliz em saber que se identificaram com nossa casa, estou à disposição de vocês para esclarecer suas dúvidas.

– Você não poderia vir até aqui?

– Claro, com muito gosto.

– Poderia ser hoje mesmo?

– Hoje temos reunião, mas amanhã sem falta, pode ser?

– Claro, agradeço muito sua boa vontade, Eulália; espero você amanhã então.

– Pode esperar, estarei aí no final da tarde.

Cidinha correu a contar para Jonas sua conversa com Eulália.

– Que bom, Cidinha, ela é uma pessoa experiente nesse assunto, sempre foi sensata, irá nos ajudar muito.

– Com certeza, Jonas, precisamos nos apoiar em algum segmento que fale da verdade, que fale de Deus, só assim conseguiremos ajudar Vitória a sair desse abismo em que está se metendo.

– Tem razão, querida, vamos conseguir ajudar nossa filha, você vai ver.

– É tudo o que mais quero! – exclamou Cidinha emocionada.

Foram interrompidos por Inês, que entrou apressada.

– Estava procurando por vocês – disse aos pais.

– O que foi, filha?

– Acho melhor vocês irem até o quarto de Vitória.

– O que está acontecendo? – perguntou Jonas preocupado.

– É melhor irem até lá.

Seguiram Inês até o quarto de Vitória.

O que viram os aterrorizou.

– O que é isso, minha filha? – perguntaram os dois ao mesmo tempo.

Após o susto, Vitória respondeu:

– Nada, apenas um bonequinho.

– Que bonequinho é esse, Vitória, e o que está fazendo com ele?

– Nada, já disse, estão preocupados à toa, isso não tem nada de mais, apenas uma brincadeira.

Irritada, Inês falou nervosa:

– Ela não está falando a verdade, mãe, sei que é um procedimento que atinge as pessoas que você quer prejudicar.

– Cale a boca, Inês, você não sabe de nada.

– Sei sim, Fausto já comentou comigo sobre essas coisas, dizendo que devemos tomar muito cuidado porque são perigosas.

Profundamente preocupados, Jonas e Cidinha aproximaram-se de Vitória e, com autoridade, Jonas lhe disse:

— Acabou a brincadeira, Vitória, fale de uma vez por todas o que está pretendendo fazer com isso.

— Quero apenas dar um susto em Almir, ele me desprezou, mãe!

— Para dar um susto necessita de um bonequinho, Vitória, é isso?

— Pai, é apenas uma brincadeira.

— Posso saber onde foi que aprendeu a fazer isso, Vitória?

— Com uma amiga do colégio, os pais dela frequentam uma casa que ensina como podemos magoar uma pessoa, e eu quero magoar o Almir.

— Filha, nós não entendemos disso, mas tudo me parece ser enganoso, um equívoco; não se pode ensinar como se deve fazer para magoar as pessoas, é contrário às leis do Senhor.

— Mas minha amiga disse que não tem nada de mau, que ela sempre faz isso e sempre deu certo.

— Filha, isso não é legítimo, não podemos interferir na vida das pessoas dessa maneira, quando alguma coisa não vai bem entre duas pessoas o certo é conversar para se entenderem e não usar de artifícios para prejudicar ou se vingar seja lá de quem for.

— Por favor, desfaça isso e jogue tudo no lixo — falou Cidinha autoritária.

Acuada, Vitória obedeceu aos pais e descartou tudo o que faria parte desse ato tão imprudente e perigoso. Por fim, levaram Vitória até a sala e tentaram explicar o que nem eles sabiam ao certo; sabiam apenas que aquele procedimento não era do bem, pois o bem não se presta a subterfúgios para conquistar e muito menos acabar com alguém.

— Filha, precisamos conversar de uma maneira séria, mas saudável.

— Pode falar, mãe, estou ouvindo.

— Na verdade, o que conta para que sejamos uma pessoa de bem é o caráter e a ética com os quais levamos nossa vida na Terra, aliados ao amor a nosso semelhante e às leis de Deus. Sem isso, minha filha, estamos fadados ao fracasso moral e digno, que consequentemente nos leva à queda espiritual. Precisamos aceitar as coisas que acontecem e que não podemos mudar. Insistir na teimosia só irá nos trazer mais dor e sofrimento, e eu imagino que não é isso o que você quer, ou é?

Vitória, um pouco envergonhada, respondeu:

– Claro que não, mãe!

– Então, filha, por que teima em querer destruir a felicidade das pessoas e principalmente a sua, agindo de maneira tão leviana, inconsequente, que nada de útil irá trazer para sua vida? Ao contrário, trará apenas o arrependimento por haver desperdiçado a oportunidade sagrada de sua existência na Terra.

Jonas e Inês apreciavam a maneira gentil e as palavras sábias de Cidinha, proferidas com tanto amor. Inspirada por Hortência e sem se dar conta disso, Cidinha continuou:

– É preciso sentir dentro de nós a presença de Deus, minha filha, e Nosso Pai que está no céu espera que tenhamos consciência de nossos atos. Ele nos dá as oportunidades para que possamos promover a felicidade que ambicionamos. Mas como fazer isso senão através do amor, da compreensão e do respeito pelos sentimentos dos outros, dando a eles o direito de decidir o que desejam para sua vida? Não nos cabe acelerar o processo de ninguém, interferindo de uma maneira ou de outra em suas decisões.

– Mãe, mas o Almir me desprezou, como posso aceitar isso?

– Não só pode como deve aceitar a decisão dele, Vitória. Ele não a desprezou, apenas decidiu ser melhor que se separassem. Você é que se sente desprezada sempre que seu desejo não é realizado, mas é preciso entender que nem sempre conseguimos tudo o que queremos.

Inês pediu licença e interferiu.

– Vitória, o Almir sempre a amou, ao contrário de você, que sempre o usou. Ele deve ter se cansado dessa situação. Não acha natural que isso acontecesse?

– Vocês ficam falando e acabo ficando confusa.

– Pense em tudo o que sua mãe lhe falou, minha filha, para o seu bem. Quanto a esse procedimento de magia, vou chamar assim, esqueça-o e não se envolva mais com isso – disse-lhe Jonas.

– Posso ir para meu quarto?

– Pode, mas antes prometa que não vai mais se envolver com esses assuntos perigosos.

– Prometo, pai.

Assim que Vitória saiu, Jonas aproximou-se de sua esposa e disse-lhe:

– Estou admirado com você, Cidinha! Falou com muita propriedade, muita certeza, e disse coisas muito sérias; de alguma maneira, deve ter tocado o coração de Vitória.

– Obrigada, querido, mas não sei o que me deu, senti que devia falar tudo o que vinha tão facilmente em minha cabeça. Espero que ela aprenda de uma vez e mude seu jeito de agir.

– Se Deus quiser, iremos conseguir, ela é muito nova e influenciável, isso vai passar.

– Espero que sim, antes de ser tarde demais.

– E você e Fausto, Inês, está tudo bem?

– Sim, mãe, está tudo bem.

– Inês, você me disse que Fausto faz parte do grupo de jovens de uma casa espírita, como isso funciona?

– Não sei muito bem, mãe, mas posso dizer que ele gosta muito e está integrado nisso há bastante tempo. Se a senhora quiser, ele poderá conversar sobre isso quando vier aqui em casa.

– Gostaria muito, será que ele se importa?

– Tenho certeza de que não.

– Você está mesmo muito interessada nesse assunto, não, querida?

– Estou sim, Jonas, muito mesmo, amanhã quero que Eulália explique bastante sobre tudo isso.

– Mãe, posso lhe fazer uma pergunta?

– Claro, Inês, fale.

– A senhora e papai sempre foram católicos, o que fez vocês mudarem assim de ideia e quererem conhecer outra religião?

– Filha – respondeu Cidinha –, tenho me questionado sobre religião e chego à conclusão de que o que importa na verdade é ter Deus dentro de nosso coração, agir de acordo com suas leis, fazer o bem sempre, e para isso não importa qual seja nossa religião, importa a bondade e o respeito com os quais norteamos nossas vidas. As religiões todas são importantes, desde que estejam inseridas nas leis do Criador.

– Penso como sua mãe, Inês. A religião do Mestre é o amor e quem vive o amor em sua essência não comete agressões contra o semelhante nem contra si próprio.

– Que bom ouvi-los falar assim, sempre tive vontade de conhecer a doutrina de Fausto, mas receava magoá-los.

– Amanhã virá a nossa casa uma amiga para conversarmos sobre isso, se quiser participar desse encontro, minha filha, ficaria muito feliz, nosso intuito também é aproximar Vitória da verdade com o propósito de fazê--la entender o caminho perigoso que está traçando para sua vida.

– Isso é muito bom, mãe, quero sim, estarei presente.

– Que bom, filha – disse-lhe Cidinha abraçando-a.

Enquanto isso, Vitória, em seu quarto, sofria, porque nem ela entendia seu comportamento.

"Meu Deus, por que sou assim? Não consigo dominar meus impulsos, às vezes sinto vontade de ouvir os conselhos de meus pais, mas alguma coisa que não sei o que é me impede, acabo sempre seguindo meus impulsos e só deixo lágrimas atrás de mim. Não raro sinto-me perdida em mim mesma, como se estivesse fracassando de alguma coisa que não imagino o que seja."

Com sinceridade pediu auxílio ao Mais Alto, e sem demora foi atendida por Hortência e Tomás, que, se aproximando, emitiram energia salutar, propiciando a ela uma sonolência que em poucos instantes tornou-se sono reparador.

Assim que seu espírito desligou-se parcialmente de seu corpo físico, percebeu a presença dos espíritos amigos.

– Eu conheço vocês – disse-lhes.

– Claro que sim, Vitória, somos responsáveis por você nessa sua caminhada no plano físico e estamos aqui para lembrar-lhe que seu caminho foi traçado para obter o sucesso dessa sua encarnação, mas o que estamos percebendo é que mais uma vez deixa–se dominar pelo orgulho e o egoísmo de querer tudo para si da maneira que imagina.

– Não entendo o que quer me dizer – falou Vitória.

– Durante sua estada na Espiritualidade foi preparada para enfrentar novo desafio e aceitou; encarnada, entretanto, esqueceu-se de seu compromisso de resgate e esse esquecimento está levando-a para o mesmo destino do passado, ou seja, a leviandade em relação a seus semelhantes, esta voltando ao ponto de partida, no mesmo engano do passado.

Vitória, assessorada pelos espíritos amigos, em um relance lembrou--se de seu aprendizado e, com humildade, pediu:

– Ajudem-me!

– Estamos aqui para isso, minha irmã, podemos inspirá-la como fazemos, mas a tarefa é sua e somente você poderá cumpri-la a contento; você é a única responsável por seus atos, a aconselhamos a se aproximar mais de Jesus, a ouvir os conselhos de seus pais, a ir atrás do conhecimento da verdade, porque assim terá suporte para vencer a si mesma.

– Agora volte para seu corpo físico e que Jesus nosso Divino Amigo a abençoe.

Vitória, em poucos instantes, acordou, sentindo alívio para sua angústia.

– Esse cochilo me fez bem – disse a si mesma. – Acho que ando muito cansada, esgotada de tanto pensar no que fazer para atingir Almir, fazê-lo passar pelo mesmo sentimento de desprezo que ele me infligiu.

Silenciou e novamente, pensando sobre o assunto, teve uma ideia.

"Acho que vou mudar de tática, em vez de tentar atingi-lo vou me aproximar dele e fazer com que volte a gostar de mim, acho que é isso o melhor a fazer, mesmo porque já vi que com Fausto não vou conseguir nada, ele ama mesmo a Inês e não vou mais perder meu tempo com ele, mesmo porque tenho consciência de que não o amo tanto assim, quis apenas mostrar que consigo tudo o que desejo, mas nesse caso é bobagem insistir."

– Que nosso Mestre a proteja – disse Tomás a Hortência.

– Esse será o princípio de seu retorno à consciência, sem perceber acabará se apaixonando por Almir de verdade, é ele o companheiro destinado a ajudá-la no difícil caminho de volta, e ela precisará perceber isso enquanto é tempo para sua renovação.

– A reencarnação é a maior bênção que nosso Criador nos concede, Tomás, é a oportunidade de nos aperfeiçoarmos, sanarmos nossas imperfeições através do progresso espiritual.

– Louvado seja Deus!

Seguiram em direção à Colônia.

A alma acaba de depurar-se submetendo-se à prova de uma nova encarnação. Ao depurar-se, a alma sofre sem dúvida uma transformação, mas, para isso, necessita da prova da vida corpórea. [...] Todos nós temos muitas existências, e a finalidade dessas encarnações é a expiação, melhoramento progressivo da humanidade; sem isso, onde estaria a justiça?

[...] A cada nova existência, o espírito dá um passo na senda do progresso; quando se despojou de todas suas impurezas, não precisa mais das provas da vida corpórea.

(*O Livro dos Espíritos* – Cap. IV – Pluralidade das existências.)

Capítulo XIX

Doutrina que esclarece

Cidinha, sentada na varanda de sua casa, olhava o pôr do sol imersa em seus pensamentos; admirava a beleza estonteante do entardecer e, instintivamente, agradecia ao criador a bênção de ter olhos de ver e coração de sentir.

– Quanto lhe devo, Senhor... – pensava –Que eu não perca minha direção do caminho do bem; sinto que O amo com todo meu coração e é em nome desse amor que me dirijo ao Senhor para vos agradecer; pela minha vida; minha família, por todos os benefícios recebidos desde minha chegada ao plano físico; por tudo isso eu Vos agradeço. Esta vida que me deste, que eu saiba aproveitá-la para nunca ter medo do dia que estarei diante de Vós. Que eu viva dentro desse amor para cada dia mais aprender a amar; que eu saiba sorrir e chorar; ser feliz e sofrer; compreender e não magoar, enfim, que eu aprenda a viver, Senhor.

Tão absorta estava que não viu Jonas chegar acompanhado de Eulália.

– Olha quem chegou, Cidinha! Nossa amiga, Eulália.

– Eulália! – exclamou feliz. – Esperava-a com ansiedade, venha, sente-se aqui para conversarmos.

Eulália se acomodou ao lado dos amigos e, com simpatia, disse.

– Então, vamos, sem nenhum rodeio, começar nosso estudo; sim, porque será uma maneira de estudar a doutrina, não acham?

– Claro, é o que nós queremos de verdade – respondeu Jonas.

– Esperem um instante – pediu Cidinha. – Vou chamar Inês, ela quer participar.

– Faça isso, meu bem, nós esperamos por vocês.

– Claro – concordou Eulália –, é bom que ela também participe. Pena que Vitória ainda não está pronta para se integrar conosco, mas não faltará oportunidade, logo ela irá se conscientizar dessa necessidade.

Assim que Cidinha retornou com Inês, Eulália se colocou à disposição.

– Podem perguntar o que desejarem. Não sei tudo, ou melhor, sei muito pouco, mas não medirei esforços para solucionar suas dúvidas.

– Posso fazer uma pergunta?

– Claro, Cidinha, estou aqui para isso.

– Gostaria de saber primeiro por que vocês não usam nada nas reuniões de vocês, nem velas, amuletos, imagens, enfim, achei tudo diferente do que ouvia dizer.

– Cidinha, nossas reuniões são alicerçadas nas palavras e nos ensinamentos de Jesus, ou seja, são simples como foi nosso Mestre, realçamos o amor e a fraternidade, acreditamos que para se conectar com nosso Pai não é preciso usar adereços, precisamos apenas nos comportar como suas criaturas, liberando nosso sentimento mais sincero e nobre, sentindo em nós a energia que emana dos bons espíritos e que nos inebria de paz; para Deus, o que conta é o que trazemos de verdade dentro do nosso coração.

– Mas e os que acreditam na necessidade de fazer uso de tudo isso que você citou? São inferiores? – perguntou Jonas.

– Os que acreditam agem de acordo com suas crenças e não podemos julgar nem dizer que são inferiores, apenas agem de um modo diferente, o que não caracteriza inferioridade ou superioridade; o que na verdade importa é o coração receptivo ao amor de Deus, é a maneira como se chega até Nosso Pai que está no céu. Existem muitos caminhos para se chegar até o Senhor, mas todos precisam estar ligados ao sentimento do amor e da caridade. Sem essas duas virtudes principais, os caminhos acabam se tornando rotas de dor.

– O que vem a ser água fluidificada, como dizem? – Foi a vez de Inês perguntar.

– Inês, André Luiz nos diz que "a água é veículo dos mais poderosos para os fluidos de qualquer natureza". Sendo assim, a água natural, potável, torna-se medicamentosa sob a ação de fluidos magnéticos associados à vontade dos médiuns e dos espíritos, sofrendo alteração em suas propriedades. Fica pronta para ser usada em favor dos irmãos necessitados, não só por causa de males físicos, mas também por questões emocionais, agindo no perispírito e promovendo a cura, se permitido for, de uma maneira mais acelerada.

– É importante então o estudo da doutrina, não, Eulália?

– Sim, Cidinha, é preciso aprender, adquirir conhecimento para entender as revelações maravilhosas que a Doutrina Espírita nos proporciona. Quem apenas a conhece nem sempre sabe, portanto é importante o aprendizado, somente assim estaremos mais aptos para reconhecer os enganos e evitá-los.

– Esse assunto me interessa muito – falou Jonas. Pelo que pude perceber, podemos obter respostas para muitas de nossas indagações. É isso, Eulália?

– Sim, Jonas, a doutrina nos esclarece quem somos na verdade e por que estamos no plano físico, nos ensina que não viemos a passeio, nem para aprender a ser amado, mas sim para aprender a amar nosso semelhante, a enxergá-lo como irmão, enfim, estamos aqui para promover nosso progresso espiritual por meio do aprendizado essencial do amor fraternal.

– Que bonito isso – disse Cidinha –, suas colocações realmente tocam fundo nossa alma.

– Não sou eu quem toca sua alma, Cidinha, mas a verdade contida nas palavras do mestre Jesus, que a Doutrina Espírita coloca a nossa frente, explicando tudo dentro de nosso entendimento.

– Podemos retornar às reuniões?

– Claro, sempre que quiserem. As portas estão sempre abertas para quem quiser se aproximar.

– Amamos muito suas explicações, Eulália, e estamos muito agradecidos; convido-a agora para tomar um café em nossa companhia, ficaríamos felizes se aceitasse.

– Claro, com muito gosto.

Dirigiram-se à cozinha e, sentados em volta da mesa farta em guloseimas, apreciaram o café de Cidinha. Todos olharam quando ouviram a voz de Vitória.

– Posso participar dessa festa?

– Só falta você! Venha, filha, sente-se conosco.

– Esta é minha filha Vitória, acho que você ainda não a conhecia!

– Conheço-a de vista, não tive a oportunidade de conversar com ela. Como vai, Vitória? Tenho prazer em falar com você. É uma garota muito bonita.

– Obrigada, a senhora é muito simpática; mas de que estavam falando quando cheguei?

– Comentávamos sobre a reunião da qual participamos e de tudo o que nossa amiga nos explicou.

– E qual foi a conclusão que chegaram?

– Que é um caminho seguro para quem deseja se tornar uma pessoa melhor, mais fraterna e mais amorosa com o semelhante – respondeu Inês, antecipando-se a sua mãe.

Vitória, sentindo uma leve animosidade em sua irmã, rebateu.

– Então estou fora disso, estou bem como sou.

Cidinha logo interviu.

– Ao contrário, minha filha, talvez aqui você seja a que mais precise, e isso não é vergonha para ninguém, corajoso é aquele que procura sanar suas fragilidades sem que se sinta demérito nisso.

– Conhecer as oportunidades de progresso, Vitória, amplia nossos horizontes, pois nos propicia a aproveitar novas oportunidades de evolução, seja em que âmbito for – disse Eulália, com simpatia. – Pense nisso.

– Tudo bem – respondeu Vitória –, pode ser, mas não estou preparada para esse segmento, tenho receio disso.

– E qual é a razão desse receio?

– Não sei, falar com espíritos, sabendo que são pessoas que já morreram, acho estranho, tenho medo.

– Você tem medo porque não conhece; não necessariamente é preciso falar com espíritos. Ao contrário, isso acontece quando necessário se faz e quem deve decidir isso é o Plano Maior, que julga a necessidade real; o que na verdade importa é a transformação que se opera em nós quando nos abrimos para o conhecimento de nós mesmos, é nos conscientizarmos do que viemos fazer aqui nesse plano físico e promover nosso progresso espiritual através do amor exercitado. Se em algum momento se interessar, verá que tudo é tranquilo, harmonioso, equilibrado, enfim, espere seu tempo, mas não feche a oportunidade de evolução que se apresenta para você.

Vitória ficou impressionada com as palavras de Eulália. Sentiu transparência e não imposição, e isso lhe agradou.

– Vou pensar sobre o assunto, dona Eulália, quem sabe um dia resolvo verificar de perto tudo isso que me disse.

– Estaremos esperando você com alegria, Vitória. Tentar não necessariamente significa aceitar. Aprendemos que é preciso ter uma fé raciocinada, por isso Deus nos presenteou com o raciocínio e a capacidade de analisar e compreender.

Assim que terminaram o saboroso lanche preparado por Cidinha, Eulália se despediu dos amigos. Enquanto caminhava em direção a sua casa pensava:

"Meu Deus, que os bons amigos espirituais possam auxiliar essa jovem a encontrar seu caminho de evolução".

Inês levantou-se e disse aos pais que iria se encontrar com Fausto.

– Ele me espera, mãe, vamos fazer algumas pesquisas para começarmos a montar nossa casa.

Surpreso, Jonas interrogou.

– Montar nossa casa – repetiu –, isso quer dizer...

– Quer dizer que estamos pensando em marcar nosso casamento para breve.

As palavras de Inês causaram um impacto em Vitória, que, levantando, saiu impulsivamente, dirigindo-se a seu quarto. Jogou-se em sua cama e chorou.

– Meu Deus, por que isso acontece comigo, por que não posso ter quem eu quero?

"Porque você quer quem não lhe pertence, não está mais inserido em seu caminho, minha irmã; sofre por vontade própria, não consegue perceber à sua volta a pessoa que realmente a ama e deseja sua felicidade, teimar só lhe trará infelicidade, sofrimento para você e para os outros;" inspirou-lhe Hortência com carinho.

Tão raivosa estava que não conseguiu ser receptiva à inspiração do bom espírito. Cansada de derramar suas lágrimas, tomou uma decisão.

– Vou me encontrar com Almir, salvar minha relação com ele e tentar esquecer de uma vez por todas o Fausto. Estou ficando cansada, esgotada. Se ele não me quer, que seja feliz com quem escolheu – falou decidida.

Arrumou-se com esmero, telefonou para Almir e foi a seu encontro; assim que a viu, ele sentiu seu coração bater mais forte e a esperança de conquistá-la renovou seu ânimo.

– Vitória, fiquei surpreso com seu telefonema – disse-lhe assim que se cumprimentaram.

– Quer saber a verdade, Almir? Eu também. Não sei o que me deu, mas senti vontade de me encontrar com você, fiz mal?

– Não, ao contrário, fez muito bem – respondeu feliz. – Aonde vamos? – perguntou.

– Aonde você quiser.

– Na pracinha?

– Está ótimo!

Sentaram-se próximos a um pequeno lago, com pequenos peixes indo e vindo, promovendo um lindo bailado sobre as águas.

– Pensativa? – perguntou Almir.

– Olhava distraída o vaivém dos peixes e veio uma ideia a minha mente: você não acha que somos como esses peixinhos?

Espantado, Almir perguntou.

– O que quer dizer com isso, Vitória? Não vejo nenhuma relação entre os peixes e nós.

– Simples, Almir. O ser humano vive um incessante vaivém, um eterno ir e vir na vida, como se nunca soubesse realmente para onde ir, onde fincar suas raízes. Parecemos viajantes sem destino, percorrendo estradas nem sempre verdejantes, mas sentindo dificuldades em deixá-las.

Estranhando as palavras de Vitória, Almir tornou a interrogá-la.

– O que a faz pensar assim, justo você, que sempre se mostrou autossuficiente, dona de si mesma, muitas vezes autoritária ou tantas presunçosa? Enfim, está me parecendo crise de consciência, acertei?

– Vou dizer que sim, em termos.

– Pode explicar melhor para eu ver se consigo compreender?

– Posso. Olhe para mim, Almir. Quem sou eu na verdade, quem é essa Vitória que não consegue se jogar livremente em seus sentimentos mais profundos, que quer sempre o que não lhe pertence, que ambiciona as conquistas dos outros e não luta para conseguir por si mesma, sem subterfúgios, suas próprias conquistas?

Cada vez mais Almir estranhava a conduta de Vitória.

– Meu Deus, Vitória, o que na verdade você está querendo dizer? Seja mais clara.

– Quero dizer que sou orgulhosa o bastante para admitir que perdi, que errei, que me confundi. Quando isso acontece, sinto uma indignação tão forte que minha vontade é simplesmente acabar com quem ousou me derrotar.

Continuou:

– Hoje sinto que não sou alvo do amor de ninguém, Almir. Consegui destruir os melhores sentimentos que me envolveram; perdi o amor do Fausto, perdi seu amor por mim, e o que tenho hoje é somente a sensação de vazio e a certeza de que não possuo nada para preencher meu coração.

– Não fale assim, Vitória, as pessoas amam você, não se menospreze.

– Obrigada, Almir, mas sei que não é verdade.

– Conheço alguém que a ama de verdade.

– Quem?

Almir segurou as mãos frias de Vitória e disse:

– Eu, Vitória, eu a amo e sempre vou amar você, acredite nisso.

Vitória olhou para o amigo e disse:

– Obrigada, Almir, sinto tê-lo feito sofrer em algum momento, quero que saiba que também sinto por você um carinho muito grande, só não consigo demonstrar isso.

– É só relaxar, sair da defensiva em que sempre está e poderá ver que é fácil se aproximar das pessoas, oferecer a elas o que todas querem: carinho, amor e atenção.

– Não sei se consigo, Almir, quero muito, mas no mesmo instante em que tomo consciência de meus enganos, volto a fazer tudo de novo, é como se estivesse presa por alguma coisa que não faço ideia do que possa ser.

Sem entender, Almir perguntou.

– Como assim, Vitória? Não consigo entender você!

– É simples: quero modificar meu comportamento, mas não consigo dominar meus impulsos, tenho a sensação de que às vezes não sou dona de mim mesma, entende?

– Sinceramente, não!

Cansada, Vitória respondeu.

–É melhor mudar de assunto, deixa pra lá, é complicado mesmo.

– Espera. Você já comentou isso com seus pais?

– Com meus pais? E por que comentaria?

– Ora, Vitória, são seus pais e podem ajudá-la sim. Tente dizer para eles tudo o que me disse.

– Não sei, Almir, preciso pensar.

– Pois então pense. Agora vamos falar de coisas alegres. Quer tomar um sorvete comigo?

Vitória aceitou de pronto, sentia-se cansada e, na verdade, nem dissera a Almir a razão de seu encontro com ele.

"Nem vou precisar mais dizer – pensou – ele confessou que me ama e era isso que queria saber, acho que tudo voltará a ser como antes, só que dessa vez vou ser mais esperta, não vou perdê-lo."

Passaram o resto da tarde juntos. Vitória sentia-se feliz; experimentava uma gostosa sensação de amparo.

Cidinha estava preocupada com a demora de Vitória.

– Por que tanta preocupação, mãe? – perguntava Inês. – Se ela foi se encontrar com Almir, é natural que demore, devem ter mil coisas para falar um com o outro.

– Não sei, filha, mas tudo que envolve Vitória traz–me preocupação, sempre estou temerosa de suas reações.

– Bobagem, mãe, não vai acontecer nada, logo ela estará de volta, pode crer.

– É, deve ser mesmo preocupação exagerada.

– Mãe, vou sair para me encontrar com Fausto.

– Vá, minha filha, dê lembranças a ele, diga que gostaria muito de conversar a respeito da Doutrina Espírita, se ele puder vir até aqui eu ficaria muito grata.

– Pode deixar, mãe, vou falar com ele e tenho certeza de que ele virá com prazer, adora falar sobre isso. A senhora ficou mesmo impressionada!

– Fiquei sim, Inês, tudo o que eu vi e ouvi tocou fundo meu coração, despertou em mim um sentimento até então estranho para mim: a fé.

– Estranho, não a entendo, a senhora sempre foi tão religiosa...

– Tem razão, sempre fui religiosa, mas nunca fui fervorosa. Para mim, tudo era automático, simplesmente aceitava, nunca questionava, era como se achasse proibido raciocinar a respeito, muita coisa não entendia e isso causava um vazio em meu coração; agora, embora tão precocemente, tenho esperança de que encontrarei respostas para meus questionamentos; enfim, estou animada, filha, sentindo que um novo caminho está se abrindo.

— Mas é preciso ir com calma, mãe, sem mudanças radicais. Como a senhora mesma disse, temos de raciocinar para entender melhor tudo isso.

— Eu sei, filha.

Inês saiu e Cidinha se entregou a seus pensamentos, até que ouviu a voz de Jonas.

— Está tão pensativa, querida, em que está pensando?

— Sabe, Jonas, estive pensando que pode ser que algumas coisas precisem ser mudadas em relação a Vitória.

— Não a entendo, o que quer dizer?

— Ainda não sei bem o que mudar, mas precisamos fazer alguma coisa para ajudar nossa filha a se libertar de si mesma, talvez mostrar--lhe o outro lado da vida, o lado mais sofrido, os olhos mais tristes, as mãos calejadas e suadas da lida diária, enfim, não sei ao certo. Apesar de não sermos ricos, temos com folga o necessário para viver, nada falta a nossas filhas, temos até mais do que precisamos, na verdade. Sei que Vitória pensa o contrário e pode ser que isso tenha levado nossa filha a desejar mais, levada por falsas ilusões de riqueza e poder. Ela vive dizendo que aspira a uma vida mais confortável; enfim, não sei, Jonas, tenho pensado bastante nessa questão.

Jonas estranhou as colocações de sua esposa.

— Nunca pensei dessa forma, Cidinha, você pensa mesmo dessa maneira?

— De uns tempos para cá, tenho pensado sim, Jonas, e me preocupo.

— Então devemos fazer alguma coisa, não se pode ver alguém se afogar e não tentar fazer algo para salvar essa pessoa, principalmente quando se trata de nossa filha.

— É um dever nosso, não é, Jonas?

– Evidente que sim, querida, vamos pensar de que maneira podemos influenciar Vitória, levando-a para outro caminho, ou melhor, mostrando a ela outro caminho.

Após curto espaço de tempo, Cidinha voltou a falar.

– Podíamos falar com Fausto a respeito do grupo de jovens de que ele participa e da possibilidade de integrar Vitória a esse grupo, o que você acha?

– Por enquanto parece-me uma boa alternativa, mas precisamos primeiro falar com Fausto e ver o que ele pensa a respeito, não sei se colocar Vitória no mesmo grupo que ele será uma boa medida, precisamos avaliar isso.

– Vendo por esse lado, você tem razão, precisamos avaliar bem, de Vitória tudo se pode esperar; ele ficou de vir aqui, teremos uma boa oportunidade para nos aconselhar.

–Hortência, parece-me ser esse o caminho – falou Tomás, dirigindo-se ao espírito amigo que se tornara responsável por Vitória –, através do esclarecimento que receberá, Vitória encontrará a direção a seguir.

– Assim deve ser, Tomás, mas tudo irá depender da própria Vitória, somente ela poderá mudar o rumo de sua existência. Isso acontecerá a partir do instante em que ela compreender a inutilidade de suas atitudes levianas e orgulhosas; é preciso aceitar as coisas que não se pode mudar, Tomás; necessário se faz perceber a força dos ensinamentos do Cristo e se direcionar na vida terrena inserido nessa verdade. Somente assim pode-se ser feliz de verdade.

– Mas os homens procuram a felicidade nas ilusões, acreditam que somente por meio das conquistas materiais, dos desejos realizados a qualquer custo serão felizes.

– Essa é a questão, Tomás. Preocupam-se mais em ter do que em ser, esquecendo-se que tudo o que se tem aqui na Terra aqui ficará, ao passo que tudo o que se adquire relacionado ao ser, à integridade, à bondade, ao caráter, ao amor exercitado pertencem ao espírito, e com ele virão no seu retorno à Pátria Espiritual.

– Quantos se surpreendem ao chegar aqui e perceber que retornaram com as mãos vazias, que nada de útil fizeram para o próximo e para si mesmos?

– Se surpreendem e se envergonham – completou Hortência –; portanto, não podemos nunca esquecer que todos pertencemos à grande casa de Deus e, sendo suas criaturas, necessário se faz vivermos como tal. Chegará o dia em que Vitória abrirá seus olhos e, nesse dia, seu aprendizado adquirido na Espiritualidade surgirá vigoroso em sua mente e em seu coração; tudo é uma questão de tempo, Tomás; o tempo é senhor de todos os propósitos.

– Com a graça de Deus – respondeu o espírito, acompanhando Hortência de volta à Pátria Espiritual.

Retornaram à Colônia, deixando a casa de Cidinha e Jonas envolta em uma energia salutar.

Capítulo XX

O início da mudança

Inês e Fausto conversavam sobre a proximidade do casamento; ambos sentiam, veladamente, certo receio por não confiarem na posição que Vitória tomara de apoiar a união de ambos.

– Você acredita mesmo na boa intenção de Vitória, Fausto? Sinto às vezes que não passa de dissimulação para ficar mais à vontade para agir como quiser – disse Inês ao noivo.

– Confesso que isso também me preocupa, principalmente ao atender ao pedido de dona Cidinha para incluir Vitória no nosso grupo de jovens; me questiono se isso não irá dar margem para Vitória dar vazão a seu verdadeiro desejo; apesar de saber que, para ela, seria, sem dúvida, uma grande oportunidade para reavaliar seus falsos conceitos; lá se aprende muito, Inês.

– Apoio o que você decidir, Fausto, não irei pressioná-lo. Depois do que Vitória já aprontou para tentar nos separar, torna-se difícil crer em suas boas intenções; por outro lado, tenho receio de que, negando essa oportunidade a ela, estejamos impedindo sua transformação; como minha mãe diz, pode ser esse o caminho.

– Precisamos pensar – concordou Fausto –, para não cairmos em erro. Pretendo fazer o que você achar que devemos fazer; se optar em trazer Vitória para perto de nós, faremos isso, mas precisamos selar entre nós um acordo de não nos deixar envolver nem duvidar da palavra nem do sentimento um do outro. Confiança absoluta, não importa no que seja, isso será necessário para preservar nosso relacionamento e nosso amor.

Inês abraçou o noivo, dizendo:

– Concordo, amor, vamos dar a ela essa oportunidade sem nos envolver em desconfianças e medos. Vamos mostrar a Vitória que é possível ser feliz se agirmos com generosidade e respeito, sem ambicionar o que não nos pertence. Ela irá aprender que essa é a verdadeira felicidade.

Fausto abraçou a noiva e beijou-a carinhosamente.

– Eu te amo!

– Eu também te amo – respondeu Inês, feliz.

O fato de participar do grupo ao qual Fausto pertencia agradou Vitória; na realidade, ela não definia para si própria a verdadeira razão, se pela oportunidade de aprendizado ou se pelo fato de poder, de alguma forma, se aproximar do rapaz.

A esperança de reconquistá-lo ainda tinha lugar em seu coração; mesmo percebendo que essa possibilidade se tornava cada vez mais distante, comprazia-se em alimentá-la.

Cidinha confiava que, desta vez, direcionara Vitória para o caminho certo.

– É o melhor a fazer – pensava. – Confio na ajuda divina para que seu coração seja tocado e ela possa acordar de uma vez para a realidade cristã.

Cidinha e Jonas não deram maior importância à recusa de Vitória em acompanhá-los à reunião; confiavam em Fausto e Inês, que se colocaram à disposição para integrá-la ao grupo de jovens.

– Tudo bem, filha – dissera Cidinha. – Entendo que, para você, é bem melhor estar entre jovens de sua idade; não tem problema, o importante é você participar.

–Também penso assim, mãe.

Encontrando-se com Eulália, seguiram em direção à casa espírita. Ao entrar no recinto, Cidinha foi tomada pela mesma emoção anterior; sentou-se ao lado de Jonas e, entregando-se à paz reinante no local, orou ao Senhor, pedindo ao Pai por sua filha: "Senhor, confio em Vós e no Vosso amor por suas criaturas, e é em nome da minha fé que lhe suplico proteção e amparo para minha filha Vitória; que ela possa perceber a luz que, tenho certeza, irá iluminar seu caminho de ora em diante; ela não é má Senhor, apenas se entrega à ilusão de se achar merecedora de ter seus desejos realizados, não suporta o 'não' que a vida dá a todos nós; que aos poucos ela possa ir percebendo a necessidade de se aproximar de seus semelhantes e respeitar cada um em seus propósitos. Obrigada, Senhor, por abrir a porta da evolução para Vitória. Assim seja".

Terminou sentindo a emoção invadir seu coração materno.

Jonas prestava atenção na atitude da esposa e pensava: "Ela sofre por nossa filha... Que os bons espíritos possam fortalecê-la".

A reunião, como de costume, transcorreu em paz e equilíbrio; a palestra tocou o coração de todos e, no final, houve a comunicação do espírito, que com sabedoria dirigiu-se aos presentes:

– Irmãos, um sentimento de piedade deve sempre animar o coração daqueles que se reúnem sob os olhos do Senhor e imploram a assistência dos bons espíritos. Purificai, pois, os vossos corações; não deixeis demorar nenhum pensamento mundano ou fútil; elevai vosso espírito até aquele a quem chamais, a fim de que, encontrando em vós as disposições necessárias, possam lançar profusamente a semente que deve germinar em vossos corações e nele dar frutos de caridade e de justiça.

A perfeição está inteiramente, como disse o Cristo, na prática da caridade absoluta; mas os deveres da caridade se estendem a todas as possibilidades sociais, desde a menor até a maior. O homem que vivesse só não teria a caridade a exercer; não é senão no contato com os semelhantes, nas lutas mais penosas, que disso encontra ocasião.

Aquele, pois, que se isola voluntariamente se priva do mais poderoso meio de perfeição; não tendo que pensar senão em si, sua vida é a de um egoísta.

(*O Evangelho Segundo o Espiritismo* – Cap. XVII)

O orientador, após a comunicação, fez o comentário, explicando a importância da caridade para o progresso espiritual. Foi oferecida água fluidificada e a reunião, encerrada.

Ao se levantarem para sair, o orientador aproximou-se, perguntando:

– Estão bem, meus amigos? Hoje me parece estarem mais tranquilos, confiantes, e isso me alegra.

–Estamos sim, senhor, essas reuniões nos fazem muito bem, acalmam nosso coração e nos fortalecem na fé.

– Que bom ouvi-la falar assim, não percam a esperança porque nada dura para sempre. Caminhem com Jesus e ele mostrará o caminho, tudo ficará bem.

– Obrigada – respondeu Jonas – pela oportunidade que nos oferece de aprendizado, somos muito gratos.

– Não me agradeça, a casa pertence a todos os discípulos de Jesus, àqueles que na verdade aspiram a evolução através do conhecimento e do exercício do amor; aos tarefeiros do Mestre.

Despediram-se.

– Eulália, por que demorei tanto a procurar o caminho? – perguntou Cidinha.

– Não demorou, Cidinha, apenas aconteceu no momento que devia acontecer. Lembre-se do que disse a vocês: para todos os propósitos existe um tempo, vocês seguiram o tempo de vocês.

– E Vitória perceberá isso também?

– Dependerá dela, minha amiga, de seu desejo de mudança, da vontade de crescer em direção ao Mestre, enfim, somente ela poderá decidir sobre o seu futuro.

– Mas o que podemos fazer para ajudá-la?

– Já fizeram, mostrando-lhe o endereço da juventude sadia; confiem que tudo dará certo. Agora é mostrar-lhe, através do exemplo, como é prazeroso ser generoso, fraterno e respeitoso em relação ao próximo; façam tudo com carinho e paciência, respeitando o tempo dela. O importante é ficar atento para perceber todos os sinais que, com certeza, ela irá apresentar; confiem em Jesus, em seus mensageiros, mas façam a parte que lhes compete fazer.

– Você é uma grande amiga, Eulália, somos muito gratos.

– Agradeço também a amizade de vocês e estou à disposição sempre que acharem que poderei ser útil de alguma forma.

Despediram-se.

– O que você pensa de tudo isso, Jonas? – perguntou Cidinha ao marido.

–Penso que finalmente encontramos a direção a seguir, confio que tudo dará certo, Cidinha. Como disse, Eulália, precisamos apenas fazer a nossa parte e não esperar que os espíritos façam tudo.

– Iremos fazer, Jonas, nossa filha irá ressurgir, livrar-se dessa nuvem que nubla seu entendimento, e será feliz, assim como Inês.

Dormiram tranquilos, confiando no Mais Alto.

O sol entrava pela janela do quarto de Vitória, aquecendo levemente seu corpo estirado preguiçosamente na cama. Isso não impedia, porém, que continuasse a dormir tranquilamente. Inesperadamente, Cidinha abriu a porta e, aproximando-se da filha, tentou acordá-la acariciando seus cabelos revoltos.

– Filha, acorde, hoje é o primeiro dia em que irá acompanhar Inês e Fausto na reunião da juventude, esqueceu?

Vitória abriu os braços, espreguiçando gostosamente.

– É cedo, mãe, me deixe dormir mais um pouquinho – pediu, sonolenta.

– Não, filha, lá tem horário e daqui a pouco Fausto estará chegando para buscar você e Inês. Levanta, preguiçosa – disse, brincando com a filha – levante, se arrume e desça para tomar o desjejum.

Assim que Cidinha saiu, Vitória levantou e pensou: "Já sei que será um dia chato, não nasci para essas coisas, em todo caso estarei perto de Fausto e isso me anima".

Ao chegar à cozinha, encontrou Inês e Fausto, que tomavam café e conversavam animadamente.

– Estou ansiosa – dizia Inês –, para mim é uma novidade, porque nunca imaginei fazer parte de um grupo assim.

– Você vai gostar, meu amor, tenho certeza.

– Mas o que se faz em um encontro como esse?

– Nos interagimos com pessoas que pensam como nós, pessoas que querem ser úteis ao próximo, enfim, aprendemos através das palavras de Jesus que existem outras pessoas além de nós mesmos que não vivem na área de conforto em que vivemos, que sofrem, choram, mas lutam com o pouco que possuem para não se afundarem no desespero, e isso nos mostra, Inês, o quanto somos agraciados pelo Criador; através dessa consciência, passamos a ser sensíveis ao sofrimento alheio.

– Estou surpresa, Fausto, não imaginava ser algo assim tão profundo, pensei que fosse apenas um encontro onde todos se conhecessem e passassem algumas horas se divertindo.

– Inês, quando nos conscientizamos da verdade, percebemos a inutilidade de alimentarmos sentimentos mesquinhos, orgulho, egoísmo, vaidade excessiva nutrida pela presunção de se achar melhor, enfim, nos tornamos mais humanos e fraternos, porque aprendemos que não somos os únicos a ter direito à casa de Deus, mas todas as criaturas, por que, na realidade, a grande casa de Deus pertence a todos.

Inês estava impressionada, ouvindo as palavras do noivo. Vitória, encostada na soleira da porta, tudo escutara e por instantes se envergonhou por ser tão prepotente em relação ao semelhante.

Aproximou-se timidamente, cumprimentou os presentes e, sentando-se ao lado de sua mãe, falou.

– Ouvi o que você dizia, Fausto, e tudo isso me causou muita surpresa. Imaginava um situação bem diferente nessa reunião de jovens; não sei se vou me adaptar.

Jonas, que até então nada dissera, passou a mão nos cabelos da filha.

– Você vai se surpreender consigo mesma, Vitória, irá descobrir que você é, na verdade, uma pessoa especial.

Vitória se emocionou e segurou a mão de seu pai, dizendo.

– Obrigada, pai.

Olhou para Fausto e perguntou.

– Você acha que conseguirei aprender tudo isso que você falou?

Fausto sentiu ternura por aquela jovem que se achava perdida nos próprios sentimentos.

– Claro, Vitória, tenho certeza de que sim. Às vezes estamos perdidos, enveredando por um caminho sombrio, mas, quando encontramos a luz, percebemos com clareza a direção; tudo isso só acontece se, na verdade, estivermos dispostos a aprender e mudar nossos conceitos e nossa postura diante da vida. Você é uma menina inteligente, Vitória, logo irá perceber que existem outras vidas além da nossa.

Vitória sorriu.

Jonas e Cidinha olharam-se e compreenderam que, naquele instante, um marco fora colocado na vida de Vitória. Agora o momento era de dedicação e muita compreensão para com a filha. Sabiam que nada se consegue senão através do esforço e do desejo de querer o bem e a verdade; sentiram no coração que tudo daria certo, não importando o tempo necessário para que a transformação acontecesse, mas acreditavam na bondade divina e nos tarefeiros de Cristo.

Assim que os jovens saíram, Cidinha abraçou o marido, dizendo:

– Jonas, hoje foi o início, sei que será difícil, mas tenho certeza de que não é impossível. Estou cheia de esperança e confiança de que veremos nossa menina livre do que ela mesma chama de "monstro".

– Tem razão, Cidinha, tenho a mesma sensação que você, nossa filha será feliz; não importa o tempo que passar, ela será feliz!

Ao chegarem à casa espírita, Vitória percebeu um grupo de jovens conversando com animação.

Sentia-se estranha, como se não fizesse parte desse mundo; seu desejo foi retirar-se e voltar para casa, mas Laurinha aproximou-se dela e, segurando sua mão, disse-lhe.

– Seja bem-vinda, qual é seu nome?

– Vitória – respondeu com um fio de voz.

– Seja bem-vinda Vitória, estamos contentes em recebê-la. Fique à vontade, aqui somos todos amigos.

– Obrigada – respondeu Vitória, admirando a desenvoltura da jovem.

Fausto, percebendo seu embaraço, aproximou-se dela e disse:

– Laurinha é uma das coordenadoras do grupo, é um amor de pessoa. Você vai gostar muito dela.

– Imagino que sim – respondeu Vitória, ainda sem acreditar que se daria bem naquele grupo.

A manhã transcorreu em um clima de muita alegria e descontração. Tudo foi dito e explicado para aqueles jovens que ansiavam por conhecimento; jovens que acreditavam na fraternidade e queriam dar à própria vida um significado útil e solidário. Para Vitória e Inês, tudo era muito novo, pois jamais imaginaram que viveriam essa experiência, que cada uma das irmãs via sob sua própria ótica.

Percebiam ali a presença da alegria saudável, o respeito com que se tratavam, o desejo de serem de alguma forma úteis para a sociedade, enfim; Inês sentia-se encorajada a participar, pois via nascer em seu coração um sentimento generoso até então escondido em seu peito; Vitória, ao contrário, sentia-se amedrontada diante do que para ela era desconhecido: a amizade desinteressada.

O dia transcorreu tranquilo, até que chegou a hora da saída; Laurinha despediu-se de todos com sua natural alegria e delicadeza. Ao ver Fausto sair acompanhado de Inês e Vitória, aproximou-se e, dirigindo-se a Vitória, disse.

– Percebi que não se sentiu à vontade, Vitória, acertei? Não gostou de ter vindo?

Meio sem jeito, Vitória respondeu.

– Não é que não tenha gostado, apenas me senti deslocada em meio a pessoas que não conheço.

– Isso acontece somente no começo, da próxima vez estará mais solta e participativa, verá tudo com mais naturalidade. Sempre que tomamos atitudes diferentes das habituais, estranhamos. É natural que isso aconteça, mas tudo volta ao normal; se tememos a chuva, jamais teremos a gostosa sensação de sentir as gotinhas molhando nosso corpo.

– E se for uma tempestade, Laurinha, daquelas que derrubam tudo pelo caminho? – perguntou Vitória, surpreendendo Fausto.

– Nesse caso, Vitória, é o Universo querendo, de alguma forma, nos acordar! Não deixe de vir na próxima semana.

– Virei – respondeu Vitória, sem entusiasmo.

No caminho de volta, Inês perguntou à irmã:

– O que você achou de verdade, Vitória?

– Não sei, Inês, não tenho ainda uma opinião formada, achei tudo um pouco fantasioso, meio estranho, não sei.

Fausto, mais experiente no assunto, interveio.

– Vitória, tudo o que é novo para nós nos causa impacto. Não devemos tirar conclusões precipitadas; ao contrário, o mais prudente é esperar e deixar que as coisas aconteçam, e irmos aos poucos formando nossa conclusão. É muito cedo para se ter uma opinião definitiva.

– Eu sei, Fausto, pretendo sim voltar, afinal não me custa nada.

– Isso, Vitória – falou Inês. – Não desperdice essa oportunidade de adquirir conhecimento, somente quando conhecemos de verdade um assunto podemos emitir opinião.

– Você vai voltar, Inês?

– Claro, com toda a certeza, tudo o que eu ouvi veio ao encontro do que sempre pensei, mas nunca expus a ninguém.

– Fico feliz que pense assim, querida, é uma maneira saudável de caminharmos juntos, na mesma direção.

Ao ver o carinho com que Fausto se dirigia a Inês, Vitória sentiu o ciúme invadir-lhe o coração. Percebeu a distância que havia entre eles e o difícil caminho que precisava trilhar.

Assim que entraram em casa, Cidinha e Jonas não pouparam perguntas.

– Então, filha – dirigiram-se a Vitória –, o que achou?

– Sentiu-se bem?

– Calma, gente, vocês me tratam como se eu fosse uma criancinha... Gostei, em parte.

– Como assim? – perguntou Cidinha, aflita.

– Mãe, o Fausto disse que é cedo para ter uma opinião formada, não foi, Fausto? Portanto, vamos deixar como está. Se quer saber se vou voltar, isso posso responder, vou voltar sim. Feliz, dona Cidinha?

– Estou feliz sim, Vitória, não tanto por mim, mas especialmente por você.

Vitória, pedindo licença, foi para seu quarto. Jogou-se na cama, pensando: "Será que vai valer a pena esse sacrifício só para ficar perto do Fausto? Cada vez sinto crescer a distância entre nós, ele ama a Inês de verdade, devo admitir não ter nenhuma chance", concluiu.

Lembrou-se de Almir.

– Ele sim gosta de mim, preciso aprender a gostar dele também.

Como sempre agindo por impulsividade, ligou para Almir.

– Preciso me encontrar com você, Almir, pode ser?

Feliz por considerar que havia interesse por parte da pessoa que amava, Almir respondeu animado.

– Claro, Vitória, podemos nos encontrar sim, quando e onde?

– Agora e no lugar de sempre, estou indo.

– Vou aguardá-la com ansiedade, meu amor.

– Ele realmente me ama – pensou Vitória. – Não tenho como negar, é dele que preciso gostar.

Desceu apressada.

– Mãe, vou sair.

– Aonde você vai, filha? Acabou de chegar.

– Vou me encontrar com Almir.

– Não demore, Vitória.

Sem responder, Vitória saiu apressada, como se quisesse se distanciar o mais possível de Fausto, que acariciava os cabelos de Inês em um gesto de carinho.

"Não suporto essa exposição de carinho de Fausto, todo mundo já sabe que ele e Inês estão apaixonados e vão se casar", dizia a si mesma. "Isso me parece provocação."

Em poucos minutos, chegava ao local combinado; avistou Almir sentado em um banco, aguardando tranquilamente sua chegada.

– Oi – disse, assim que se aproximou. – Demorei?

Com um sorriso, Almir respondeu:

– Na verdade, não, mas para mim pareceu uma eternidade, estava ansioso para revê-la. Posso? – perguntou, e sem esperar pela resposta, beijou seu rosto.

Para surpresa de Vitória, seu coração se acelerou ao contato dos lábios de Almir em sua face.

"O que é isso? – pensou. – Estou ficando maluca?"

Almir, percebendo seu, embaraço sorriu.

– O que foi, Vitória? Ficou constrangida por quê?

– Por nada, Almir, apenas estranhei seu gesto, só isso.

– Pode ser que para você não tenha significado nada, mas para mim significa muito, Vitória, e se você quiser pode ser o primeiro de muitos.

– O que quer dizer com isso, Almir?

– Quero dizer que quero namorar você, mas um relacionamento sério; você sabe que eu a amo, não sabe?

– Sei – respondeu Vitória timidamente. – Não posso dizer que também o amo, Almir, mas sinto alguma coisa por você que não sei definir o que é; penso que com o tempo talvez possa se transformar em um sentimento maior.

– Isso quer dizer que aceita me namorar?

– Aceito, Almir, quero muito mudar minha vida, agir de maneira mais sensata, como todos dizem, e você faz parte dessa mudança. Desde o nosso último encontro sinto que somente com você terei chance de me tornar uma pessoa melhor, por tudo o que você já me falou, pelo seu caráter, enfim, quero sim namorar você, isso se tiver paciência para esperar meu tempo de mudança.

Almir se comoveu com a simplicidade de Vitória; pela primeira vez sentiu verdade em suas palavras. "Que seja o início de sua transformação", pensou.

– Vitória, para ter você espero o tempo que for necessário – respondeu. – Só quero fazê-la feliz e ser feliz a seu lado. Sei que isso é possível se nós dois lutarmos para que isso aconteça, deixando de lado a vida dos outros e pensando em nossa própria vida; permitindo que cada um siga seu caminho de acordo com suas escolhas.

Vitória entendeu o que de verdade Almir queria lhe dizer. Pensou: "Ele está falando de Fausto. Não tiro sua razão, vou lutar para não interferir jamais na vida dele e de Inês; vou frequentar o grupo de jovens e é lá que vou encontrar forças para conseguir meu intento".

– Você tem razão Almir, esse é o ponto no qual preciso me focar, ou seja, deixar cada um seguir suas escolhas.

Delicadamente, Almir segurou a mão de Vitória, que nada fez para retirar a sua. Com as mãos entrelaçadas, tomaram o caminho da casa da moça.

Capítulo XXI

A grande notícia

A alegria tomou conta do coração de Cidinha ao saber do namoro de Vitória e Almir.

– Graças a Deus, Jonas, Vitória está se interessando por outra pessoa que não seja Fausto. Se Deus quiser nossa filha vai conseguir ser feliz e deixar de interferir na vida de Inês e Fausto.

– Deus a ouça, Cidinha, esse rapaz já demonstrou ser uma ótima pessoa, tem caráter. Quando o conhecemos, pensamos o contrário, mas ele provou que nos enganamos. Vitória precisa conviver com pessoas assim.

– Tem razão; o fato de ela concordar em participar do grupo de jovens foi um bom começo.

– Mãe – ouviram a voz de Inês –, é verdade que Vitória está namorando Almir?

– É, filha, é verdade, e estamos muito felizes com isso.

– Eu também, mãe, agora posso dizer que eu e Fausto decidimos marcar a data de nosso casamento. Estávamos em dúvida se isso iria causar mais problemas em relação a Vitória, mas agora, pelo visto, ela não irá se importar. O que a senhora acha?

– Inês, vocês devem fazer o que pensam e o que querem fazer. Vitória terá que aceitar, namorando ou não. O que não pode é vocês programarem a vida em função da opinião de sua irmã.

– Sua mãe tem razão, Inês, a decisão deve ser de vocês dois em comum acordo; se estão decididos, marquem a data e pronto.

Sorrindo, Inês falou aos pais:

– Que bom que pensem assim, a opinião de vocês é que realmente importa para nós. Vou encontrar Fausto agora e dar a ele a boa notícia.

Saiu levando o coração aliviado, esperançoso e confiante no futuro que se descortinava.

– Seremos felizes – pensava –, eu e Fausto seremos felizes!

Assim que avistou o noivo, correu a abraçá-lo.

– O que é isso? – perguntou Fausto, feliz. – Que recepção mais agradável... Ainda bem que não faltei a esse encontro.

– E ai de você se faltasse – brincou Inês.

– Posso saber a razão de tanto contentamento?

– Pode. Vitória está namorando o Almir, você sabe o que isso significa? Que podemos marcar nosso casamento sem medo da reação dela.

– Que bom, Inês! Almir é um bom rapaz, muito digno, tem caráter, é o namorado ideal para Vitória, que mal começa a aprender o que é respeito.

– Não fale assim, Fausto, ela está mudando.

– Você acredita realmente nisso?

– Quero acreditar – respondeu Inês –, ou melhor, preciso acreditar, Fausto, não aguento mais as armações de Vitória, seu jeito de agir com as pessoas, sempre armando situações para conseguir o que deseja.

– É disso que tenho receio, Inês, que seja outra artimanha de Vitória, mas de qualquer jeito não vamos cancelar nada do que planejamos, ao contrário, vamos acelerar o processo de nosso casamento, não faz sentido vivermos em função do que quer sua irmã. É preciso acabar de vez com a interferência dela em nossa vida.

– Tem razão, Fausto, também penso assim, mas ao mesmo tempo tenho dentro de mim uma sensação estranha, fico insegura.

– Não me diga que é insegura quanto a meu amor por você? – perguntou Fausto.

– Jamais, meu amor, confio plenamente em seu sentimento por mim; minha insegurança está relacionada a Vitória, receio o que ela possa vir a fazer para interferir novamente, ela não é de aceitar as coisas assim tão facilmente.

– Isso vai ser um problema dela, Inês, de uma forma ou de outra terá que aceitar que perdeu, que nem tudo na vida acontece como queremos; desculpe o que vou dizer, mas Vitória jogou fora seu momento comigo, agora nada do que fizer mudará essa situação simplesmente porque não a quero. Amo você e é com você que quero passar todos os meus dias enquanto permanecer aqui na Terra.

Inês se emocionou com as palavras de Fausto, abraçou o noivo e disse:

– Eu também te amo muito e só consigo ver minha vida se for a seu lado; seremos muito felizes, Fausto, tenho certeza disso, só quero lhe pedir uma coisa, posso?

– Claro, o que você quiser.

– Não vamos desistir de Vitória. Acredito na força do aprendizado que adquirimos no grupo de jovens, é preciso que Vitória não desista de comparecer.

– Quanto a isso, pode ficar tranquila, Inês. Uma coisa nada tem que ver com a outra, vamos incentivar Vitória, mas também acredito na importância de seu comparecimento nas reuniões.

Abraçaram-se, selando uma vez mais o amor que os unia.

Todos os aprendizados são importantes e necessários, mas o aprendizado do amor é essencial na vida dos encarnados, porque é ele que aproxima os homens uns dos outros e é essa aproximação que nos leva à evolução. É esse sentimento mágico que aniquila os sentimentos menores, mesquinhos, que leva aqueles que os abriga à perdição.

O que adianta a riqueza se não for dada a ela uma utilidade maior, que não seja apenas a satisfação dos desejos, na maioria das vezes supérfluos, ao acúmulo de bens que aqui na Terra ficarão enquanto tantos vivem à margem do mínimo necessário para viver com dignidade?

Do que adianta o conhecimento se não for compartilhado, ensinado aos que pouco ou nada sabem? Conhecimento guardado acumula traças; tudo o que se adquire, se não estiver inserido no sentimento maior do amor ao próximo, da generosidade, da complacência, da caridade moral, do respeito aos direitos do próximo, afasta o homem da evolução espiritual porque disse Jesus:

"Amai a Deus sobre todas as coisas e ao próximo como a ti mesmo."
Ai está o caminho do progresso espiritual.

Cidinha e Jonas receberam com alegria a noticia de que Fausto iria à casa marcar a data de sua união com Inês.

– Estamos felizes por você, filha – disse Jonas – vocês merecem ser felizes e serão, temos certeza.

– Obrigada pai, sei que torcem muito por mim e Fausto, somos gratos por isso; se depender de nós tudo faremos para que nosso casamento seja feliz e duradouro.

– Será, filha – completou Cidinha. – Mas vejo uma sombra de preocupação em seu rosto, algum problema?

Inês tentou disfarçar, mas a perspicácia de sua mãe impediu.

– Inês, seja sincera com seus pais, o que está preocupando você?

– Vitória, mãe. Tenho receio da reação de Vitória. Fausto e eu já conversamos sobre isso, mas não deixo de ficar um pouco temerosa.

– Não tiro a razão de você se sentir assim, minha filha, mas considere que Vitória tem demonstrado mudança em seu comportamento. Precisamos dar a ela um voto de confiança, todos nós precisamos de um tempo para trabalhar em nós uma transformação, e com Vitória não será diferente.

– Sua mãe tem razão, Inês – disse Jonas. –Por que vocês não esperam uns dias a mais para comunicar o casamento de vocês?

– Por que, pai?

– Digam que estão pensando em marcar a data, que não está nada certo ainda; assim, ela vai acostumando com a ideia e terá como suporte o relacionamento dela com Almir e os aprendizados recebidos no grupo de jovens. Penso que assim as coisas acontecerão mais harmoniosas, nunca se sabe como Vitória reage diante de uma frustração.

Cidinha gostou do que ouviu.

– Concordo com seu pai, Inês. Sua irmã é impulsiva, age e depois se arrepende, talvez seja essa a melhor solução.

– Mesmo porque, Inês, não é justo que se aborreçam em um momento que deve ser somente de felicidade.

Após pensar um pouco, Inês respondeu.

– Pode ser que tenham razão, já passamos por aborrecimentos demais por conta das atitudes impensadas de Vitória; vou conversar com Fausto, creio que ele não fará nenhuma objeção.

Assim foi feito.

– Meu amor, para mim não existe nenhum problema, o que na verdade eu quero é ser feliz com você, e para sermos felizes é importante não deixarmos nenhum rastro de mágoa atrás de nós – respondeu Fausto.

No dia seguinte, reunidos para o almoço, conversavam animadamente quando Inês, aproveitando o momento de descontração, disse:

– Família, tenho um assunto para tratar com vocês.

– Assunto sério, filha? – perguntou Cidinha, já sabendo de antemão do que se tratava.

– Sabe o que é, mãe? Fausto e eu estamos pensando em marcar nosso casamento, o que vocês acham?

A notícia caiu como uma bomba para Vitória.

– Não acha que é muito cedo, Inês? – perguntou para a irmã.

Todos olharam atentamente para Vitória, que continuou.

– Acho sim que é muito cedo, vocês nem se conhecem direito.

– Como assim, Vitória? – perguntou Inês.

– Ora, Inês, para que haja casamento é preciso que os dois sintam amor verdadeiro um pelo outro, o que parece que não é o caso de vocês.

– O que você está dizendo?

– Inês, será que Fausto a ama de verdade? Será que apagou de vez o passado?

– Que passado, Vitória? Se for do relacionamento de vocês que está falando, pode estar certa que sim, disso não tenho a menor dúvida.

Cidinha e Jonas olharam-se e tiveram o mesmo pensamento: "Ela não consegue esquecer Fausto, Inês tem razão em se preocupar".

– Vitória – disse Cidinha –, essa sua colocação não tem o menor cabimento, por que não fica feliz por sua irmã?

– É verdade – afirmou Jonas –, nunca está a favor de sua irmã, ao contrário, sempre coloca oposição em tudo o que relaciona com o namoro dela com Fausto. Você ainda o ama? – perguntou inesperadamente.

Vitória, pega de surpresa, não conseguiu dizer nada, levantou-se abruptamente e deixou todos impressionados com sua reação. Após o susto, Inês disse tristemente:

– Não tem mais como negar, Vitória é ainda apaixonada por Fausto; o que eu faço, pai?

– Nada – respondeu Jonas –, siga sua vida ao lado dele, faça apenas o que combinamos. Dê um tempo para Vitória aceitar que nada vai poder fazer para impedir que vocês se casem.

– Às vezes, não consigo entender o temperamento de Vitória; uma hora é doce, meiga, amiga; em outras, é absolutamente cruel, impaciente e geniosa; sua presunção a leva ao desatino; isso provoca em mim uma dor muito grande – desabafou Cidinha.

– Não fique triste, mãe, um dia Vitória vai crescer e essa menina impulsiva, prepotente e orgulhosa dará lugar a uma pessoa melhor, sensível e generosa.

– Você acredita mesmo nisso, Inês?

– Acredito, mãe, a vida dá muitas voltas e as pessoas mudam, senão pelo amor, mas pela dor.

– Eu espero que com Vitória seja pelo amor – falou Cidinha.

– Eu também, mãe.

Enquanto isso, em seu quarto, Vitória entregava-se ao pranto e dizia a si mesma: "Meu Deus, por que não consigo tirar Fausto de meu pensamento, de meu coração; não quero machucar Inês, mas não domino a mim mesma. Tento me apegar a Almir, mas cada vez que ouço falar do casamento de Inês e Fausto tudo volta à tona, eu sofro e faço os outros sofrerem".

Permitia que lágrimas sentidas molhassem seu rosto.

Tocados pelo clamor sincero de Vitória, Hortência e Tomás vieram trazer-lhe auxílio. Aproximaram-se e, em nome do Divino Amigo, envolveram-na com energia salutar. Vitória, tocada pela força do amor dos dois espíritos, sentiu leve sonolência e, em poucos instantes, adormecia.

– Vitória – disse-lhe Hortência –, é preciso se esforçar para superar esse desejo que não irá realizar.

– Como assim?

– Sua trajetória na Terra não está mais ligada à de Fausto, é preciso aceitar isso, irmã; caso contrário, irá anular a possibilidade de ser feliz com quem está destinado a percorrer com você a estrada de sua vida no plano físico, que, em determinado momento, será seu apoio.

– Almir, está falando de Almir?

– Sim. Ele a ajudará a retomar seu caminho para o progresso espiritual. Você se esqueceu de todo seu aprendizado na Espiritualidade e isso a levará ao sofrimento se não recuar em tempo. Os destinos de Fausto e Inês se cruzaram e você não possui o direito de intervir nos planos do Criador.

– O que faço para vencer a mim mesma? Como tirar de dentro de meu coração esse desejo de querer Fausto para mim?

– Entregue-se ao amor fraternal, Vitória. Esse sentimento a levará à generosidade e ao respeito pelas escolhas de seu semelhante, no caso específico de sua irmã e de Fausto. Aos poucos, irá aprendendo que nem tudo se pode ter e que a felicidade, não raro, está no lugar onde menos procuramos; existem alternativas de felicidade, é preciso enxergar com o coração, para reconhecer as possibilidades que Deus coloca em nossa vida, possibilidades essas que nos levam à felicidade que se pode ter e que está nos planos de Deus.

– Está se referindo ao grupo de jovens?

– Sim, é um bom começo, lá aprenderá a se dedicar ao semelhante e a entender a mágica do amor desinteressado.

– Terei ajuda?

– Sempre, enquanto seu coração for receptivo estaremos auxiliando-a nas escaladas da evolução.

– Obrigada, confio em suas palavras.

– Agora volte, acordará com a sensação de paz, e que Jesus a abençoe.

Vitória abriu os olhos sentindo-se aliviada do sofrimento que tomara conta de seu coração.

"Ainda bem que dormi um pouco", pensou. "Sinto-me mais tranquila para pensar e tentar resolver meus problemas, ou melhor, meu único problema, que se chama Fausto."

Pela primeira vez começou a questionar se o que sentia por Fausto era mesmo amor ou apenas orgulho ferido. Não se lembrava de nada que acontecera em seu sono, mas tinha a forte sensação de que precisava fazer alguma coisa para mudar seu comportamento, transformar suas ideias, desenvolver em si mesma as virtudes que propiciam o progresso espiritual. Sentiu nascer em seu coração a vontade de se transformar em uma pessoa melhor. "Só não sei como fazer isso, mas vou descobrir", pensou.

Durante o sono os liames que unem o espírito ao corpo se afrouxam e o corpo não necessita do espírito, então ele percorre o espaço e entra em relação mais direta com os outros espíritos. O sono liberta parcialmente a alma do corpo.

(*O Livro dos Espíritos* – Pergunta 401)

Capítulo XXII

O esforço de Vitória

Os dias se passaram.

Vitória permanecia pensativa a maior parte do tempo, impressionando seus pais, que não conseguiam entender seu comportamento.

– O que será que acontece com Vitória? – Perguntava Cidinha a seu marido.

– Não sei, assim como você também estou preocupado com ela, nunca a vi assim tão quieta, alheia, enfim, não condiz com seu temperamento.

–Precisamos conversar com Vitória, Jonas, saber o que se passa com ela, qual é sua preocupação, enfim, saber em que podemos ajudá-la.

– Tem razão – concordou Jonas –, percebi que está assim desde o dia em que soube que Inês e Fausto iriam marcar a data do casamento, você reparou?

– Claro – disse Cidinha –, não havia pensado nisso, mas você está certo, agora mais do que nunca é necessário conversarmos com ela. Vamos fazer isso logo.

De comum acordo, decidiram se aproximar da filha o mais rápido possível; assim que Vitória entrou em casa, não perderam tempo, Jonas abraçou-a com carinho e disse:

– Filha, sua mãe e eu estamos preocupados com você e gostaríamos de saber o que na verdade está se passando dentro de seu coração para deixá-la assim tão introspectiva. Podemos conversar?

Sem nada responder, Vitória encostou sua cabeça no ombro de seu pai e chorou.

– Filha, se abra conosco, sei que podemos ajudá-la.

Sentaram-se na varanda e Vitória, encorajada ante o carinho de seus pais, disse, entre lágrimas:

– Eu sou uma pessoa ruim, pai, não consigo me transformar em alguém melhor.

Surpreso, Jonas respondeu.

– O que é isso, Vitória, o que a faz pensar ser uma pessoa ruim? Ao contrário, minha filha, você é uma pessoa boa, meiga, apenas um pouco impulsiva, mas isso não a torna ruim.

– Não, pai, não sou boa nem meiga; sei que sou autoritária, orgulhosa e prepotente. Quero mudar, mas não sei como fazer isso, não sei como começar.

Jonas e Cidinha se olharam e ficaram penalizados com a aflição de Vitória.

– Filha – foi a vez de Cidinha falar –, desde pequena você deu mostras de seu temperamento forte. Talvez tenhamos cometido erros ao satisfazer seus desejos, que achávamos ser de criança, mas você cresceu e tudo tomou uma forma maior. Agora é a hora de nos unirmos e procurarmos solucionar esta questão. Portanto, conte conosco para enfrentar essa luta a seu lado; confie em nós, coloque–nos a par do que na verdade está perturbando você, para que possamos ajudá-la.

Encorajada, Vitória falou, com a voz embargada pelas lágrimas:

– Eu não quero magoar ninguém, principalmente Inês, mas não consigo me controlar, sofro sempre que ela toca no assunto de casamento, não posso, mãe, suportar essa situação.

– Por quê? – perguntou Jonas.

Vitória silenciou por alguns instantes e em seguida disse, em voz baixa:

– Eu amo o Fausto e não quero perdê-lo.

Enquanto Cidinha abraçava sua filha, Jonas disse:

– Vitória, não podemos perder aquilo que não temos, que não nos pertence, você entende?

– Seu pai tem razão, Fausto ama sua irmã e é com ela que quer se casar. Seu envolvimento com ele acabou faz tempo, Vitória. Assim como ele, você precisa se envolver com quem a ama, procurar ser feliz, dar a você mesma a chance de construir uma vida feliz e harmoniosa com alguém que a faça realizada.

– Quem? – perguntou Vitória.

– Como quem, Vitória? E seu namoro com Almir? Não significa nada para você?

– Não sei, na verdade, o tanto que significa; uma hora sinto carinho por ele, quero estar a seu lado; em outra, tudo me parece estranho, forçado, enfim, não sei explicar, mãe.

– Isso acontece porque você não se dá a chance de se aprofundar nesse relacionamento e descobrir que pode sim ser feliz com ele, mas para que isso aconteça necessário se faz deixar de pensar no Fausto, tirar essa mania de achar que ele lhe pertence, é preciso saber a hora certa para se retirar de cena, Vitória, e a hora é quando as possibilidades terminam; o amor é uma estrada de mão dupla, é preciso que ambas as partes sonhem o mesmo sonho, compreende?

– O que devo fazer, então?

Foi Jonas quem respondeu.

– Filha, para esquecer é preciso se dedicar às alternativas, como participar de grupos onde se adquire conhecimento, onde se trabalha em favor do próximo, onde nos sentimos úteis, enfim, é preciso viver, ver a vida com toda sua beleza e sentir que uma estrela que se apaga não impede as outras de brilhar.

– Por favor, não digam nada para Inês.

– Não falaremos nada, pode ficar tranquila quanto a isso, também nós não queremos que ela sofra, mas, prometa-nos que irá se esforçar para tirar o Fausto de seu pensamento e passar a vê-lo como seu cunhado, sem alimentar falsas ilusões e sem tentar impedi-los de serem felizes.

– Vou fazer o maior esforço, pai, confie em mim.

– Estamos confiando em você minha filha, vamos ajudá–la, como já dissemos. Assim como Inês, queremos que você também encontre sua felicidade, mas lembre-se: existe a necessidade de preencher sua mente com outros assuntos, outras questões, e procurar ver o Almir com olhos serenos, dando a si mesma a oportunidade de conhecê-lo como ele é realmente.

Vitória sentiu-se mais calma. Confiava em seus pais e sentia, dentro de si, que era chegada a hora da transformação, de crescer como criatura e construir o caminho da evolução.

– Obrigada, pai e mãe, sei que vou poder contar com vocês para extirpar de dentro de mim essa petulância, essa arrogância que me impulsionam a cometer tanta leviandade.

– Você vai conseguir, minha filha, converse com Jesus, nosso Divino Amigo lhe mostrará o caminho a seguir. Preste atenção nas inspirações que receber dos amigos espirituais, intuições que nada mais são do que conselhos úteis para a conquista da evolução.

Vitória, para surpresa de seus pais, perguntou.

– Poderia ir um dia com vocês na casa espírita que frequentam?

Os corações de Cidinha e Jonas bateram mais forte por conta da alegria que sentiram; nunca esperaram que Vitória fosse, um dia, se interessar por esse assunto.

– Claro que pode, filha, só irá nos trazer alegria.

– Se você não sabia por onde começar sua transformação, esse é um bom começo – disse Cidinha.

– Combinado! Eu digo quando achar que estou pronta.

– Ok, filha!

Saíram do aposento de Vitória levando em seus corações a esperança de que tudo poderia melhorar a partir daquele dia.

– Sinto-me esperançosa, Jonas, Vitória me pareceu estar sendo sincera, o que você pensa a respeito?

– Penso como você, querida, senti em Vitória uma vontade real, dessa vez ela está disposta a lutar e vencer a si mesma. Confio em Nosso Pai que ela conseguirá.

– Mas precisamos ficar atentos com suas reações, Cidinha, para intervir sempre que necessário.

– Tem razão, ficarei – respondeu Cidinha.

A partir daquele dia, Cidinha redobrou os cuidados com Vitória. Prestava atenção às mínimas atitudes da filha, a ponto de Inês perceber que algo estava acontecendo.

– Mãe, posso saber o que se passa com Vitória?

– Por que a pergunta, Inês?

– Porque sinto Vitória diferente, mais calada, mais comedida no falar, enfim, fora de seu temperamento habitual, e a senhora está mais atenta a ela do que de costume. Está acontecendo alguma coisa que eu não possa saber?

– Não está acontecendo nada que possa nos preocupar; pelo contrário, Vitória conseguiu perceber o quanto agia com leviandade e impulsividade sem se importar se feria os sentimentos dos outros, pediu-nos ajuda e está tentando se modificar; não é uma coisa boa?

– Se for verdade, mãe, claro que é uma coisa boa, mas se for outra armação de Vitória receio que a senhora e papai possam se machucar mais uma vez.

– É preciso acreditar que tudo dará certo, dar a ela um voto de confiança; as pessoas mudam e penso que chegou a hora da conscientização de Vitória. Você também poderia ajudá-la, Inês, sem tanta desconfiança.

– Pode deixar, mãe, farei o que for possível para ajudá-la em sua transformação, mas a senhora sabe que ninguém muda de um dia para outro, não sabe?

– Sei, filha, mas sei também que tudo é possível quando existe uma vontade real, e nós, seu pai e eu, sentimos isso em Vitória pela primeira vez.

– Então, mãe, conte comigo.

– Obrigada, minha filha. Quanto à data do casamento, já decidiram?

–Ainda não, estamos esperando a ocasião mais propícia para evitar constrangimento; a senhora sabe a razão.

– Sei, filha, e agradeço, esperem um pouquinho mais e tudo dará certo. Inês beijou o rosto de sua mãe, dizendo:

– Eu amo a senhora e o papai!

– Obrigada, minha filha, nós também a amamos muito e queremos que seja muito feliz.

Os dias foram passando e tanto Cidinha quanto Jonas percebiam o esforço de Vitória. Inês comentara com Fausto sobre o comportamento da irmã e este, ao contrário da namorada, acreditara que tudo poderia se modificar por meio da mudança de Vitória.

– Você acha realmente que é sincera essa súbita transformação?

– Inês, se é sincera ou não, o tempo irá dizer, mas o esforço de Vitória é válido, mostra seu desejo, que é o que na verdade importa. É evidente que o caminho é longo, que neste caminho existem obstáculos a serem vencidos, mas como dizem, querer é poder, e me parece que desta vez ela está disposta. Sendo assim, o sucesso é esperado.

– Vamos aguardar – respondeu Inês.

– Você não acredita na sinceridade de Vitória, não?

– Não é questão de acreditar ou não, Fausto, é que se torna difícil se tratando de Vitória. Quantas vezes ela já nos enganou, fingiu, armou situações, enfim, quero muito que tudo seja verdade, mas não vou me iludir, prefiro ficar com os pés no chão.

– Não acha que está sendo muito severa com sua irmã?

– Pode ser, mas torço realmente para que ela tenha tomado consciência da sua leviandade quando se trata de nosso relacionamento.

– Fique tranquila, meu amor, nada nem ninguém poderá me separar de você, a não ser...

– A não ser o quê?

– A não ser que você não me queira mais, aí nada poderei fazer, apesar de sofrer.

– Você ficou maluco? Pensa mesmo que existe alguma possibilidade de isso acontecer? Jamais pensaria uma coisa dessas, esqueceu que o amo? E meu amor é para toda a vida, além da eternidade.

– Nossa! – exclamou Fausto, – Ainda bem que falei, assim pude ouvir essa linda declaração de amor.

– Seu bobo – disse Inês, abraçando-o e beijando-o com paixão.

Voltaram à realidade ao ouvir uma voz dizer:

– Que lindo!

Viraram–se e se depararam com o sorriso de Vitória.

– Vitória! – exclamou Inês. – O que faz aqui?

– Calma, minha irmã, nada demais. Fique tranquila que não vou fazer nenhum escândalo; estou indo me encontrar com Almir e, como vi vocês, resolvi me aproximar para perguntar ao Fausto quando iremos voltar ao grupo de jovens, nada mais que isso.

Surpreso, assim como Inês, Fausto respondeu:

– No próximo sábado, Vitória. Você pretende nos acompanhar?

– Claro, por isso estou perguntando; atrapalho, se for?

– Não, irá nos dar muito prazer tê-la conosco, e para você vai ser muito proveitoso. Neste grupo aprende-se muito; irá lhe fazer bem.

– Acredito nisso, Fausto. Bem, vou indo. Já tenho a resposta para o que eu queria.

Saiu e, após dar alguns passos, voltou-se e, com calma, disse aos dois:

– Não se preocupem, nada farei para magoá-los; não virei santa, mas entendi que preciso controlar minhas emoções, ser mais comedida e mais respeitosa, e vou me esforçar. Só espero que me deem um voto de confiança e respeitem meu tempo. O que mais preciso agora é de tempo.

Afastou-se sem ouvir o comentário de Inês.

– Ou ela está sendo sincera realmente ou é uma perfeita artista.

– Não seja intransigente, Inês, vamos atender ao pedido de Vitória, dar-lhe o tempo de que precisa.

– Desculpe-me, você tem razão.

Assim que entrou em casa, colocou a mãe a par do que acontecera.

– Foi assim mesmo como me contou, Inês?

– Foi, mãe, não quero me enganar, mas senti um esforço muito grande da parte dela em querer demonstrar que havia mudado.

– Isso é bom, minha filha!

– Eu sei que é, mãe, e torço para que seja de verdade.

– Seu pai e eu também esperamos que seja.

Vitória, ao lado de Almir, caminhava por entre as alamedas floridas do belo parque de sua cidade. Almir não cabia em si de contente por ter a seu lado a pessoa que mais amava no mundo, aquela que lhe traria a felicidade com que sonhava.

– Então, meu amor, posso considerar que estamos namorando seriamente?

– Pode sim, Almir, mas devo lhe dizer que ainda não estou completamente livre para oferecer a você o amor que merece, mas quero muito que isso aconteça e espero que não demore; sinto muito carinho por você e, se desejo tentar, é porque vejo possibilidade de esse carinho se transformar em amor.

– Não importa, Vitória, meu amor vale por nós dois.

– Isso não existe, Almir, para existir felicidade é preciso haver sentimento dos dois lados, cumplicidade, não é justo, aprendi com minha mãe recentemente que o amor é uma estrada de mão dupla, damos e recebemos, e eu quero dar a você o que você merece. Não quero mais enganar nem mentir. Só lhe peço um tempo para colocar ordem na minha cabeça e no meu coração.

– E nesse tempo estaremos juntos ou você quer se afastar de mim temporariamente?

– Claro que estaremos juntos, lado a lado. Quero conhecê-lo melhor. Se assim não for, como poderei sentir se meu coração está batendo mais forte por você?

– Vou esperar o tempo que for necessário, Vitória, sinto que um dia seremos felizes juntos para sempre.

– Posso beijá-la?

– Pode – respondeu Vitória, sentindo ainda desejo que naquele instante fosse Fausto quem iria beijá-la; fechou os olhos e sonhou.

Léon Denis relata em seu livro *O problema do ser, do destino e da dor* – Cap. XXV:

O amor como comumente se entende na Terra é um sentimento, um impulso do ser, que o leva para outro ser com o desejo de unir-se a ele. Mas, na realidade, o amor reveste formas infinitas, desde as mais vulgares até as mais sublimes; princípio da vida universal [...] O amor é uma força inexaurível, renova-se sem cessar e enriquece, ao mesmo tempo, aquele que dá e aquele que recebe. É pelo amor, sol das almas, que Deus mais eficazmente atua no mundo.

Capítulo XXIII

Despertar

Vitória levantou cedo.

A ansiedade tomava conta de seu coração. Preparava-se com esmero para acompanhar Inês e Fausto à casa espírita onde participaria do grupo de jovens daquela entidade. Lembrava-se da primeira vez que participara dessa reunião e como se sentira ao lado daqueles jovens, que se entregavam com confiança e fé nos ensinamentos recebidos pelos orientadores, coordenados por Lucinha.

"Será que vou me acostumar?", pensava. "Tenho dúvidas quanto a isso, mas se meus pais aconselharam deve ser bom; pelo menos vou tentar, apesar de achar difícil me transformar por causa de algumas palavras."

Ouvindo a voz de Inês chamando-a, respondeu prontamente:

– Estou indo, Inês, só um minuto.

– Não demore, Vitória, Fausto está chegando.

Ao ouvir o nome de Fausto, seu coração pulsou acelerado. "Meu Deus, quando isso vai parar? Já está mesmo virando uma obsessão, como diz minha mãe".

Terminou de se arrumar e desceu, tentando demonstrar uma alegria que estava longe de sentir.

– Vamos – disse-lhe Inês. – Fausto está esperando no carro.

– Vamos – respondeu Vitória, despedindo-se de sua mãe.

No caminho, permaneceu em silêncio, embora tanto Inês quanto Fausto tentassem incluí-la na conversa.

– Está quieta, minha irmã, o que foi?

– Nada, Inês, acho que ainda estou com sono.

– Logo você vai se animar.

– Espero que sim.

Assim que entraram no pátio da entidade, Laurinha veio cumprimentá-los.

– Que bom que você voltou, Vitória, torci muito para que isso acontecesse; seja muito bem-vinda.

– Obrigada, Laurinha, estou contente de estar aqui novamente.

–Mais confiante?

– Acho que sim, pelo menos agora vim com a esperança de encontrar a mim mesma. Preciso disso para poder prosseguir no desejo que tenho de transformação. Embora não acredite muito, tenho esperança de que algo novo possa acontecer comigo.

– As coisas acontecem no momento certo, Vitória, nada vem fora do tempo, precisamos apenas estar atentos para reconhecer quando chegar.

– Qual vai ser a atividade de hoje? – perguntou Fausto.

Com naturalidade, Laurinha respondeu:

– Hoje é dia de palestras, Fausto, nosso irmão Dionísio irá falar sobre o despertar.

– Despertar, como assim?

– Despertar para a realidade da vida, Vitória, despertar para os sentimentos que nos impulsionam para o caminho do bem e da moral cristã, enfim, despertar para o amor de Deus.

Vitória achou estranho o que acabara de ouvir, mas, fingindo entender, disse apenas:

– Deve mesmo ser muito linda esta palestra!

– Linda e edificante – completou Laurinha. – A humanidade necessita despertar para a consciência de que todos somos criaturas de Deus e viver de acordo com as leis do Criador, permitindo que nossos semelhantes tenham, assim como nós, direito à Grande Casa de Deus.

Vitória não entendeu muita coisa e ia questionar, quando Laurinha, com seu lindo sorriso, convidou a todos para entrarem no salão para o inicio da palestra.

Todos se acomodaram e em silêncio esperaram a entrada do palestrante, o que aconteceu sem demora.

Dionísio, com sua simpatia e carisma entrou e após cumprimentar a todos iniciou.

– Queridos irmãos, o meu intuito hoje é levar até vocês palavras de carinho, de amor e de verdadeira fé cristã. Vejo a minha frente jovens que ainda mal descobriram a vida pela pouca idade, mas vejo também em cada olhar desses jovens o brilho daqueles que anseiam pelo conhecimento da verdade, verdade essa revelada pelo nosso Mestre Jesus, o maior conselheiro de que se teve notícia neste planeta.

Todos estão à procura do despertar, e é sobre esse despertar que iremos falar no dia de hoje.

O que nos move em direção a Nosso Pai que está no céu senão os sentimentos elevados que provocam em nós atitudes elevadas e dignas, que nos impulsiona a semear o bem, a acolher o próximo e amá-lo como gostaríamos de ser amados? Quando agasalhamos em nosso coração os sentimentos nobres, afastamos de maneira definitiva os sentimentos menores, como orgulho, egoísmo, vaidade, ambição, prepotência, porque onde há luz não entra a escuridão.

Na luta por nossa sobrevivência, na busca incansável pela posição social, na correria desenfreada pelo sucesso, nessa vontade férrea de subir na vida, acabamos nos esquecendo dos valores realmente importantes; dos valores verdadeiros e profundos; do nosso sucesso interior; devemos nos preocupar com a nossa posição junto ao mundo espiritual que é, sem dúvida, nossa pátria de origem, o lugar para onde retornaremos, e neste lugar não cabem os bens materiais que ficarão aqui na Terra, porque pertencem à Terra; mas o que adquirimos de virtudes, de bens espirituais, estes sim nos seguirão, abrindo as portas para o nosso despertar no Reino de Deus.

Por isso sugiro a todos: vamos ser bons e caridosos, porque esta é a chave do céu e da felicidade. A felicidade terrena é efêmera, mas a felicidade no reino de Deus é a felicidade que perdura.

A fé no mundo maior é que nos ajudará na caminhada de lágrimas e sorrisos; injustiças e ingratidão; segredos e incertezas que é a vida na Terra.

Um pensamento negativo destrói, corrói a alma e a matéria, levando aquele que os abriga à doença física e espiritual; ao contrário, o pensamento positivo nos eleva, nos aproxima dos bons espíritos, melhora a saúde através da energização que provém da própria positividade.

Quando a fraqueza e o descrédito se abaterem sobre nós, devemos orar pura e sinceramente, integrando-nos com o mundo espiritual e fazendo chegar até ele nossas necessidades, e assim recebemos o remédio para nossos males.

Dionísio silenciou por alguns instantes, direcionou seu olhar para aqueles jovens que bebiam as palavras proferidas por ele e percebeu ao fundo uma jovem que chorava copiosamente. Desceu até o auditório e foi ao encontro dessa jovem.

– Qual é seu nome, irmãzinha? – perguntou com suavidade.

– Eu me chamo Vitória.

– Por que chora, não gostou de minha palestra?

– Não, pelo amor de Deus, nunca ouvi palavras que tocassem meu coração com tanta profundidade, eu não mereço fazer parte desse grupo, não possuo nada de bom.

Dionísio segurou suas mãos, e perguntou.

– O que a faz pensar assim?

– Eu não penso, eu sou assim e não sei o que fazer para mudar; cansei, quero melhorar, mas não sei como começar.

Dionísio sentiu compaixão por Vitória.

– Filha, você já começou sua transformação.

–Eu? Não fiz nada para que isso acontecesse.

– A partir do instante em que quis se transformar, Vitória, o processo já começou; suas lágrimas revelaram seu desejo de melhora, dar continuidade é uma opção sua e somente você pode limpar sua alma.

Eu acredito em sua força e coragem para buscar sua verdade, para promover seu progresso espiritual através do amor, da lealdade e do respeito para com seu semelhante. Acostume-se a orar, através da prece encontramos alívio para nossas dores e alegria para nossa alma.

Vitória estava impressionada, sentiu-se compreendida, olhou para Dionísio com gratidão e disse:

– Por favor, o que devo fazer para as pessoas que magoei acreditarem em mim?

– A confiança, Vitória, você terá que conquistar evidenciando seu propósito de amor com suas atitudes, agindo com prudência, respeitando as escolhas dos outros, enfim, sendo mansa e meiga, compreensiva e leal, generosa e amiga. Você irá conseguir porque tem, dentro de si, a semente do bem, é preciso apenas deixá-la germinar.

– Mas tenho receio de ir muito devagar nessa conquista.

– Não importa, Vitória, o quanto você vai devagar nessa busca, o que na verdade importa é que você não pare.

Agora vamos encerrar nosso encontro com uma prece, alguém gostaria de fazer a oração?

Leonel, um jovem aparentando 16 anos, levantou-se e pediu permissão para orar. Todos os presentes se compenetraram vibrando juntamente com o amigo.

– Obrigado, Senhor, pelo dia que vivi.

Pela emoção que senti, pelas lágrimas que vi serem derramadas com tanta sinceridade.

Obrigado pela compreensão que existe entre todos aqui presentes, jovens como eu em busca da verdade.

Obrigado Senhor pela oportunidade que nos destes de trabalhar em favor do próximo.

Pela mão amiga que se estendeu sobre nós,

Por permitir que uma vez mais nos uníssemos para o aprendizado do amor.

Fortifique a cada um de nós, Senhor, e prepare-nos para que possamos sempre merecer de Vós tanto amor e bondade.

Assim seja!

Foi a vez de Dionísio se emocionar até as lágrimas. Laurinha, com sua costumeira alegria, disse sorrindo:

– Vamos todos agora praticar o que aprendemos sobre a caridade; vamos em busca do sofredor.

Todos se levantaram com animação e acompanharam Laurinha até o almoxarifado, pegaram os cobertores e em grupos foram fazer a distribuição junto aos necessitados.

Inês e Fausto se aproximaram de Vitória, abraçaram-na e disseram a uma só voz:

– Confiamos em você, Vitória, sabemos que conseguirá, estaremos a seu lado sempre que precisar de nós, admiramos sua coragem para enfrentar os obstáculos que a separam do progresso espiritual.

– Obrigada, tenham paciência comigo, e não precisam temer, nada farei para magoá–los.

– Sabemos disso – disse-lhe Fausto.

De mãos dadas acompanharam o grupo, levando cada um a esperança em seus corações.

"A caridade é a âncora eterna da salvação em todos os mundos; é a mais pura emanação do Criador, é a Sua própria virtude que Ele transmite à criatura." (Revista Espírita – agosto de 1858)

Cidinha surpreendeu-se ao ver a alegria que se fazia notar nos rostos de Inês, Vitória e Fausto.

– O que aconteceu para deixá-los assim nessa felicidade toda?

– Aconteceu o inesperado, mãe – respondeu Vitória.

– Por favor, explique-se melhor!

– Primeiro quero chamar meu pai, quero que ele também saiba junto com a senhora.

– Não precisa me chamar – ouviram a voz de Jonas –, já estou aqui, ouvi quando vocês chegaram fazendo esse barulho todo – disse, brincando.

Vitória, emocionada, iniciou.

– Vocês mais do que ninguém sabem o quanto estava lutando para vencer a mim mesma; nada me tocava ao ponto de me estimular a lutar, mas hoje senti que meu coração foi tocado de uma maneira estranha, forte e ao mesmo tempo doce, suave, despertando em mim a vontade de ser o que todos esperavam que eu fosse. Senti–me envergonhada por tudo o que fiz e sem reservas deixei fluir meu sentimento medíocre de me achar superior às outras pessoas; chorei, mãe, e para mim foi como se tivesse lavado a sujeira que eu guardava dentro de mim esse tempo todo.

Jonas e Cidinha cada vez mais se surpreendiam com as palavras da filha.

– Continue, Vitória, o que ouviu que teve o poder de despertá-la para uma realidade até então obscura para você? – perguntou Jonas.

– Ouvi o que nunca quis enxergar, pai, tudo o que, apesar de seus ensinamentos, de suas orientações, eu repeli por conta de minha prepotência; ouvi falar do amor desinteressado, de virtudes, de evolução; agora o que quero é reconsiderar meus conceitos enganosos; sei que tudo é muito lento, que preciso de um tempo, mas, como disse o senhor Dionísio, não importa se eu for devagar, porque o mais importante é não parar, e eu não quero parar, quero ir para frente e ser feliz, mas conquistar a felicidade por merecimento.

Todos estavam admirados com as palavras de Vitória; Inês e Fausto olharam-se, querendo dizer um para o outro que finalmente poderiam ser felizes sem nenhuma sombra; e, o mais importante, sem deixar nenhuma marca de sofrimento em Vitória.

Cidinha e Jonas abraçaram a filha.

– Você será feliz, minha filha, conquistará o que deseja da maneira certa, sem ferir ou magoar as pessoas; o que está reservado para você irá encontrar porque agora sabe onde procurar, ou seja, no amor e no respeito ao próximo.

– Obrigada, pai, não desistam de mim, preciso que sejam meu freio, que mostrem meu limite, enfim, ainda sou frágil para andar sozinha nesse caminho que apenas começo a descobrir.

– Conte sempre conosco, filha – disse Cidinha, emocionada.

– Conosco também – disseram Inês e Fausto.

Vitória aproximou-se de Fausto e lhe disse:

– Desculpe–me, Fausto, pelas bobagens que fiz, por tentar interferir em seu relacionamento com Inês, isso não irá acontecer mais, creia, quero que sejam felizes; quanto a mim vou procurar a minha felicidade no lugar e com quem ela estiver.

Fausto abraçou-a dizendo:

– Esqueça tudo isso, Vitória, você será sempre minha irmãzinha querida.

– Ele tem razão – disse Inês –, tudo virou passado, nada mais será como antes, agora o que importa é o presente, é o encontro, é a certeza de que seremos uma família unida como toda a família deve ser.

Vitória, sentindo-se cansada por toda a emoção vivida, disse:

– Agora me deem licença, vou para o meu quarto descansar, preciso colocar em ordem meus pensamentos, assimilar tudo o que aconteceu, entender a mim mesma.

– Vá minha filha, descanse, converse com Jesus e peça auxilio para prosseguir em todos os seus propósitos, Ele é o melhor conselheiro.

Assim que Vitória saiu, Inês disse à sua mãe:

– Que os anjos digam amém para todos os propósitos de Vitória.

– Eles dirão, Inês, e nós precisamos colaborar e aceitar o tempo de Vitória. Esse foi só o começo, a luta está por vir.

– Devemos nos espelhar nos ensinamentos de Cristo, para que consigamos crescer interiormente. Somente com indulgência e amor ao próximo conseguiremos vencer as barreiras que nos separam da Espiritualidade, da vida maior e verdadeira, porque através de nossa capacidade de dar, dividir, semear o bem por onde passarmos é que conseguimos alcançar o mundo dos justos.

Capítulo XXIV

Sempre é tempo de mudar

Os dias que se seguiram foram de muita alegria e esperança para Cidinha e Jonas. Apesar de perceberem a dificuldade sentida por Vitória, alimentavam a certeza de que nada dura para sempre, um dia o sol iria brilhar para ela e Vitória perceberia a intensidade do amor de Deus, Nesse instante seu coração se abriria definitivamente para a glória do Senhor.

Dois meses se passaram desde o acontecimento que marcara de forma tão intensa o coração de Vitória. Todos percebiam o esforço que ela empregava para viver em acordo com tudo o que aprendera e passara a acreditar. Seguia frequentando as reuniões do grupo de jovens e recebia de Dionisio e Laurinha todo o apoio de que necessitava, e em vista disso Vitória encontrava estímulo para continuar.

Todos haviam percebido uma mudança significativa em seu comportamento em relação às pessoas, principalmente Almir, que se enchia de esperança em conquistar de verdade o seu amor; embora algumas vezes ainda desse vazão ao seu impulso, media mais as palavras e respeitava as escolhas dos outros, o que a tornava agradável.

Inês e Fausto, animados, decidiram a data do casamento, dentro de três meses estariam unidos em nome do Senhor para viverem uma união de amor e respeito. Ao comunicarem a seus pais a decisão perceberam uma sombra de tristeza no rosto de Vitória, que foi por ela rapidamente disfarçada com um sorriso.

– Desejo que sejam muito felizes – disse-lhes –, que tenham uma vida de muito amor e paz, é o que desejo sinceramente.

Cidinha, olhando a filha, percebeu a angústia que invadia sua alma.

"Ela ainda sofre por Fausto, meu Deus! Vitória nunca deixará de amar este rapaz."

Inês, querendo ser agradável, perguntou à irmã.

– Agora falta você, Vitória, quando você e Almir irão decidir pelo casamento?

– Não sei, por ele seria hoje, mas não pensei ainda nessa possibilidade, sou muito nova para casar, não acha?

– É, você tem razão, mas o que importa é que estão felizes juntos, não estão?

– Claro, Inês, muito felizes – respondeu Vitória, sentindo em seu peito a dor da perda definitiva do grande amor de sua vida.

A tarde transcorria festiva com os comentários sobre o casamento de Inês; Vitória, sentindo-se sufocar, disse à mãe:

– Mãe, a senhora me dá licença? Vou me encontrar com Almir, marcamos de ir ao cinema. Você não se importa, não é, Inês?

– Pode ir, minha filha – respondeu Cidinha, penalizada pela dor da filha.

– Claro que não, Vitória, vá encontrar com seu namorado, está tudo bem.

Vitória despediu–se dos presentes e, antes de sair, foi até seu quarto e, em lágrimas, elevou uma singela prece ao Senhor.

"Senhor, necessito de auxílio, tenha compaixão de mim e ajude-me a tirar de meu coração este sentimento que me consome, sigo as orientações que recebo, não vou prejudicá--los de forma nenhuma, mas Senhor, vos imploro que meu coração se abra para o amor de Almir, que é um rapaz bom, honesto e sincero, eu quero amá-lo, por isso peço que me abençoe e não me deixe cair novamente na leviandade. Amém."

Saiu ao encontro do namorado, que a esperava com ansiedade.

– Que bom vê–la, querida.

Olhou-a mais atentamente e perguntou:

– Por que esse ar tristonho? Aconteceu alguma coisa que a deixasse assim?

– Não, Almir, não aconteceu nada de ruim comigo. Ao contrário, aconteceu sim, mas algo que deixou a todos felizes: Inês e Fausto marcaram a data do casamento.

– E você, como está diante dessa notícia?

– Como assim, eu estou muito bem, feliz por Inês; por que a pergunta?

– Porque sinto que está triste; não, parece-me angustiada, estou certo?

Tentando disfarçar o que lhe ia à alma, Vitória respondeu:

– Está equivocado, Almir, estou feliz sim por Inês e por Fausto, por que não haveria de estar?

– Desculpe-me, querida, mas de repente passou uma dúvida pela minha cabeça, mas deixa pra lá, deve ser o ciúme que sinto da mulher que amo.

– Não pense bobagem, Almir, sei o que está querendo dizer e posso afirmar que não existe nada que possa interferir em nosso relacionamento. Vamos pensar em nós!

Apesar de ainda alimentar a dúvida, Almir sentiu-se feliz em ouvir o que dissera Vitória. Pensou: "Sinto que ela ainda nutre um sentimento por Fausto, reconheço que se esforça para superar, mas deve estar sofrendo. Preciso ajudá-la a esquecer, amo-a o suficiente para lutar por ela". Segurou suas mãos e disse:

– Você tem razão, vamos pensar em nós e, para começar...

Deu-lhe um beijo, no que foi correspondido por Vitória.

Sensível ao amor de Almir, Vitória disse-lhe com ternura:

– Nós vamos ser felizes, Almir, precisamos ser felizes – reafirmou.

Estranhando o jeito de falar da namorada, ele respondeu:

– Por que você diz "precisamos"? Parece querer mostrar para alguém que também é feliz; é isso?

Desconcertada, ela respondeu:

– Não, Almir, não quero mostrar nada a ninguém, foi modo de falar, desculpe-me, talvez tenha empregado a palavra errada, só isso.

– Tudo bem, Vitória, não tem importância; na verdade, para mim só interessa ter você a meu lado, a felicidade nós dois iremos promovê-la através de nosso amor.

– Tem razão, seremos felizes.

Após alguns instantes, Almir, com delicadeza, perguntou.

– Vitória, percebo que você nunca disse que me ama: é carinhosa, atenciosa, mas jamais disse que me ama; por quê?

Vitória ficou sem saber o que responder, pensou e disse:

– Você quer que eu diga a verdade?

– Claro!

– Gosto muito de você, Almir, mas não sei se esse sentimento é amor; já conversamos sobre isso e você disse que esperaria meu tempo, que ia fazer que eu me apaixonasse por você. Pois bem: gosto tanto de você que às vezes penso ser isso o verdadeiro amor, mas enquanto eu não tiver certeza não posso enganá-lo, entende?

– Entendo e agradeço por isso, não gostaria de ser enganado. Disse que esperaria e vou esperar o tempo que for preciso, sei que vamos ficar juntos.

– Obrigada, Almir.

– Não me agradeça, estou pensando em mim, não percebe? – disse isso e sorriu.

– Percebo, sim, fico feliz e grata a você.

Caminharam de mãos dadas, cada um com seu sentimento, mas ambos com a certeza de que um dia seriam felizes juntos.

– Como foi seu passeio com Almir, minha filha? – perguntou Cidinha, assim que Vitória entrou em casa.

– Ótimo, mãe, conversamos e deixamos claro o sentimento de cada um. Estamos nos entendendo muito bem.

– Alegra-me saber disso – falou Cidinha. – Mas gostaria de saber sobre seu sentimento, Vitória. Você ama o Almir?

Os olhos de Vitória marejaram, a luta para vencer o sentimento que ainda nutria por Fausto era constante, não queria mais sofrer nem fazer sua irmã sofrer, mas sabia que não seria fácil vencer a si mesma. Sua mãe, percebendo a indecisão em responder, insistiu.

– Filha, confie em sua mãe, abra seu coração e divida comigo o que a angustia, sem medo. Não vou recriminá-la, quero apenas ajudar você, dói em mim vê-la sofrendo calada, sei o quanto é difícil lutar contra um sentimento.

Vitória abraçou sua mãe. Incentivada pelas palavras sinceras e amigas de Cidinha, não teve dúvidas em desabafar.

– Mãe, não posso mentir para a senhora, preciso mesmo colocar para fora essa angústia, estou me esforçando o máximo para me livrar desse amor que sinto por Fausto, mas garanto à senhora que nada, mais nada mesmo farei para magoar Inês e Fausto; já entendi que eles se amam, aceitei minha derrota.

Cidinha se compadeceu da dor de sua filha, abraçou-a fortemente, dizendo:

– Filha, isso não é uma derrota, o que aconteceu foi a diferença de escolhas entre vocês, o coração de Fausto e o de Inês se encontraram, e se assim foi é porque não era para ser como você queria, haja vista que foi você a primeira a desistir do namoro, lembra?

– Lembro, mãe, mas não imagina como me arrependi.

– Se tudo aconteceu, foi porque não estava escrito que vocês ficariam juntos. Isso acontece, filha, precisamos saber quando devemos mudar a rota de nossa vida. Fausto saiu de seu caminho, mas Deus colocou em seu lugar Almir, que a ama de verdade, é um rapaz de caráter; enfim, dê a você a oportunidade de ser feliz com ele valorizando suas virtudes.

– Eu sei, mãe, estou dando essa oportunidade para mim mesma. Conversei com ele, como já disse, sei que vamos ficar juntos, mas pedi um tempo para colocar ordem nesse coração teimoso, sei que posso transformar o sentimento de amizade em amor, quero dar a ele um coração limpo, pronto para amá-lo.

– Fico feliz que pense assim, filha. E ele, aceitou?

– Sim. Disse que me daria o tempo que fosse preciso, só não quer me perder; só peço a senhora para não comentar nada com Inês, estou sendo sincera quando digo que desejo que ela seja feliz com Fausto.

– Filha, jamais trairia sua confiança em mim, fique tranquila quanto a isso. Agora responda uma coisa, você realmente está se dando bem no grupo de jovens da casa espírita, não?

– Estou sim, mãe, aprendo coisas que nunca imaginei, aprendi que além de mim existem outras pessoas no mundo, tive consciência do quanto era tola e inconsequente; tanto o seu Dionisio quanto a Laurinha estão sendo generosos e pacientes comigo, esclarecem todas as minhas dúvidas e me ensinam como é prazeroso fazer o bem ao semelhante, coisa que antes, para mim, não tinha o menor significado.

– Que os bons espíritos a protejam, minha filha, para que alcance sua felicidade.

Mãe e filha se abraçaram com emoção.

– Que cena bonita – disse Jonas, que entrava acompanhado de Inês.

– Oi, pai, fazia tempo que não abraçava minha mãe, senti vontade – falou Vitória, tentando aparentar descontração.

– É verdade, e não sabem como fiquei feliz com a demonstração de carinho de Vitória.

– Então vai ficar feliz comigo também – falou Inês, abraçando sua mãe.

Jonas olhou a cena, comovido.

– Será que o pai também merece uma manifestação de carinho das queridas filhas, como essa que presenciei?

– Claro, pai – disseram Vitória e Inês, abraçando Jonas.

Animada, Cidinha convidou.

– Vamos todos saborear o bolo de abacaxi que acabei de assar; hoje é um dia de muita felicidade.

Quando as meninas saíram, Jonas perguntou à esposa.

– Cidinha, hoje é dia de reunião, vamos participar?

– Claro, Jonas, principalmente hoje, que tenho muito que agradecer.

— Como assim, agradecer o abraço de Vitória?

— Mais que isso, agradecer o reencontro com minha filha, ser alvo de sua confiança.

— Posso saber o que aconteceu?

— Se não se ofender, prefiro respeitar o pedido de Vitória, mas, acredite, ela está cada vez mais transformada, e isso é que deve nos trazer tranquilidade.

— Tudo bem, respeito isso e alegro-me por vê-la assim feliz.

Cidinha e Jonas iam saindo para a reunião espiritual quando Vitória apareceu, perguntando:

— Posso ir com vocês?

Os dois se olharam admirados e quase sem acreditar no que acabavam de ouvir.

— Você diz que quer ir conosco à casa espírita, é isso?

— Sim, pai, é isso, posso?

— Claro, filha, essa sua atitude só nos traz alegria, vamos.

Seguiram felizes.

Assim que entraram, Vitória se surpreendeu com o ambiente, exatamente como acontecera com Cidinha e Jonas na primeira vez que ali foram.

— Mãe, é completamente diferente do que eu imaginava!

— Tivemos a mesma reação quando viemos pela primeira vez. Como você, não imaginávamos que fosse assim, essa paz, o silêncio, o amor que se sente pairando no ar, enfim, a sensação é que realmente Jesus está presente.

— Estou gostando!

— Espere até ouvir a palestra.

Após o passe, o orientador iniciou a palestra do dia.

— Hoje, meus irmãos, vamos falar sobre aceitação, não no sentido de cruzar os braços e dizer que aceitamos os desígnios de Deus e, portanto, não podemos fazer nada para mudar as aflições da vida, porque se assim fizermos estaremos agindo contra a vontade do Criador; mas da aceitação sem revolta ou desespero que nos leva à luta limpa, ao esforço digno, sabendo que através da coragem, do trabalho e do bem exercitado seremos dignos de merecer as bênçãos do Senhor e, por meio delas, alcançaremos o alívio para todas as aflições.

Na aceitação mora a felicidade. O sofrimento muitas vezes acontece quando passamos a desejar coisas que, no momento, não podemos ter, pessoas que não sentem amor por nós, mas que teimamos em prender a nosso lado; se há contentamento dentro de nós, tudo que no momento nos entristece irá nos parecer necessário porque aceitamos que Deus sabe o que faz e porque faz.

É preciso mostrar gratidão à vida que recomeça todos os dias. A felicidade está dentro de cada um de nós, em nossos corações, não existe nenhum lugar para irmos buscá-la; entretanto, ficamos a sua procura no mundo nossa vida inteira e não nos damos conta de que basta apenas perceber Deus dentro de nós.

A cada palavra proferida por Afonso, Vitória se sentia atingida, sua consciência mostrava-lhe como um filme toda sua inconsequência diante da vida. Não soubera perceber a felicidade quando ela se aproximou e sua não aceitação dos fatos a levara ao sofrimento e à imprudência de desejar o que não mais lhe pertencia.

– Esse senhor tem razão– pensou –, preciso encontrá–la agora, junto a Almir, aceitar de uma vez por todas que Fausto não mais faz parte de minha história e tentar ser feliz com o homem que sei que me ama de verdade.

Terminando sua explanação, Afonso disse:

– Meus irmãos, não devemos cair na ilusão de conseguir mudar as pessoas; antes disso, devemos mudar a nós mesmos. Essa é uma tarefa grandiosa que deve ocupar a mente de todos os seres humanos, somente assim o mundo poderá ser mudado, transformado do mundo mau para o mundo bom.

Que nosso Divino Amigo inspire a todos os homens a caridade, a benevolência e o amor ao próximo.

Afonso deixou o recinto com os presentes emocionados. Todos saíram levando no coração paz e certeza de que tudo depende da maneira como encaramos as situações de nossa vida; aprenderam que, na verdade, a única pessoa que pode comandar e direcionar nossa existência na Terra somos nós mesmos. Teimar em querer o que não está inserido em nossa vida é trazer para si mesmo o sofrimento. Devemos pedir a Deus que nos dê equilíbrio e sabedoria para perceber o que não podemos mudar e aceitação para suportar de maneira equilibrada, sem perder a fé, as vicissitudes que fazem parte do caminho de nossa evolução. Deus, em sua infinita bondade e sabedoria, nos dá em abundância tudo de que necessitamos para promover nosso progresso espiritual, enfim, nos dá aquilo de que precisamos e não o que desejamos, e ter consciência disso é acender a luz que iluminará nossa caminhada aqui na Terra.

Vitória saiu, levando em seu coração mais forte a vontade de melhorar como criatura de Deus.

"Preciso suportar e tentar esquecer", pensava, enquanto caminhava ao lado de seus pais. "Cada vez mais aprendo que Fausto e eu não estamos destinados um ao outro, Inês é e será sempre sua companheira. Como disse o orientador, preciso aceitar isso como definitivo."

– Está pensativa, Vitória. Não gostou da reunião?

– Gostei, mãe, e muito. Pensava nas palavras que ouvimos, no conteúdo de cada uma, e compreendi o quanto tenho ainda que melhorar.

– Vá com calma, minha filha – acrescentou Jonas. – As coisas, para darem certo, precisam ser feitas com consciência e equilíbrio, respeitando a própria limitação. Ninguém muda de uma hora para outra, você está aprendendo e aceitando as orientações que recebe, e esse é o começo. Por meio de seu esforço, tudo virá a seu tempo, e podemos lhe garantir que sua transformação já se faz notar.

– Vocês pensam mesmo assim? Já consegui uma mudança, nem que seja mínima?

– Claro, filha – falou Cidinha. – Conseguiu e não foi tão mínima como você pensa, estamos orgulhosos de você.

– Verdade?

– Verdade, seus pais não mentiriam para você.

– Obrigada, eu amo muito vocês.

Capítulo XXV

Sintomas

Vitória e Almir se aproximavam mais a cada dia, graças ao empenho da moça, que se apegava a ele, percebendo, que apesar de não sentir pelo rapaz um amor arrebatador como o que sentira por Fausto, trazia por ele um sentimento mais doce e calmo que se infiltrava e lhe dava a certeza de que seria sim feliz com ele.

Almir, animado com a mudança de Vitória em relação a ele, criou coragem:

– Vitória, não preciso repetir que amo você com todo meu coração e verdade, e percebo que você, mesmo não sentindo por mim um amor igual, não me é indiferente. Noto sua emoção quando a beijo ou toco em seu rosto, quando seguro suas mãos ou a abraço com força. Portanto, não receio fazer-lhe uma pergunta que não posso mais evitar.

– Diga, Almir, pode falar.

Quase num sussurro, Almir perguntou-lhe:

– Você aceita se casar comigo?

O coração de Almir batia descompassado, esperando a resposta de Vitória, que olhando-o nos olhos respondeu com um sorriso que cativava ainda mais o apaixonado.

– Aceito, Almir, sei que serei feliz com você; melhor dizendo, sei que seremos felizes juntos.

Almir mal podia acreditar que seu sonho poderia, a partir daquele momento, se realizar: ter a mulher amada junto de si para toda a vida. Voltou a perguntar:

– Você aceita? Tem certeza, Vitória? Se não tiver, não me iluda. Eu disse que esperaria o tempo que fosse necessário e vou esperar. Por isso, por favor, diga novamente qual é sua resposta.

– Seu bobo, pensa que eu iria enganá-lo em uma situação tão importante como essa? Se eu disse que aceito é porque quero muito me casar com você. Espero que não esteja arrependido logo em seguida ao pedido.

– Você está brincando, não? Arrepender-me do que mais quero nessa vida? Só pode ser brincadeira!

– Claro que é brincadeira, seu bobinho! – exclamou Vitória, emocionada.

Um forte braço selou o compromisso de Almir e Vitória.

– Você está feliz, filha? – perguntaram Jonas e Cidinha, assim que souberam da novidade.

– Estou, podem ficar tranquilos porque não estou fazendo nada obrigada; ao contrário, estou seguindo o caminho que devo seguir e o faço com muita felicidade, eu amo o Almir.

– Ama mesmo? – perguntou Cidinha, preocupada.

– Amo sim, mãe, aprendi que na vida tudo passa e sempre passará, o que vivemos no passado não se repete no presente, porque tudo será sempre diferente. Assim também é o amor, um vai e outro vem, os dois nunca são iguais, mas cada um possui sua beleza e importância.

Cidinha e Jonas entreolharam-se, surpresos com as colocações da filha.

– Parece-nos que finalmente você entendeu a mágica da vida, Vitória, estamos felizes por você.

– Sim, filha, estamos– concordou Cidinha com o marido. – Agora que compreendeu a mágica da vida, não deixe que a melancolia a envolva novamente. Valorize as coisas que estão a seu alcance; veja tudo a sua volta, pessoas e natureza, como se fosse ver pela última vez ou então pela primeira vez; assim, sentirá sempre a emoção em seu coração, e sentir emoção nos torna cada vez mais humanos.

Jonas admirou a maneira como sua mulher falava com a filha.

– Sábias palavras – disse –, servem não só para Vitória mas para mim também.

– Não só para o senhor, pai, mas para todos nós – disse Inês, encostada à porta e prestando atenção em tudo que sua mãe falava.

– Filha, não a vimos aí – exclamaram.

– Ia entrando, pai, e parei para ouvir o que minha mãe falava, não quis interromper. Não serve somente para você, Vitória, é um aprendizado de vida.

– Vocês estão exagerando!

– Não, querida, estamos sendo realistas, realmente temos que prestar atenção em tudo o que está a nossa volta. Se assim não for, deixaremos de perceber a presença de Deus em nossa vida, sua generosidade em nos presentear com tantas maravilhas que geralmente passam despercebidas em virtude da pressa com a qual vivemos.

– E você, Inês, deseja alguma coisa?

– Sim, vim falar que Fausto e eu conseguimos alugar uma casa para morarmos, é bem pequena, mas o suficiente para nós, e gostaríamos que vocês fossem conhecer.

– Que boa notícia, filha, claro que iremos, não é Jonas?

– Evidente que sim – respondeu Jonas, olhando diretamente para Vitória que, sem demonstrar nenhuma reação negativa perguntou.

– Posso ir também, Inês?

– Minha irmã, é claro, esperava mesmo que fosse, quando disse "vocês" estava me referindo a minha família, e você é minha família.

– Quando podemos ir?

– Vou combinar com Fausto, ele ficou de pegar a chave na imobiliária, pode ser amanhã ou depois.

– Combinado.

Enquanto tomavam o café da manhã, Fausto chegou, exibindo com alegria as chaves da casa.

– Veja, seu Jonas, já tenho as chaves, assinei o contrato e está tudo certo, agora é pensar nos móveis e em tudo o que é necessário.

– Parabéns, Fausto, estamos todos muito felizes por vocês, por essa conquista, sabemos que irão construir uma vida de muita felicidade.

– Obrigado, seu Jonas, tudo farei para que Inês seja feliz de verdade.

Inês se aproximou do noivo, dizendo:

– Meu amor, eu já sou feliz com você!

Vitória olhava para os dois e, pela primeira vez, experimentava uma sensação de paz, um desejo real que fossem mesmo felizes juntos.

– Meu Deus – pensou –, eu Vos agradeço, sinto que, se não estou curada dessa obsessão por Fausto, pelo menos já não sofro como antes, consigo ver para mim uma estrada linda ao lado de Almir, também seremos felizes.

Foram todos conhecer a casa de Inês e Fausto.

– Como é lindo – disse Cidinha – esse jardim bem cuidado, essa pequena varanda, tudo muito bonito, Inês.

– Nossa mãe tem razão, Inês, é linda a sua casa, espero ter muitos sobrinhos para poder mimar.

– Ainda é cedo para pensar em dar sobrinhos, Vitória, bem mais tarde, quem sabe.

– Cedo, quem disse que é cedo? Daqui a vinte dias estaremos casados, então podemos providenciar isso, não concorda comigo, dona Cidinha?

Sorrindo, Cidinha respondeu.

– Concordo, desde que a providência seja tomada depois do casamento, certo?

Todos sorriram, aproveitando a descontração e a alegria do momento. Cidinha aproximou–se de Vitória e perguntou.

– Como você está, filha, tudo bem?

– Fique tranquila, mãe, está tudo bem, estou feliz por Inês e Fausto, de verdade.

– Que bom, minha filha, nós amamos muito você, será feliz também.

– Eu sei que serei, mãe.

Saíram, deixando Fausto e Inês ocupados em decidir a melhor maneira de mobiliar o lar que construíam com tanto entusiasmo.

Pelo caminho, tanto Cidinha quanto Jonas perceberam, no silêncio de Vitória, que alguma coisa não ia bem com ela.

– Filha, o que está acontecendo com você? – perguntou Jonas.

– Nada, pai, estou um pouco indisposta, só isso.

– Essa indisposição tem a ver com a proximidade do casamento de sua irmã?

– Não, pai, nada que ver, é indisposição mesmo; já disse e vou repetir, não estou sofrendo por Fausto, isso é passado, podem acreditar, já falamos sobre isso e espero que também vocês encerrem este assunto.

– Tudo bem, filha, não precisa ficar nervosa, acreditamos em você, apenas nos preocupamos porque já percebemos que, ultimamente, anda muito quieta, indisposta, enfim, gostaríamos de saber o que acontece para estar assim.

– Nem eu mesma sei, mãe, sinto como se fosse fraqueza, é uma sensação estranha; para falar a verdade, não sei explicar, é mesmo um mal-estar.

– Precisamos ver isso, Vitória, vou levá-la ao médico.

– Não sei se é necessário ir ao médico, talvez não esteja me alimentando bem, mãe, não tenho apetite, deve ser isso.

– Em todo caso, se não melhorar vamos sim procurar o médico, com saúde não se brinca.

– Está certo, mãe, se eu não melhorar nós vamos, está bem?

– Está, filha, mas não tente esconder nada de nós, certo?

– Certo, pode ficar tranquila que não vou esconder nada.

Chegando em casa Vitória se recolheu em seu quarto.

"Meu Deus, o que se passa comigo?", pensou. "Não me sinto bem há algum tempo e esse mal-estar não passa, sinto muita fraqueza e não consigo comer direito, minha mãe tem razão, preciso consultar um especialista."

Finalmente, o dia tão esperado por Inês e Fausto chegou. O sol logo cedo presenteava a todos, aquecendo com seus raios brilhantes a fantástica natureza.

Inês acordou com uma sensação de paz e felicidade, o sonho tão desejado finalmente iria se realizar, em poucas horas se tornaria a esposa de Fausto e juntos construiriam um lar para acolher, no futuro, os filhos que ambos desejavam.

"Senhor, eu agradeço por permitir que eu sinta dentro de mim tanta felicidade, que Fausto e eu saibamos conservá-la nos padrões da moral cristã; proteja-nos, Senhor, para não nos perdermos no meio do caminho, que Jesus seja sempre o farol iluminando nosso lar", orou.

Despertou de seu encantamento ao ouvir a voz de sua mãe:

– Inês, está na hora, filha, levante! Hoje o dia é de muitos compromissos.

– Entre, mãe, já estou acordada.

Cidinha entrou no quarto de Inês, aconchegou sua filha nos braços e amorosamente lhe disse:

– Filha, hoje é um dos dias mais importantes na vida de uma mulher, é o início de uma nova vida ao lado do companheiro que você escolheu para seguir com você a estrada terrena. Tenha sabedoria para conservar essa felicidade até o fim de seus dias, e a maior dela é alimentar esse sentimento que os uniu sem deixar que a imprudência ou a leviandade o sufoque; o respeito, a confiança e a admiração um para com o outro sustentam o amor; as palavras pensadas antes de serem proferidas nunca magoam; portanto, minha filha, construa seu lar alicerçado no amor de Jesus, e a felicidade jamais sairá de sua casa.

Inês, emocionada com as palavras de sua mãe, não conseguiu segurar as lágrimas.

– Mãe, vou seguir seus conselhos, quero lhe dizer que agradeço a Deus ter nascido como filha de vocês, em um lar que, se não é tão abastado, possui em abundância aquilo de que precisamos para nos tornarmos pessoas de bem: o amor, a atenção e a orientação cristã. Quero ser para meus filhos o que vocês são para mim e Vitória: pais de verdade.

Cidinha, assim como Inês, não pôde segurar suas lágrimas; mãe e filha se abraçaram, deixando que a grande emoção invadisse seus corações.

– Agora vamos – disse Cidinha –, temos muito que fazer até a hora de você entrar na igreja, linda como sempre em seu vestido de noiva.

Ao som da Ave-Maria, interpretada pelo coro da Matriz, Inês entrou radiante, em meio às flores que enfeitavam o momento mágico tão esperado por ela e Fausto, que elegante esperava sua amada ao pé do altar.

Tudo acontecera como o esperado e, após a recepção tão cuidadosamente preparada, os noivos partiram em viagem de núpcias, para viverem o grande sonho realizado.

Chegando em casa, ainda tensos por verem sua filha partir para a ventura, Cidinha mesmo assim percebeu que Vitória não se comportara com descontração.

– Filha, percebi que você não estava à vontade nessa festa tão linda do casamento de sua irmã. Diga-me, Vitória, o que realmente está acontecendo com você? Sei que algo de diferente acontece e quero saber o que é.

– Mãe, não é nada do que possa estar pensando, na verdade não estou me sentindo muito bem, há algum tempo sinto muito enjoo e um pouco de fraqueza, comentei com Almir e ele me sugeriu procurar um profissional.

– Percebi que você está mais magra, se estiver fazendo regime para emagrecer deve ser isso, Vitória, regime se faz com orientação médica e não aleatoriamente.

– Não estou fazendo regime, mãe, apenas não sinto vontade de comer, não tenho apetite.

– Vamos então fazer o seguinte: amanhã mesmo vou marcar uma consulta e ver o que acontece; na verdade, somente o doutor poderá explicar a razão de se sentir assim.

– Tudo bem, mãe, quero mesmo ir, realmente não me sinto bem e faz muito tempo.

– Você devia ter dito assim que se sentiu mal, minha filha, já lhe falei que com saúde não se brinca.

Dois dias depois, Cidinha e Vitória estavam diante do dr. Mário, especialista em Gastroenterologia.

– Então, minha filha, o que está sentindo? – perguntou o dr. Mário, de modo paternal.

– Fale, filha, tudo o que você sente.

Timidamente, Vitória expôs os sintomas que a atormentavam.

– Doutor, faz tempo que sinto muito mal-estar.

– Especifique esse mal-estar – pediu-lhe o médico.

– Sinto muita fraqueza e falta de apetite, e com assiduidade apresento vômito e náuseas, com muita dor de estômago. Sempre pensei que devia ser alguma coisa que comia, mas estou me alimentando muito pouco, portanto imagino que não deve por causa da alimentação.

Sem deixar transparecer, o médico sentiu preocupação.

Após examiná–la minuciosamente, disse a Cidinha.

– Precisamos fazer alguns exames para definir um diagnóstico – prescreveu os exames necessários, entregou o pedido e disse:

– Assim que estiverem prontos, por favor, traga–os sem demora.

– É alguma doença grave, doutor? – perguntou Cidinha, apreensiva.

– Não posso diagnosticar sem ver o resultado dos exames.

– Mas são tantos os exames que o senhor pediu...

– Sim, mas são necessários para um diagnóstico preciso.

Cidinha e Vitória deixaram o consultório, cada uma levando em si o receio de algo mais grave, mas sem coragem de dizer uma para a outra.

Jonas, ao saber do pedido do médico, também se preocupou.

– Vamos fazer esses exames sem demora – disse à mulher.

Almir, ao tomar conhecimento do pedido do médico, se prontificou a acompanhar Vitória ao laboratório, o que foi negado por Cidinha e Jonas.

– Desculpe-nos Almir, mas gostaríamos de estar ao lado de nossa filha, não nos leve a mal.

– Certamente que não levarei, dona Cidinha, é natural que queiram estar ao lado de Vitória, eu compreendo.

Conseguiram fazer os exames com rapidez e, após receberem os resultados, foram os três ao encontro do dr. Mário, com a preocupação no coração de cada um.

Capítulo XXVI

Diagnóstico

O dr. Mário estudou atentamente as imagens e os laudos dos exames e, após algum tempo, disse, tentando ser o mais cuidadoso possível e respeitando o sofrimento que sabia ia proporcionar aos pais e a Vitória.

– Então, doutor – perguntou Jonas ansioso –, qual é o diagnóstico?

– Quero pedir-lhes que tenham, dentro do possível, calma e não se desesperem. Os exames revelaram que Vitória tem um adenocarcinoma, que é o tipo mais comum de câncer de estômago.

A notícia causou um forte impacto em todos.

– Não é possível, doutor. Minha filha não pode estar com essa doença, deve ter havido algum engano – exclamou Cidinha, angustiada.

– Por que não percebemos isso antes, doutor? – perguntou Jonas.

– Os sintomas podem não ocorrer em estágios iniciais.

– E o que se faz nesse caso?

– O mais indicado é a gastrectomia, ou seja, a remoção cirúrgica do estômago é o único tratamento curativo. Para muitos pacientes, a quimioterapia e a radioterapia feitas após a cirurgia melhoram a probabilidade de cura.

– Então vamos marcar logo essa cirurgia – pediu Jonas –, por favor, o mais rápido possível.

– Compreendo a ansiedade e o nervosismo de vocês, é natural, são pais, mas precisam entender que existem algumas medidas que precisam ser tomadas antes do processo cirúrgico.

– Quais, doutor?

– Realizar exames complementares para avaliar as condições da paciente, por exemplo. Vou dar o pedido desses exames. Se tudo estiver bem com ela, marcamos a cirurgia o mais rápido possível, está bem?

– Está certo, doutor, confiamos no senhor, faremos tudo o mais urgente que pudermos.

Saíram do consultório em silêncio. Não tinham coragem de comentar com Vitória essa bomba que caíra na cabeça de todos; notavam no rosto da filha o medo que a afligia e sentiram que era a hora de se fortalecer para ajudar Vitória a passar por essa provação.

Ao chegarem em casa, sentaram junto à filha e com emoção e muito carinho lhe disseram:

– Filha, tudo vai dar certo, estamos aqui para viver com você este momento que é difícil, nós sabemos, mas é preciso confiar em Jesus, não perdermos a esperança. Você é jovem e terá forças para superar.

– Tenho medo, pai! – exclamou Vitória, em lágrimas.

– Filha, isso também vai passar, porque na vida tudo passa, nenhum sofrimento é para sempre, só Deus não passa e Ele é suficiente para nos proteger, amparar os que sofrem, dar coragem para vencer o obstáculo, enfim, a hora é de nos fortalecermos e não de nos desesperarmos.

– Aconchegue-se a nós, filha, vamos estar unidos. Assim que sua irmã voltar de viagem tenho certeza de que também ela e Fausto estarão a seu lado até que tudo se resolva; somos uma família e vamos lutar juntos.

Vitória encostou sua cabeça no colo da mãe e chorou copiosamente. O coração de seus pais sangrava mais que as lágrimas da filha querida, mas era preciso dar a ela forças para suportar o que estava por vir.

– Mãe, quero falar com Almir, preciso muito falar com ele. Por favor, pode ligar para ele e pedir que venha me ver?

– Vou agora mesmo, minha filha.

Almir, tomando conhecimento do que acontecera, saiu apressado ao encontro da namorada.

"Ela deve estar sofrendo muito – pensava –, preciso confortá–la."

A enfermidade é a fermentação de muitas existências vividas desregradamente; é a resposta, a consequência; por isso, a dor, em certas circunstâncias, é a própria cura – nos disse São Francisco de Assis –; conscientizando–nos disso, nada podemos amaldiçoar, porque, na verdade, não sabemos a razão de tudo acontecer; se acontece, é porque aí está a justiça divina, a evolução se faz por meio da quitação de nossos débitos.

Os dias que se seguiram foram de intensa atividade por conta dos exames que eram realizados. Vitória sentia-se cansada, mas lutava bravamente para não desanimar, apoiava-se em seus pais, que se dedicavam unicamente à filha, e em Almir, que passava a seu lado todos os momentos de folga. Os dias se passaram e, finalmente, todos os exames pedidos pelo médico ficaram prontos.

Inês e Fausto, após receberem o telefonema de Cidinha, retornaram imediatamente para dar apoio a Vitória e a seus pais; eles também sofriam com essa situação.

O dr. Mário examinou minuciosamente todos os resultados e, vendo que Vitória estava em condições, marcou a cirurgia para dali a oito dias, dias estes que foram de ansiedade para todos.

– Jonas, não acha que podíamos ir conversar com o seu Afonso, dizer a ele sobre nosso sofrimento, ouvir o que ele tem a dizer a respeito dessa situação tão penosa? Penso que seria como um bálsamo para nosso desespero.

– Você tem razão, Cidinha, vamos pedir a Eulália que nos acompanhe, é válido tentarmos consolo com quem sabe o que dizer.

– Vou ligar para ela e marcar o dia favorável para irmos.

– Faça isso – disse Jonas, na esperança de conseguir amenizar a angústia que lhe atormentava a alma.

– Claro, Cidinha – respondeu Eulália, assim que ouviu o pedido de sua amiga –, mas penso que seria muito bom se Vitória fosse também, ela receberia uma energia de cura através do passe que a deixaria mais tranquila.

– Você tem razão, Eulália, ela irá conosco.

Vitória recebeu com entusiasmo o convite para acompanhar seus pais até a reunião da casa espírita e, na hora combinada, estavam sentados ao lado um do outro, recebendo do Mais Alto os fluidos benfazejos dos espíritos amigos.

Em dado momento, Afonso se aproximou, convidando-os a entrar na câmara de passe, o que fizeram com tranquilidade e confiança.

O ambiente convidava à meditação, a tênue luz azul e suave música impulsionava os presentes a se conectarem com o Plano Superior. Ao final, Afonso sentou-se próximo ao casal e, colocando entre as suas as mãos de Vitória, disse:

– Meus irmãos, em nenhuma situação de nossa existência cabe o desespero, mas sim a confiança e a fé de que tudo está no lugar que precisa estar, ou seja, nosso sofrimento e as aflições pelas quais passamos não são mais do que consequência natural de alguma falta cometida, senão nesta existência, na existência anterior. Sabendo disso, tendo essa certeza de que não somos vítimas, mas aprendizes, devemos render graças a Deus, que em Sua bondade nos concede a oportunidade de reparação sem nos condenar irrevogavelmente pela falta cometida; portanto, entreguem sua dor ao Divino Amigo e saibam que sofrimento com Jesus é sofrimento equilibrado. Tudo acontece para que o progresso espiritual se faça, aproveitem esse momento de dor e se aproximem mais e mais do amor maior; Deus sabe o que cada um de nós precisa para evoluir e Ele nos concede sempre, não o que queremos, mas aquilo de que necessitamos para que nossas dívidas sejam quitadas, libertando-nos da culpa e do remorso.

Sempre é tempo de nos renovarmos; se não conseguimos através do amor, a dor vem ao nosso encontro para que possamos acordar do orgulho com o qual vivemos; temos de extirpar a mágoa, a presunção, a intolerância e a prepotência de dentro de nosso coração, pois são espinhos que ferem e marcam nossa alma; o sofrimento torna-se então um companheiro a nos mostrar o caminho da redenção, e é esse caminho que é preciso enxergar.

– Que Jesus os cubra de bênçãos; que os bons espíritos acompanhem cada passo de vocês, amparando-os para que não caiam.

Eulália, que a tudo ouvia, sentiu nas palavras de Afonso algo mais profundo, como se os preparasse para o inesperado.

Jonas e Cidinha, segurando as mãos de Vitória, retornaram a casa, levando em seus corações a certeza do amparo para o momento difícil que viviam. Sentiam que era o início de algo mais avassalador, mas confiavam na misericórdia divina. O sofrimento os tornava mais sensíveis e receptivos às influências dos bons amigos espirituais, suportavam a angústia que invadira seus corações amparados pela energia salutar do Plano Maior.

O tempo passou rápido e o dia aguardado com ansiedade chegou.

Ao verem sua querida filha ser levada para a cirurgia com um semblante tristonho, sentiram a dor maior oprimirem o peito.

– Que Jesus a acompanhe, minha filha – disse-lhe Cidinha –, tudo correrá bem.

– Estaremos aqui o tempo todo esperando por você – completou Jonas.

Inês e Fausto, presentes, dirigiram-lhe palavras de carinho e esperança.

Vitória apenas olhou-os e sorriu.

– Eu amo vocês – exclamou e fechou seus olhos.

Almir beijou seus olhos e em seu ouvido disse-lhe:

– Vá confiante, meu amor, estarei aqui esperando-a para novamente lhe dizer que a amo. Os bons espíritos, com a permissão de Jesus, estarão tomando conta de você.

Beijou-a novamente e, com tristeza, viu sua amada seguir para a cirurgia.

Assim que a porta do centro cirúrgico se fechou, Cidinha, não suportando a dor e o receio de perder a filha amada, dirigiu-se à capela do hospital e, entregando seu sofrimento ao Pai, chorou.

– Calma, mãe – disse-lhe Inês –, tudo vai ficar bem, a cirurgia vai ser um sucesso, não podemos perder a fé.

– É isso, dona Cidinha, nunca sofremos sozinhos, Nosso Pai nos envia seus tarefeiros do bem para nos apoiar, precisamos confiar.

– Obrigada, Fausto, eu confio, apenas preciso pôr para fora essa angústia que corrói meu coração senão vou explodir.

– Então desabafe, dona Cidinha, é justo que o faça, afinal é sua filha, estaremos aqui com a senhora e com o seu Jonas o tempo que precisarem.

Silenciaram.

Unidos em um só pensamento e em um só desejo de beneficiar Vitória através da vibração de amor, entregaram-se à oração, na certeza de sua força poderosa. Quanto tempo ficaram ali, quietos, entregues à união com o Plano Superior, não souberam precisar, sentindo-se aconchegados não perceberam a passagem das horas e somente quando a enfermeira tocou o ombro de Jonas, anunciando o término da cirurgia, foi que se deram conta do avançado da hora.

– A cirurgia já terminou? – perguntou Jonas.

– Sim, senhor, o médico gostaria de conversar com o senhor e sua esposa, pediu que o procurasse.

– Algum problema?

– Não sei, é melhor falar com o doutor.

Jonas e Cidinha seguiram a enfermeira até a recepção do centro cirúrgico e, nervosos, ouviram o médico relatar que a cirurgia demorara mais do que o esperado em razão de uma complicação que provocara um sangramento importante.

– Ela será conduzida à UTI – informou-lhes –, infelizmente não poderão vê-la, mas não negaremos aos senhores nenhuma informação sobre seu estado sempre que solicitarem.

– Mas, doutor, porque não podemos vê-la? – perguntou Cidinha, apreensiva.

– Senhora, não podemos correr o risco de uma infecção, por essa razão a entrada na UTI não é liberada, mas seu estado é considerado bom, creio que tudo dará certo.

Jonas e Cidinha voltaram para sua casa acompanhados de Inês e Fausto. Cidinha não conseguia controlar seu nervosismo e demonstrava isso através das lágrimas que lhe desciam copiosas pelo rosto.

– Calma, mãe – dizia-lhe Inês, amorosa, o doutor não disse que o estado de Vitória é muito grave, ela está saindo de uma cirurgia importante, é natural que fique na UTI, é o procedimento adequado para as primeiras horas após o procedimento cirúrgico.

– Inês tem razão, querida – completou Jonas. – Vamos aguardar com confiança, sabíamos que seu estado inspirava cuidados, agora precisamos mais do nunca confiar e vibrar para que ela fique bem e volte para nós.

– Se Nosso Pai permitir, isso irá acontecer, dona Cidinha –, disser Fausto. – O momento não é de desespero, mas sim de agradecimento a Jesus e de esperança de que tudo acontece de acordo com a vontade de Deus, porque Ele sabe o caminho que devemos percorrer para evoluirmos.

– Mas estou sofrendo muito, Fausto! – exclamou Cidinha.

– Sabemos disso, minha querida – disse Jonas, com carinho –, todos nós estamos sofrendo muito, mas devemos enviar para nossa filha energia salutar, de cura, de otimismo, e não de desespero. Devemos aguardar com esperança e confiança, na certeza de que tudo acontecerá de acordo com a vontade de Deus, como disse Fausto.

– É verdade, dona Cidinha, nós sabemos o que é bom para nós agora, Deus sabe o que é bom para nós no futuro, Ele sabe o que é preciso vencer para alcançar a felicidade real, a senhora me entende?

– Tento entender, Fausto, achava que entendia, mas agora, diante desse sofrimento, sinto que estou muito longe de compreender a razão de tanta dor... Minha menina, minha filha querida, tão nova, passando por essa enfermidade agressiva que nos amedronta!

– Isso acontece com todos os seres humanos, dona Cidinha, acreditamos em tudo quando a dor não nos atinge, mas é na hora do sofrimento que devemos dar testemunho de nossa fé, da confiança em Deus; nessa hora é que é preciso ter sabedoria para nos aproximar mais e mais do Amor Maior, que é Nosso Pai, que está no céu.

– Quer dizer que é errado sofrer tanto assim?

– Não – respondeu Fausto –, todos têm o direito de sofrer, de perguntar, de clamar por auxílio divino, mas não devemos nos desesperar e achar que tudo é uma injustiça, que não merecemos a aflição pela qual passamos porque demonstra falta de fé. Desde que admitimos Deus, não se pode concebê-lo sem perfeições infinitas, nos diz o Evangelho Segundo o Espiritismo; se Deus é soberanamente bom e justo, não se pode agir por capricho nem com parcialidade.

Fausto continuou:

– As vicissitudes da vida têm, pois, uma causa, e uma vez que Deus é justo, essa causa deve ser justa. Deus colocou os homens sobre o caminho dessa causa pelos ensinamentos de Jesus e, hoje, julgando-os bastante maduros para compreendê-la, a revelou inteiramente pelo Espiritismo, quer dizer, pela voz dos espíritos, e é o que nos ensinam os espíritos amigos que comparecem nas reuniões que a senhora frequenta na casa espírita.

Impressionada, Cidinha perguntou:

– Onde você aprende essas coisas todas, Fausto?

– Dona Cidinha, eu estudo o Evangelho Segundo o Espiritismo, é lá que eu encontro a verdade, a direção e o suporte para enfrentar minha caminhada terrena e o consolo para minhas aflições.

– Gostaria de ler também, você pode me emprestar?

– Emprestar não, posso dar um exemplar para a senhora, para que tenha a seu lado um farol a iluminar suas noites de busca.

Cidinha e Jonas, que ouvia atentamente as palavras de Fausto, sentiram-se mais confortados e levaram a esperança em seus corações.

Nos dias que se seguiram, acompanharam a evolução de Vitória, que melhorava lentamente, até que receberam a notícia de que seria transferida para o apartamento.

A alegria foi geral. Ao verem a filha pálida, enfraquecida, sentiram um aperto no peito, mas não deixaram que Vitória percebesse o que lhes ia na alma.

– Precisamos ter coragem – dizia Jonas à esposa. – Como diz Fausto, um dia de cada vez. Não é assim que se fala?

– Tem razão, Jonas, será um dia de cada vez.

Vitória, ainda se sentindo fraca, mal falava. Parecia ausente a maior parte do tempo, o que causava estranheza à família. Embora Jonas e Cidinha tentassem animá-la, nada parecia interessar a ela; nem a constante presença de Almir, seu carinho e suas palavras de afeto pareciam importar; questionado por Jonas, o médico respondia:

– Não se preocupe, às vezes acontece de os pacientes agirem dessa maneira, motivados pelo estresse do procedimento cirúrgico, mas vai passar, tenham paciência.

Contrariando as palavras do doutor, Vitória, nos dois dias seguintes, não reagiu e apresentou febre, até que a equipe médica foi surpreendida pelo agravamento inesperado de seu estado de saúde.

– Será preciso levá-la novamente para a UTI – disse o médico. – Lá teremos condições de diagnosticar com precisão e rapidez o que está acontecendo. Assim que puder, virei falar com os senhores.

Jonas e Cidinha acompanharam com os olhos a maca que levava Vitória. Assim que a porta da UTI se fechou os dois se abraçaram e, sem conseguirem se conter, choraram.

Inês e Fausto se aproximaram. Cidinha, confiando no genro, perguntou-lhe:

– Fausto, o que fazemos agora diante desse vendaval, dessa tormenta que se abateu sobre nossas cabeças; me diz, o que fazemos?

– Só posso lhe dizer o que Emmanuel diz para aqueles que sofrem, dona Cidinha: "Confia em Deus e caminha".

As horas se arrastaram, até que o médico, aproximando-se, lhes disse:

– Não tenho boas notícias. A paciente, infelizmente, está com pneumonia. Prefiro ser sincero: seu estado é grave, mas vamos fazer de tudo para salvá-la.

Diante da sinceridade do doutor, Cidinha sentiu-se mal e desmaiou.

Horas depois, refeita e medicada, descansava ao lado de Jonas, Inês, Fausto e Almir. Escondera-se dentro de si mesma, procurando encontrar forças para suportar o que todos já temiam acontecer.

– Não posso perder nossa filha, Jonas, precisamos fazer alguma coisa.

– Calma, querida, o médico não disse que tudo está perdido, vai passar, ela vai melhorar, precisamos acreditar nisso.

– Mãe, é melhor irmos para casa, vocês precisam descansar um pouco.

– Eu quero ficar aqui, Inês, esperando.

– O que podemos fazer ficando aqui, mãe? Nada, não temos o poder de mudar a situação, mas, se nos unirmos em prece, podemos ajudá-la, colocando-a em uma corrente de amor por meio de nosso pensamento.

– Inês tem razão, vamos para casa – disse Fausto –, vamos orar por ela e depois descansar, amanhã cedo voltaremos para saber notícias.

Com muito esforço, Cidinha cedeu e os acompanhou até sua casa.

A noite transcorreu lenta e angustiosa para Jonas e Cidinha, que mal conseguiram dormir diante de tanta ansiedade e medo.

– Jonas, será que vamos perder nossa filha? Tenho medo – sussurrou Cidinha.

– Assim como você, também estou temeroso, o doutor foi franco em dizer que esse quadro apresenta gravidade, mas infelizmente nada podemos fazer, querida, porque será sempre como Deus quiser; vamos orar e aguardar.

Os próximos dias foram de muita expectativa para todos. Apesar dos esforços da equipe médica, Vitória apresentava visível piora, até que, em uma manhã chuvosa, Jonas e Cidinha receberam a triste notícia de seu desencarne.

A dor que invadiu os corações de seus pais, assim como de Inês, Fausto e Almir, que via seu sonho de felicidade se dissipar como uma fumaça, foi avassaladora; não conseguiam entender a razão desse final tão trágico, se a cirurgia fora considerada satisfatória pelos médicos; perguntavam-se por que tudo desenvolvera para o óbito.

– Infelizmente, não podemos tudo, dona Cidinha – respondera-lhe o médico, assim que fora questionado por ela. – Fizemos tudo o que estava ao alcance da medicina, mas temos limites e, quando não conseguimos sucesso, entendemos que entra aí a vontade de Deus, e contra essa vontade nada podemos fazer.

– Mas por que com uma jovem como Vitória, tão nova, com tanta vida pela frente, tantos projetos, enfim, por que com ela?

– Essa resposta só encontramos nas leis divinas, dona Cidinha, em sua justiça. Sabemos muito pouco de nós mesmos, mas Deus sabe tudo sobre cada um de nós; às vezes, o que pensamos ser uma crueldade não passa de uma grande benção para aquele que vai.

– Como assim, Fausto, onde está o benefício quando a morte leva alguém tão jovem?

– No Evangelho Segundo o Espiritismo – disse-lhe Fausto –, encontramos:

"A morte prematura, frequentemente, é um grande benefício que Deus concede àquele que se vai, e que se encontra, assim, preservado das misérias da vida, ou das seduções que teriam podido arrastá–lo à sua perdição. Aquele que morre na flor da idade não é vitima da fatalidade, mas Deus julga que lhe é útil não permanecer por mais tempo na Terra."

– Portanto, dona Cidinha, dê vazão à sua dor, sofra aconchegada no amor de Deus, porque é Ele que lhe dará o conforto.

Inês ouvia seu marido falar e intimamente agradecia ao Pai por haver colocado em seu caminho alguém tão especial. As horas que se seguiram foram tensas e cheias de dor, até que, chegado o momento da despedida, Cidinha fora retirada do recinto por não suportar afastar-se de sua filha querida.

A dor da separação crava no peito como uma lâmina afiada cortando as entranhas do ser, mas, em vez de nos revoltarmos contra a vontade de Deus, devemos orar e pedir para que Nosso Pai, em Sua bondade infinita, abençoe o ente querido que se foi para que ele possa ser recebido pelos bons espíritos e, a cada minuto, se elevar no mundo espiritual.

Deus não nos faria sofrer tanto se não fosse para nossa melhoria espiritual;, portanto, nessas horas de intensa dor é preciso reavivar nossa fé, nossa confiança no Criador. A morte não é uma separação eterna; se cremos na justiça, devemos entender e aceitar que o sofrimento de hoje será a vitória de amanhã, porque nosso Senhor não dá a nenhuma de suas criaturas uma prova que não merecemos e que não podemos suportar.

Capítulo XXVII

Entendimento

Os dias que sucederam ao vendaval que se abateu sobre a casa de Cidinha e Jonas foram de enorme tristeza, angústia e desânimo por parte de Cidinha, que sentia dificuldade em aceitar o fato cruel, como ela dizia a Jonas.

– Não posso aceitar, Jonas, foi inesperado, cruel demais, ser arrancada assim da vida em plena juventude, não consigo compreender.

Com paciência, Jonas tentava explicar a sua esposa que tudo segue o desígnio de Deus.

– Não sabemos nada sobre nós mesmos, querida; se você acredita na justiça de Deus, deve entender que esse acontecimento, que tanta tristeza nos causou, é fruto de uma causa também justa, causa essa que desconhecemos, mas este fato não anula a justiça divina. Não é isso que Fausto nos explicou? Não é isso que aprendemos nas reuniões da casa espírita?

Com lágrimas nos olhos, Cidinha respondia:

– Sinto dificuldade em aceitar, Jonas, meu coração está sufocado pela dor, pela saudade, e eu não sei o que devo fazer para aliviar esse sofrimento.

Jonas, da mesma forma que sua esposa, também sentia dificuldade para administrar a sensação de vazio, de dor, que oprimia seu coração.

"Como vou poder dizer alguma coisa a ela", pensava, "se mal posso controlar minha angústia? O que aprendi através das explicações de Fausto já disse, mas parece que de pouco adiantou... O melhor seria que Eulália viesse conversar com ela, seu conhecimento nos será útil. Já sei o que vou fazer."

– Querida, acalme-se, não sei como aliviar suas emoções, seu sofrimento, mas sei que Eulália saberá o que nos dizer, vou pedir que venha até nossa casa, o que acha?

– Faça isso, Jonas, pelo amor de Deus faça isso, estou perdida, meu coração sofre um turbilhão de sentimentos desencontrados e eu não consigo avaliar a situação para encontrar um pouco de paz.

Eulália recebeu o convite com agradecimento a Deus por poder ajudar seus amigos, principalmente em um momento de intensa dor e dúvidas.

– Como estão passando? – perguntou, assim que entrou na casa de Cidinha e Jonas.

Cidinha permaneceu calada. Jonas a recebeu com gentileza, agradecendo a ela por ter aceitado o convite.

– Desculpe minha esposa, dona Eulália, ela não está bem, está muito abatida e não tem forças para reagir.

– Não se preocupe, seu Jonas, entendo Cidinha, é natural que ela esteja sofrendo, quem não sofreria diante desse acontecimento?

Sentou-se perto de Cidinha e perguntou:

– Gostaria de conversar um pouco, minha amiga?

Com um fio de voz, quase sem forças, Cidinha respondeu:

– Gostaria sim, Eulália, preciso de alguém que me explique o que não estou entendendo, sozinha não consigo; quero esquecer, mas é impossível.

Carinhosamente, Eulália segurou entre as suas as mãos da amiga.

– Cidinha, você não pode querer o impossível!

– Como assim?

– Você diz que não consegue esquecer, mas você não vai esquecer porque não se esquece do amor sincero. Acha possível esquecer sua filha?

– Não!

– Então não é esse o caminho; o caminho é entender o ciclo da vida, todos nós nascemos, vivemos e morremos para o mundo físico, somente para o mundo físico, porque a vida é eterna; o caminho é colocar dentro de seu coração a lembrança da filha que conviveu com vocês durante o tempo que foi necessário para ela viver aqui na Terra, pois ela está viva no Plano Maior, em nossa verdadeira pátria, aquela a que todos nós sem exceção voltaremos um dia, uns mais cedo outros mais tarde, mas, com certeza, todos iremos, e nesse dia nos encontraremos com nossos afetos que nos antecederam.

– Mas o que faço com a saudade que me mata?

– Cidinha, saudade é o amor que fica. Se você ama sua filha, faça por ela o que sempre fez enquanto ela estava aqui na Terra. Envie vibrações de amor, de calma, de saudade e de desejo no seu progresso espiritual; permita que ela encontre o caminho da evolução junto aos bons espíritos socorristas. Continuar nesse estado de apatia, sem lutar para se reerguer, é duvidar da misericórdia divina, é não ter fé, é se entregar à autocompaixão que irá levá-la, sem dúvida, a sofrimento maior.

– Mas eu queria minha filha aqui conosco!

– Cidinha, ela não vai estar da maneira que você quer, mas poderá estar se você permitir que ela evolua espiritualmente e possa, no momento adequado, quando seus maiores acharem por bem, ajudá–los. O momento agora para Vitória é de adaptação nessa nova vida; se vocês a amam, ajudem-na nesse momento difícil para o espírito.

– Mas posso chorar?

– Claro, mas que sejam lágrimas de saudade e amor, nunca de desespero ou de revolta; nunca indo contra a vontade do Criador, que conhece a todos nós tão bem como somos na verdade e de que precisamos para evoluir e alcançar o céu. Agir assim é dar testemunho de fé e confiança Naquele que nos criou; é encontrar a paz e a força para prosseguir até que Deus considere que é hora de partirmos.

Jonas ouvia as palavras de Eulália com a maior atenção, seus olhos marejados traziam à tona o sofrimento pela perda de sua querida filha.

– Obrigada, dona Eulália, suas palavras calaram bem fundo em meu coração, sou imensamente grato por ter vindo até nós para nos orientar nessa enxurrada de emoções.

– O que ainda posso fazer é repetir o que disse outras vezes: o sofrimento com Jesus é sofrimento equilibrado, porque somos amparados pela energia mais pura e o amor mais sublime, e quem crê no Mestre não se entrega ao desespero e nem duvida da justiça de Deus; não se julga vítima porque tem consciência de que, se houvesse vítimas, Deus agiria com parcialidade e Deus ama todas as suas criaturas com o mesmo amor puro e imparcial; sendo assim, permitam que esse amor purifique seus corações, trazendo-lhes conforto e a certeza de que tudo passa, menos o amor de Deus, e ele é suficiente, e isso não me canso de dizer: o sofrimento de agora será minimizado, a saudade ficará porque, como já disse, não se esquece do amor, mas a seu tempo a vida retomará o caminho que vocês precisam percorrer, porque é assim que Deus quer que aconteça.

Jonas e Cidinha, sentindo-se mais reconfortados, abraçaram a amiga, dizendo:

– Obrigada, amiga, não esqueceremos as sábias palavras que nos disse. Vamos nos esforçar para retomarmos nossa vida como deve ser, Vitória ficará para sempre presente em nossos corações saudosos e agradecidos a Deus por ter permitido que nossa filha convivesse conosco por todos esses anos.

– Um dia todos se reunirão no reino de Deus – disse-lhes Eulália se despedindo.

– Sempre que precisarem, podem me chamar que virei com muito gosto.

– Como está se sentindo, querida? – perguntou Jonas a sua esposa logo que Eulália saiu.

– Posso dizer que sinto paz, Jonas, se Deus me ajudar vou seguir os conselhos da nossa amiga; acho que vou conseguir, só preciso de tempo para, aos poucos, assimilar tudo o que ouvi hoje aqui.

– Eu também estou me sentindo em paz. Ela tem razão, Cidinha,

Vitória agora irá viver em nossa lembrança e no amor que sentimos por ela, o tempo irá acalmar nossa dor.

Abraçaram-se, deixando que os sentimentos dos dois se misturassem fortalecendo um ao outro.

Vamos reproduzir um trecho do livro *Falando de amor*, do mesmo autor espiritual, com a finalidade de levar um bálsamo a todas as pessoas que se separaram de seus entes queridos, mostrando-lhes que a vida não se extingue com a morte do corpo, porque quando a vida do corpo acaba a da alma continua.

> Nascer...
>
> Ao nascermos no mundo físico nos incorporamos à vestimenta de carne, ao corpo de matéria densa e, esquecidos temporariamente da nossa condição de espíritos, nos integramos à vida física, que para nós é um novo ponto de partida, onde damos vazão aos impulsos, desejos e prazeres que o corpo material nos proporciona, vivendo muitas vezes alheios a nossa essência, afastados da verdade e na ilusão de que devemos aproveitar a vida através dos prazeres efêmeros, ou porque somos jovens, ou porque já não temos muito tempo devido à nossa idade.

Quando de repente esta vida é cortada, separando-nos de entes amados, o desespero toma conta de nosso ser, de nosso coração, e não conseguimos encontrar saída para nossas tristezas, porque acreditamos firmemente que aquele ser que amamos tanto está morto para sempre; aquele filho de Deus, criado a sua imagem e semelhança, não existe mais.

Engano, meus irmãos, puro engano.

A vida não termina quando nosso corpo desce à sepultura, da mesma maneira que vestimos esse corpo físico quando nascemos para este mundo, é necessário deixá-lo quando retornarmos à Pátria Espiritual; ele nos foi útil durante a permanência neste mundo terreno; ao morrermos aqui, nascemos com o nosso corpo espiritual e fluídico e com a certeza de que a morte não existe, é ilusão; o que acontece é uma mudança de dimensão, uma grande viagem de volta à nossa verdadeira casa, onde chegamos como somos, a mesma personalidade, o mesmo gosto, os mesmos sentimentos e a mesma necessidade de sermos amparados como quando chegamos neste mundo e somos colocados nos braços de nossa mãe.

Devemos nos habituar a não censurar o que ainda não podemos compreender; a justiça divina está em todas as circunstâncias e aquele que parte é porque cumpriu a sua missão, enquanto os que ficam muitas vezes nem começaram. Por esta razão necessário se faz aceitar a partida sem querermos medir a justiça de Deus pelo valor da nossa justiça, assim conseguiremos ter no coração a certeza que nossos mortos... Vivem, amam, sentem saudades e esperam como nós o dia do reencontro.

Se enviarmos pensamentos de alegria e saudade equilibrada, eles são felizes; se de revolta e desespero, sentem-se aflitos porque percebem em nós a falta de fé e a não aceitação da vontade de Deus, e isso os coloca em sofrimento.

Devemos pedir a Deus que os abençoe, assim sentiremos dentro de nós a consolação poderosa que seca as lágrimas e acalma o coração.

Deus é amor e paz, é harmonia e misericórdia, é a energia que aquece nossos corações quando permitimos sua entrada; este é o Pai que nos espera, é na casa desse Pai que nossos "mortos" vivem e é para este mundo que também iremos se deixarmos a fé e o amor residirem em nosso coração, permitindo-nos fazer parte da grande família universal... A família de Deus.

Quando conseguimos enxergar o ser humano como matéria e espírito, não teremos mais medo da morte porque saberemos que o espírito continua vivo e vibrante, auxiliando-nos na continuação de nossa experiência na Terra e vibrando para que tenhamos êxito.

"Credes no Espírito porque sois como vosso Pai que está no céu."

Palavras de Jesus aos seus apóstolos; negar a espiritualidade é negar o próprio Deus; aceitá-la, vivê-la com harmonia e sabedoria é estar próximo do Espírito de Deus.

Capítulo XXVIII

Do outro lado

Vitória acordou sentindo-se atordoada. Tudo lhe parecia estranho, nublado, não conseguia saber o que tinha acontecido ou onde estava; olhava para os lados e por mais que tentasse não via seus pais, ou o médico. Seus pensamentos se embaralhavam em sua mente, trazendo mais angústia e ansiedade.

"O que aconteceu comigo?", – perguntava-se, "para onde me trouxeram, porque me tiraram da UTI se eu preciso ainda de tratamento, por que meus pais permitiram que me transportassem para esse lugar?"

Olhava-se e via seu corpo ainda com as marcas dos procedimentos hospitalares. Quis, mas não conseguiu tocá-lo, tentou levantar-se mas foi em vão.

"Meu Deus, o que fizeram comigo, vão deixar que eu morra sem nenhuma atenção, nenhum remédio, o que está acontecendo? Vou chamar por meus pais, eles não devem estar sabendo desse absurdo que estão fazendo comigo, assim que sair daqui vou exigir reparação por tudo que estou passando!"

Tentou gritar usando as poucas forças de seu espírito debilitado, mas percebeu que tudo era em vão.

"Já sei", pensou, "deve ter sido Fausto e Inês que permitiram esse absurdo, mas quando sair daqui eles terão que explicar direitinho, não é justo o que estão fazendo comigo, afinal eu não os importunei mais."

Novamente gritou, chamando pelos pais com todas as forças que encontrou, mas não obteve resposta. Sem entender o abandono em que se encontrava, desesperada e exausta caiu novamente no sono profundo. Pouco conhecimento possuía da vida espiritual, e em vista disso pensava somente na matéria, sem saber que o espírito, quanto mais estiver identificado com a matéria, mais sofrerá para separar-se dela; para aquele cuja consciência não está pura, a passagem para o plano espiritual é cheia de ansiedades e angústias.

Hortência e Tomás observavam o sofrimento de Vitória e se condoíam em ver o quanto ela ainda trazia em si o resquício de seu orgulho, causador de todos os seus enganos e atitudes levianas durante sua estada no plano físico.

– Quanto tempo ela ficará assim nesse sofrimento, Hortência? – perguntou Tomás.

– Ela é que irá decidir, Tomás, por enquanto ela pensa que é uma vitima, julga estar sendo abandonada por todos, traz em sua mente o desejo de exigir reparação daqueles que pensa serem os culpados por esse estado em que se encontra. Ela terá que sentir a vontade real de ser ajudada, clamar por auxílio divino, pensar em Jesus e esquecer as acusações contra aqueles que julga que a prejudicaram. Ninguém fica sem socorro, Tomás, mas o livre-arbítrio é e será sempre respeitado. Quando Vitória cansar e se entregar ao amor de Deus, iremos resgatá-la e trazê-la para o Hospital de recuperação, para que receba os socorros necessários, mas isso só acontecerá quando ela mesma solicitar, com vontade sincera.

– Volto a perguntar por que Vitória, que foi tão preparada para a reencarnação, deixou-se levar novamente pelo orgulho e pela prepotência, Hortência. Isso confunde um pouco meu entendimento, estive sempre presente em seu preparo, considerei que estava de verdade apta para sua volta e que teria sucesso, mas foi em vão.

– Porque seu orgulho e sua prepotência estavam ainda enraizados, enrustidos em seu ser. Na primeira oportunidade afloraram; foi traçado um caminho para ela seguir. Deus supre a inexperiência, mas deixa a liberdade de escolha pelo livre-arbítrio que se desenvolve e é aí que, muitas vezes, o homem se extravia por não ouvir os conselhos dos bons espíritos. É a isso que se pode chamar a queda do homem.

– Tem razão, Vitória foi alertada por nós várias vezes em seu estado sonambúlico, mas de nada adiantou.

– Não foi de todo em vão, Tomás, ela conseguiu reagir, modificou sua atitude, tentou ser amiga, desistiu de tramar situações para separar Inês e Fausto, sufocou seu amor por ele, amor esse que existe há três encarnações, mas sempre com final desastroso. Isso conta a seu favor.

– Então é preciso esperar.

– Sim, mas nessa espera podemos enviar energia salutar para esse espírito que sofre as consequências de seus atos levianos e inconsequentes; é como disse Jesus: "Pagarás até o último ceitil".

Vitória não tinha a mínima percepção do tempo que estava naquela situação de sofrimento. Mantinha a ideia de ter sido enganada e iludia-se no pensamento de que, assim que pudesse, iria tomar satisfações com Fausto e Inês, acreditando serem eles os responsáveis por sua saída do hospital.

"Preciso apenas encontrar o caminho de volta", pensava, "o resto será fácil, só não posso ficar aqui por muito tempo, não é justo."

Hortência e Tomás preocupavam-se com o estado mental de Vitória, aproximavam-se de seu espírito e cobriam-no de energia salutar, confiando que em algum momento ela pudesse despertar para a nova realidade.

– O homem precisa dar atenção de maneira mais precisa às coisas da Espiritualidade, Tomás, só assim se protegerá do malefício do orgulho, que o faz acreditar ser mais do que na verdade é, e do egoísmo, que o faz pensar somente em si mesmo, só ver e ouvir o que lhe convém, tornando-se cego e surdo aos apelos do bem e da generosidade.

– Tem razão – concordou Tomás. – Luta-se tanto para adquirir bens que jamais poderão trazer para esse reino do Senhor e se esquecem do essencial, das aquisições que os acompanham na grande viagem do retorno.

– Estão todos surdos, estão todos cegos, estão todos se distanciando de Deus, Tomás, e se perdendo na ilusão vã de ter encontrado a felicidade; acreditam que a morte é o fim de tudo, que tudo se acaba no túmulo. Grande engano, a morte nada mais é do que o fim de uma existência e o início de outra, real, tão real que não tem fim... É eterna.

Mais um tempo se passou.

Vitória, andando de um lado para outro, tentava desesperadamente encontrar o caminho que a levaria de volta ao lar terreno. Cansada, lembrou-se dos conselhos de sua mãe, quando dizia que nos momentos mais difíceis de nossa vida, quando todos parecem ter se esquecido de nós, quando nosso coração está vazio de emoções e certezas, sempre restarão duas palavras que possuem o poder de nos acolher e nos aconchegar no amor: Meu Deus.

E foi nesse instante que às lágrimas e movida por forte emoção, balbuciou timidamente: "Meu Deus, me acolhe, não quero mais sofrer, quero a paz de seu amor e de seu perdão".

Nesse instante, uma forte luz azul iluminou o recinto onde Vitória se encontrava e apareceram Hortência e Tomás, acompanhados por dois espíritos socorristas.

– Estamos aqui, Vitória, viemos buscá-la para a glória do Senhor.

Vitória, enfraquecida, se entregou sem resistência aos bons espíritos. Cansada, foi colocada em uma maca, na qual recebeu os fluidos benéficos emitidos por Hortência e, em seguida, adormeceu.

Foi encaminhada para o Hospital de Recuperação Maria de Nazaré, colocada em uma cama limpa e perfumada e, embalada pela doce Ave-Maria, continuou adormecida.

– Até quando ela irá dormir? – perguntou Tomás.

– Até quando acordar por si mesma, Tomás. Ela precisa do sono reparador; enquanto dorme, seu espírito descansa de toda a tensão dos últimos tempos; nesse momento, o repouso é o melhor remédio.

O orgulho é o terrível adversário da humildade. Se o Cristo prometia o reino dos céus aos mais pobres, foi porque os grandes da Terra imaginam que os títulos e as riquezas são recompensas dadas a seu mérito, e que sua essência é mais pura que a do pobre; eles creem que lhes são devidos, e, por isso, quando Deus lhos retira, acusam-no de injustiça. Tudo o que Deus fez é grande e sábio; não lhe atribuais jamais às ideias que nascem nos vossos cérebros orgulhosos.

(*O Evangelho Segundo o Espiritismo*, Cap. VII)

Cinco dias após ter sido acolhida no hospital, Vitória acordou. Ainda confusa, não se dava conta do lugar onde estava; olhava tudo a sua volta e, percebendo ser um hospital, logo imaginou que finalmente encontrava-se de novo junto a sua família.

– Ainda bem que me acharam e me trouxeram de volta, logo meus pais vão estar aqui, graças a Deus estou de volta e finalmente posso perguntar a Inês e Fausto porque me transferiram para aquele lugar estranho.

Ainda debilitada, voltou a dormir.

Acordou com a voz suave de Hortência chamando-a.

– Vitória, como está se sentindo?

Vitória abriu os olhos e estranhou a presença de Hortência.

– Você é enfermeira, é nova aqui?

– Não sou enfermeira nem sou nova aqui – respondeu Hortência.

– Então o que quer de mim, eu piorei, é isso?

–Não, Vitória, você melhorou. Não se sente mais leve, mais disposta?

– Sinto e isso quer dizer que vou ter alta, vou poder voltar para minha casa?

– Você já está em sua casa, minha irmã.

– Como assim, não reconheço este lugar, nunca estive aqui antes.

– Você está na casa de Maria de Nazaré, no reino de Deus.

– Você está me confundindo, qual é seu nome?

– Hortência!

– Olhando bem, você não me parece estranha, estou tendo a sensação de que já vi você em alguma situação.

– Nós já nos falamos durante seu sono.

– Quando eu estava dormindo? Isso não é possível, você deve estar enganada!

– Vitória, olhe bem para você, consegue notar que alguma coisa em você está diferente?

Vitória, impressionada e receosa, começou a pesquisar seu corpo, olhava suas mãos, mas via-se como sempre. Vendo-se sem nenhuma diferença; olhou para Hortência e falou:

– Não sinto nada de diferente, estou como sempre estive, a única diferença é que me sinto bem, sem as dores da doença e pronta para voltar para casa.

Com cuidado e muito carinho, Hortência disse-lhe.

– Tente apalpar seu corpo e veja se sente alguma diferença.

Vitória assim fez e, ao perceber que não conseguia se tocar, se apavorou.

– O que é isso, o que você fez comigo?

– Vitória, pense em Jesus e agradeça ao Divino Amigo a bênção de estar aqui, sendo amparada e cuidada com todo o amor; você voltou para casa, não a sua casa terrena, mas a casa de Deus.

Vitória se desequilibrou, no que foi prontamente atendida por Hortência, que emitindo energia salutar restaurou seu equilíbrio.

– Você está querendo me dizer que eu... morri?

– Ninguém morre, Vitória, e você está tendo a prova disso, está pensando, se comunicando, enfim, seu corpo ficou na Terra, mas você está aqui de volta a sua verdadeira pátria.

– Mas então eu estou mesmo morta?

– Para os que ficaram na Terra, sim, seu corpo de matéria não existe mais, mas você continua viva porque o espírito não morre, é eterno; agora é o momento de recomeçar, retomar seu aprendizado de evolução e se preparar novamente, se fortalecer para quando Nosso Pai achar que é útil voltar para nova experiência na Terra.

Vitória chorou ao pensar em seus pais.

– Como eles estão?

– No início foi muito difícil para eles aceitarem, sofreram muito, mas agora estão bem, compreenderam os desígnios de Deus e aceitaram a vontade do Criador.

– Mas em tão pouco tempo?

– Vitória, faz seis anos que você retornou, nesse tempo eles conseguiram se reerguer, apesar da saudade que sentem de você, e vivem felizes com Inês, Fausto e a netinha que eles lhes deram.

– Netinha?

– Sim, Júlia, uma linda garotinha que conta hoje três anos de idade e que é a luz dos corações dos avós.

– Eu não me lembro de ter estado todo esse tempo morta, por que não me lembro?

– Porque ficou durante todo esse tempo prisioneira de si mesma nos pensamentos poluídos que a impediam de enxergar além de sua perturbação; quando finalmente teve lucidez e clamou com sinceridade, pedindo auxílio, nós fomos buscá-la; mas agora, minha irmã, não pense mais nisso e sim na grande bênção que Nosso Pai lhe concedeu, agora só depende de você seguir a luz ou retornar à escuridão.

– Eu quero a luz! – exclamou Vitória, com sinceridade.

– Você a terá; agora descanse o mais que puder, mais tarde virei vê-la novamente; os responsáveis pelo hospital cuidarão de você, confie neles e não se esqueça de trazer Jesus para perto de você; Jesus é o farol, a luz.

Confiante nas palavras de Hortência, Vitória novamente se entregou ao sono reparador. Tomás, que acompanhava Hortência, indagou ao querido espírito.

– Essa irmãzinha aceitou sua nova condição de maneira tranquila. Por que isso aconteceu, enquanto tantos lutam e insistem em não aceitar que deixaram o mundo terreno?

– Tomás, Vitória não tinha enraizado em seu espírito a maldade, foi leviana sim, inconsequente muitas vezes, equivocou-se outras tantas ao tentar trazer para si o que já não fazia mais parte de sua história, ou seja, o amor de Fausto, deixou-se levar por uma paixão descontrolada e obsessiva por ele, mas, felizmente, conservou em seu íntimo o aprendizado do bem; em muitas ocasiões questionou a si mesma, mas não teve forças para vencer, foi vítima de seu orgulho e prepotência, pela terceira encarnação consecutiva encontrou-se com Fausto e por conta da grande afeição que sente por esse espírito caiu no mesmo engano; sofreu nas zonas infelizes por seis anos até que a luz se fez em seu espírito, acordando-o para a necessidade de procurar o amor real: Jesus. Sua aceitação foi uma consequência de sua vontade sincera, compreendeu que não mais faz parte do mundo físico e não lutou contra isso, não sustentou teimosamente que não morreu; ao contrário, aceitou as explicações e foi isso que fez a diferença, abrindo-lhe as portas da luz.

– Que seja para ela o início de sua evolução – desejou-lhe Tomás.

– Será – confirmou Hortência –, tudo depende de nós mesmos, Tomás, do esforço que empregamos para anular os efeitos dos sentimentos menores que aniquilam com a alma humana e que plantam a semente da dor no momento do retorno.

– Retorno este que chega para todos!

– Sim, para todos: ricos ou pobres, bons ou maus, nenhum ser escapará da prestação de contas com as leis divinas. Para o homem de bem, o retorno nada tem de penoso, é calmo, é um despertar tranquilo; mas para aquele que foi refém do mal, é cheio de angústia e sofrimento.

Vitória, amparada e confiante, iniciou seu caminho de evolução.

> Durante a vida, o Espírito está ligado ao corpo pelo seu envoltório material ou perispirito; a morte é apenas a destruição do corpo, e não desse envoltório, que se separa do corpo quando cessa a vida orgânica. Quanto mais o espírito estiver identificado com a matéria, mais sofrerá para separar-se dela. A atividade intelectual e moral e a elevação dos pensamentos operam um começo de desprendimento, mesmo durante a vida corpórea, e quando a morte chega é quase instantânea.
>
> (*O Livro dos Espíritos* – Pergunta 55 A)

Capítulo XXIX

Aprendizado

Vitória, por meio do tratamento recebido no Hospital de Recuperação, foi se equilibrando e já obtivera permissão para frequentar as palestras, se ocupar com pequenos trabalhos, enfim, iniciara uma rotina de auxílio aos que, como ela, chegavam ao hospital fragilizados e necessitando de cuidados especiais.

Entregava-se com devoção à tarefa recebida; em alguns momentos, lembrava-se de seus pais com saudade e a vontade de revê-los machucava seu espírito.

– Como será que eles estão? – perguntava-se. – Hortência sempre diz que estão bem, que vivem felizes ao lado de Inês e Fausto, que lhes deram André para, junto de Júlia, formar o casal de netos que Cidinha e Jonas tanto amavam.

– Posso saber em que pensa, Vitória? – Ouviu a voz de Hortência.

– Pensava em minha família, sinto muito desejo de revê-los. Você acha que consigo permissão para ir até a crosta rever minha família terrena?

– Penso que consegue sim, Vitória, se você estiver preparada para rever Fausto sem se deixar envolver por pensamentos que possam desequilibrá-la, por que se isso acontecer causará grande prejuízo em seu espírito.

– Quanto a isso, penso que não irá mais acontecer Hortência, sinto-me fortalecida. Nesse tempo de aprendizado fui compreendendo o quanto estava equivocada em insistir numa ligação que não mais fazia parte da minha história; hoje tenho consciência de que os laços que nos uniam se romperam por minha leviandade, sei que o caminho de Fausto, agora, é o mesmo de Inês, e quero realmente que sejam felizes, na Terra e também aqui, quando retornarem.

Hortência sentiu sinceridade nas palavras de Vitória.

– Você finalmente entendeu, minha irmã, que nada se constrói baseado no orgulho, na possessão, no egoísmo de exigir que tudo seja da maneira que queremos; você e Fausto se encontram há várias encarnações, a afeição dele por você sempre foi sincera, mas você, apesar de também amá-lo, nunca conseguiu viver esse amor de maneira equilibrada, respeitando o livre-arbítrio de Fausto, dando a esse sentimento a dimensão natural e própria a uma relação construída no respeito, na admiração e, principalmente, na confiança.

Vitória, timidamente, respondeu:

– Tem razão, mas eu sempre tive medo de perdê-lo!

– E acabou perdendo, Vitória, por culpa própria. Nessa última encarnação você armou situações, não foi leal, brincou com os sentimentos dele, quis impedir, de uma maneira inconsequente e absolutamente leviana, que ele assumisse outro caminho, ao qual você mesma o levou, tentando separá-lo de Inês, que espera essa união há vários anos, recolhida no próprio sentimento, sem tentar cruzar seu caminho com ele; eles vão ficar juntos sim, Vitória, finalmente se encontraram, e o amor que os une os ligará pela eternidade.

Hortência percebeu a angústia que invadiu o espírito de Vitória ao ouvir essas palavras.

"Ela está sendo sincera", pensou, "mas não consegue ainda se desligar totalmente de Fausto, embora pense o contrário; minhas palavras causaram angústia e isso demonstra que ainda tem um grande caminho a percorrer até se libertar de verdade."

Querendo ajudá-la, orou ao Senhor:

"Senhor, olhai por essa irmã, que embora pense haver solucionado sua questão com nosso irmão Fausto ainda sente um laço forte que a leva até ele. Dê-nos condições de ajudá-la a retirar de seu espírito essa raiz poderosa e perniciosa do sentimento de posse, do orgulho que sempre foi o empecilho para seu progresso espiritual, que seu entendimento a leve ao bom senso, à verdade e à humildade de saber que tudo está inserido nas leis de justiça divina e não na nossa lei; recebemos de Vós, Senhor todos os ingredientes necessários para promovermos nossa evolução; nem sempre são os que queremos, mas sempre os de que necessitamos para que o progresso se faça."

Emitiu energia salutar, o que fez que Vitória se acalmasse e, sentida, dissesse:

– Ajude-me, em nome do Senhor!

– Jesus a ajudará, Vitória, desde que O aceite! Depende somente de você, de seus próprios esforços abreviar essa angústia, essa ansiedade, destruindo em si mesma as causas do mal que a levaram a cometer enganos durante tanto tempo em relação a seus sentimentos; a afeição levou você a se reunir a Fausto, mas seu orgulho impetuoso, sua arrogância em querer dominar a situação, sem se importar com os sentimentos dele, quebraram a afeição sincera que existia no coração desse irmão.

– O que posso fazer, Hortência, para me proteger de mim mesma?

– Orar, procurar o conhecimento, olhar para seu próximo e dar a ele tudo o que gostaria de receber, enfim, fazer o bem, Vitória, sem exigir ou esperar nada em troca; Jesus assim nos ensinou; fazer o bem, minha irmã, é o caminho seguro da felicidade que perdura; e fazer o bem é ter em si o sentimento do amor que transforma o homem em verdadeira criatura de Deus.

Vitória, emocionada, agradeceu o auxílio de Hortência, que carinhosamente mostrava-lhe que para tudo existe solução, desde que o coração esteja aberto para a claridade divina; as provas ou aflições de hoje serão com certeza o sucesso de amanhã, a partir do instante em que aceitamos com resignação a vontade de nosso Pai que está no céu e lutamos bravamente para extirpar de nós os sentimentos mesquinhos que nos levam à derrota.

A partir desse momento, Vitória se entregou com afinco ao estudo, frequentava com assiduidade as palestras de Madre Teresa e se dedicava feliz ao trabalho de atendimento aos irmãos recém-chegados da Terra.

"Quando encarnada, não podia imaginar a vida pulsante que existe no reino de Deus", pensava, "em vez de os encarnados dizerem para aqueles que retornam 'descansem em paz' deveriam dizer 'trabalhem com ânimo, com alegria, sejam tarefeiros em nome de Jesus, auxiliando os que sofrem, os que se encontram perdidos em si mesmos; para aqueles que não conseguem enxergar a luz, sejam o farol a iluminar o caminho de Deus, procurem sua evolução, aceitando a vontade do Pai e se elevando através da consciência espiritual, e sentirão em si mesmos a vida pulsando fortemente.'"

– Posso saber em que está pensando, Vitória? – perguntou Tomás, que chegava trazendo para Vitória uma solicitação de Hortência para que fosse assistir à palestra que Madre Teresa iria ministrar no auditório do hospital.

– Às vezes, me entrego a minhas considerações, Tomás, tenho muitas dúvidas sobre muitas coisas, tudo aqui causa em mim admiração e surpresa; tenho lances de memória que me fazem crer já haver passado por algumas situações atuais, mas ao mesmo tempo volta-me a confusão. Por que será que acontece isso?

– São lembranças de sua existência anterior, ou então de sua estada na Espiritualidade, enquanto se preparava para nova encarnação. Tudo fica gravado em nossa memória espiritual, Vitória. Aos poucos as confusões vão se dissipando, tudo vai ficando mais claro e tomamos posse de nós mesmos.

– Mas o que veio me falar?

– Hortência pediu que fosse assistir à palestra de Madre Teresa, será muito esclarecedora e lhe fará um grande bem.

– Claro que irei, é por meio dessas palestras que estou conseguindo me acalmar, entender as palavras de Jesus e aceitar a separação de meus pais sem ainda tê-los visto no mundo terreno desde que cheguei aqui; faz-me muito bem esse momento de aprendizado.

Os dois espíritos seguiram até o auditório, onde, em prece, aguardaram a presença de Madre Teresa, que passados poucos instantes entrou no recinto oferecendo a todos seu belo e cativante sorriso.

Todos permaneceram em silêncio, tocados pela suavidade da música que enchia o recinto de energia salutar. Madre Teresa iniciou sua palestra.

– Meus queridos irmãos em Cristo, hoje vamos falar de um sentimento maior, o único que nos aproxima verdadeiramente do Nosso Pai quando fortalecido em nossos corações: o Amor.

O amor é uma força gigantesca que se renova sem cessar, enriquecendo ao mesmo tempo aquele que dá e aquele que recebe.

É por intermédio do amor que atraímos as vibrações benfazejas, positivas que fortalecem o nosso ser. Todos sabem que a vida aqui ou na Terra é um buscar constante, é a luta incessante contra sentimentos mesquinhos e pequenos que corroem a alma, mas sairemos vencedores dessa batalha se abrirmos nossos olhos para a luz, nosso coração para o amor e nossos braços para o semelhante.

Todo irmão que deseja progredir, trabalhar na obra da solidariedade universal, recebe de Jesus uma missão apropriada a suas aptidões e a seu grau de adiantamento espiritual. O importante é não se esquecer e desviar do caminho do bem, da verdade e do amor.

Encontrar obstáculos durante o percurso é natural, todos nós já encontramos ou encontraremos, mas não devemos nos afastar de Deus; seguir Jesus é se aproximar do Pai. Os impecilhos encontrados pelo caminho devem nos ajudar e nos fazer crescer e fortalecer; se falharmos Deus não nos condena; Ele, como um Pai amoroso e justo, nos dá sempre a oportunidade maravilhosa do recomeço, do resgate, de poder fazer novamente aquilo em que falhamos, e isso se dá por meio da reencarnação, que é o retorno à vida física.

Quanto mais nos despojarmos das vaidades terrenas, mais ficaremos prontos para amar verdadeiramente, e quanto mais amarmos verdadeiramente mais facilmente iremos nos sintonizar com a magia do amor e da fraternidade por meio da presença de Deus entre nós.

Vitória absorvia cada palavra dita por Madre Teresa, e lembranças povoavam sua mente.

"Quantas vezes agi de maneira inconsequente, dizendo que agia em nome do amor", pensava. "Como me enganei, como fui leviana. Só agora liberta do fardo carnal posso ver com clareza o quanto prejudiquei as pessoas que amava... Realmente não sabia o que é o amor de verdade."

Madre Teresa continuou.

– Vamos orar ao Pai, meus irmãos – convidou a todos.

"Senhor, diante de tanta beleza que é o vosso reino, sentimos nosso espírito encher-se de alegria e gratidão; poder sentir a vossa grandeza, a vossa perfeição, é gozar da felicidade suprema de existir. Que possamos ver, sentir e agradecer a oportunidade que nos dá de promovermos nosso progresso espiritual; que saibamos compreender a vossa justiça; na esperança, na fé e no amor ao próximo, para que todos juntos possamos cantar Glória ao Senhor, na felicidade que sentimos de sermos vossas criaturas e sentirmos em nós vosso manto protetor. Assim seja!".

Assim que Madre Teresa se retirou, as luzes se apagaram. Todos os presentes saíram, levando a emoção em seus espíritos e agradecidos por terem sido mais uma vez beneficiados pelo amor de Deus. Vitória, aproximando-se de Hortência, perguntou:

– Gostaria de perguntar-lhe se existe possibilidade de conseguir permissão para visitar meus pais no orbe terreno. Estou desencarnada há alguns anos e ainda não pude vê-los, sinto muita saudade. Isso é possível?

– Eles estão bem, Vitória – respondeu Hortência –, vivem de maneira tranquila ao lado de Inês, Fausto e os dois netinhos.

– Eles ainda se lembram de mim?

– Claro que sim, Vitória, e sentem muita saudade de você. Frequentam com assiduidade a casa espírita, absorvem os ensinamentos e levam uma vida tranquila. Eu vou levar você para falar com nosso irmão Jeremias, que é o responsável, creio que sua solicitação poderá ter êxito, sim.

Vitória alegrou-se.

– Quando poderemos ir, Hortência?

– Agora mesmo, se quiser.

– Quero, quero muito, por favor, vamos.

Os dois espíritos seguiram em direção ao Departamento que emitia autorização para a visita aos lares terrenos. Vitória controlava a excitação que experimentava por saber que poderia rever seus pais. Jeremias recebeu-a com cordialidade e interesse.

– Então deseja voltar ao seu antigo lar terreno, irmã? Sente-se preparada para enfrentar a presença de Fausto?

– Sim, irmão Jeremias, as orientações recebidas, as palestras de Madre Teresa, que frequento com assiduidade, e o tempo em que me encontro na Espiritualidade deram-me consciência dos enganos que cometi durante minha estada na Terra; não quero repetir as mesmas atitudes levianas, sei que Fausto não faz mais parte de minha história, hoje busco minha evolução, meu progresso espiritual, desejo apenas ver meus pais terrenos com os olhos de gratidão por tudo o que tentaram me ensinar e que a minha impulsividade me impediu de aprender. Não terei nenhuma reação que possa influenciar a vida de cada um deles, creia em mim, Irmão Jeremias.

– Estou certo disso, Vitória; os espíritos da luz não brincam com aqueles que ainda estão no mundo físico, sua interferência inspiradora é sempre para o bem e para o equilíbrio.

– Assim será, eu lhe prometo – disse-lhe Vitória. – Sou grata a Jesus pela bênção recebida.

Sorrindo, Jeremias disse-lhe:

– Está autorizada, Vitória, mas irá acompanhada por Hortência e Tomás. Mantenha-se em sintonia com nosso Mestre e tudo sairá a contento para ambos os lados.

– Obrigada – respondeu Vitória, com emoção. – Iremos no momento que Hortência julgar favorável.

Saiu acompanhada de Hortência, levando em seu íntimo a sensação do amparo divino, e em silêncio orou.

"Obrigada, meu Pai, por permitir que eu vivesse a alegria de poder rever meus pais, Inês e Fausto e conhecer os dois netinhos que fazem a alegria de meus pais."

– Como se sente, Vitória? – perguntou Hortência.

– Feliz, minha amiga, devo-lhe muito por tudo o que tem feito por mim.

– Não deve nada a mim, mas deve agradecer a Jesus, nosso amigo divino, que tudo faz para que todos alcancem a semente da felicidade através do próprio esforço.

– Como diz Madre Teresa, aprendendo a amar! – exclamou Vitória.

– Sim, as nossas idas e vindas da Terra para a Espiritualidade e vice-versa, por meio da reencarnação, têm por objetivo promover a evolução de cada um; mas é preciso entender que ninguém vai à Terra para aprender a ser amado, Vitória, mas sim aprender a amar o semelhante, o que para muitos se torna difícil, por insistirem em permanecer no egoísmo de si mesmo, no orgulho de se achar superior e melhor do que aquele que também tem direito à grande casa de Deus, vivendo na inconsequência das mentes poluídas.

Vitória sentiu-se tocada pelas palavras de Hortência; percebeu que fizera parte desse mundo de imprudentes, mas graças à benevolência de Jesus fora conduzida para o aprendizado do bem.

– Hortência – disse-lhe –, como me envergonho por haver cometido tantos desatinos, forjar situações sem me importar com o sofrimento que deixava para trás; como pude ser tão imprudente, egoísta e prepotente em me achar merecedora de tudo o que desejava.

– O importante, Vitória, é que você acordou, se arrependeu e procura seu progresso; aceitou que errou e, através dessa aceitação, está conseguindo extirpar do seu espírito o ranço da leviandade, da inconsequência, buscando sua evolução espiritual.

– Tudo isso fica no passado, Hortência?

– Até certo ponto, Vitória. Só apagamos definitivamente quando quitamos nossas dívidas com a lei, é preciso fazer o caminho de volta, passar pelas mesmas situações ou situações similares para que o aprendizado se faça.

– Como se faz isso?

– Como já foi explicado, Vitória, através da reencarnação, que é a oportunidade dada pelo Criador de renovarmos a nós mesmos, mudar a rota de nossa existência e caminhar com passos seguros para a evolução por conta do entendimento das leis de Deus e de seu cumprimento. A finalidade da reencarnação, Vitória, é a expiação, o melhoramento progressivo do espírito, é recomeçar com mais equilíbrio para atingir um novo degrau na rota da evolução.

Todos os Espíritos tendem à perfeição e Deus lhes proporciona os meios de consegui-la com as provas da vida corpórea. Mas, na sua justiça, permite-lhes realizar em novas existências aquilo que não puderam fazer ou acabar numa primeira prova. A única que pode explicar nosso futuro e fundamentar as nossas esperanças, pois oferece-nos o meio de resgatarmos os nossos erros através de novas provas. (*O Livro dos Espíritos* – Pergunta 171)

Capítulo XXX

Oportunidade bendita

Vitória mal podia esperar o momento de rever seus pais terrenos; sentia saudade daqueles que deixara na Terra e agradecia ao Senhor a permissão para descer ao orbe terrestre.

"Como será que eles estão?", perguntava-se. "Alguns anos se passaram e tudo deve estar diferente... Esperei tanto por esse momento..."

– Vim buscá-la, Vitória – ouviu a voz de Hortência chamando-a. – Agora é o momento.

– Graças ao Senhor! – exclamou Vitória. – Vamos, estou pronta.

Seguiu Hortência e Tomás. No caminho, orava pedindo a Jesus que a amparasse. Parada em frente à entrada de seu antigo lar, Vitória olhava emocionada a casa onde vivera na Terra, onde passara dias felizes, mas também onde cometera os desatinos que tão caro lhe custaram. Tudo parecia voltar a sua mente. Hortência, percebendo a emoção que começava a tomar conta de Vitória, alertou-a para que mantivesse seu equilíbrio, permanecendo com o pensamento em Jesus, encontrando força no Divino Mestre e, assim, Vitória, por meio da confiança e da certeza do amparo que recebia do Mais Alto, entrou com segurança no recinto.

A casa pareceu-lhe igual ao passado, salvo algumas modificações por conta de Inês e Fausto, com os filhos, residirem com os pais. Perceberam o som de vozes e dirigiram-se ao local. Cidinha e Jonas conversavam com Inês.

– Ficamos contentes com a ascensão de Fausto – dizia Jonas. – Ele merece, é dedicado e muito competente.

– Estamos felizes. pai. Nosso sonho sempre foi adquirir uma chácara para passarmos o final de semana, todos nós juntos, em meio à natureza.

– E conseguiram, minha filha – falou Cidinha –, para as crianças será uma alegria estarem em contato com a terra, os animais, enfim, ficamos felizes por vocês.

Cidinha, por conta de sua sensibilidade, captou a presença dos espíritos, mas sem se dar conta disso sentiu uma saudade inexplicável, para ela, de Vitória.

– O que foi, meu amor? – perguntou Jonas, preocupado. – Está sentindo alguma coisa? Pareceu-me ter ficado triste de repente...

– É mesmo, mãe, também percebi, não está bem?

–Estou ótima, não se preocupem comigo, apenas senti uma saudade enorme de Vitória, gostaria tanto de tê-la aqui conosco participando de nossa felicidade... Onde ela estiver, quero que saiba que jamais a esqueci e que a amo da mesma maneira de quando ela estava entre nós.

– Eu também, mãe, não a esqueci, aliás, Fausto e eu combinamos que vamos dar o nome de Chácara Vitória a nosso pedacinho de chão em homenagem a minha querida irmã, que com certeza deve estar ao lado dos bons espíritos.

– Que lindo, minha filha – falou Jonas, emocionado. – Sua irmã, de alguma maneira, deve ficar sabendo e ficará muito feliz.

– Eles não me esqueceram – disse Vitória a Hortência e Tomás.

– Não, Vitória, não se esqueceram de você, hoje você vive na lembrança querida que eles trazem no coração; continua fazendo parte do amor que sentem por você. Isso prova, Vitória, que a morte do corpo não consegue anular o amor quando verdadeiro, porque ele faz parte do espírito.

Vitória, pedindo permissão a Hortência, aproximou-se mais de seus pais e lhes disse.

– Pai, mãe, estou aqui, feliz por saber que estão bem, vivendo como uma verdadeira família, dentro do amor divino, sem lamentações e mágoas. Aceitaram a vontade do Criador e essa aceitação trouxe a felicidade e o sorriso de volta a seus corações, e fico agradecida por não terem me esquecido. Eu também não os esqueci e peço a Jesus por vocês. Desculpem-me por tantos desatinos que pratiquei, hoje aprendi a importância da fraternidade, do amor, da amizade, e me arrependo de ter agido sempre com leviandade. Estou evoluindo, mãe, como a senhora sempre me aconselhava; recebi a misericórdia de Jesus e a cada dia aprendo mais e mais a ser realmente uma criatura de Deus. Rogo a Jesus para que sejam felizes ao lado de Inês e Fausto, eles merecem o amor de vocês; eu os amo mais do que nunca!

Deu um beijo em todos, fazendo que cada um, a sua maneira, sentisse sua presença através da saudade que sentiram.

Vitória percebeu a ausência de Fausto, não ousou perguntar a Hortência, mas ela, notando a emoção de Vitória, disse:

– Tranquilize-se, ele está chegando.

Sem demora, Vitória viu Fausto entrar, trazendo nas mãos algumas folhas de papel, que, sorrindo, exibiu para todos, dizendo:

– Querida, aqui estão os documentos de nossa chácara, finalizei a compra, é nossa.

– Fausto, você está falando sério?

– Claro, querida, nunca falei tão sério, agora você pode fazer a homenagem que queria a sua irmã, temos a Chácara Vitória.

Abraçaram-se felizes pela conquista.

Vitória sentiu a emoção invadir-lhe o ser, controlou-se elevando seu pensamento a Jesus e pedindo auxílio.

– Como está se sentindo, Vitória?

– Estou bem, Hortência, apenas emocionada pelo carinho que eles têm por mim, sei que não mereço, mas estou muito feliz em saber que ninguém me esqueceu.

– Eles agem, Vitória, em conformidade com as leis divinas, sentem sua falta, mas a deixam aqui na Espiritualidade, que é o lugar onde você deve estar. Eles a amam, mas a deixam seguir seu trajeto de evolução. Essa é a conduta natural, é o respeito à vontade de Deus, é a confiança de que tudo é feito em comum acordo com a lei. O desespero e a revolta ao se separar de um ente querido, ao contrário do que muitos pensam, não unem aquele que vai a aquele que fica, mas separam, porque denotam falta de fé em não confiar na Providência Divina; as coisas acontecem, Vitória, da maneira que devem acontecer. Quando encarnados não temos essa consciência, mas as respostas e os porquês existem e estão relacionados à justiça de Deus.

Vitória olhava para Fausto, pensativa.

– O que está sentindo, Vitória?

– Uma sensação diferente, Hortência, sinto-me próxima e ao mesmo tempo muito longe dele; penso que ainda o amo, mas ao mesmo tempo aflora em mim o sentimento apenas de amizade, de amor fraternal; é muito estranho. Como pode ser isso, Hortência?

– Nada de estranho, Vitória, as coisas mudam a partir da descoberta de um novo sentimento que se tornará a realidade, ou seja, o sentimento do amor fraternal; você está se desligando da paixão sem limites, egoísta e dominadora que há tempos abriga em seu ser em relação a Fausto. Esse caminho foi desfeito, a ligação entre vocês, interrompida; outros caminhos se abrirão. O importante é aceitar, estar receptiva às determinações de Deus, que são o caminho para a evolução; lutar contra é trazer para si mesma o sofrimento e a dor.

– Eu sei, Hortência, hoje tenho consciência disso, da importância de saber que quando uma coisa acaba é para dar início a outra, que poderá nos trazer a felicidade se agirmos com sabedoria e confiança em Nosso Pai. Eu quero estar inserida nessa nova vida integralmente, sem reservas, aprendendo o significado da palavra "amar" e viver esse sentimento em todo seu esplendor.

– Que Jesus a abençoe, minha irmã, a felicidade se descortina para você, seu passado deu lugar a seu presente, que é o momento de aprender a semear o bem para, em nova encarnação, ser de verdade uma tarefeira de Cristo.

Passados alguns instantes, Hortência anunciou a necessidade de retornarem.

– Já é tempo, Vitória, precisamos voltar, despeça-se de seus entes queridos.

Vitória aproximou-se de cada um e depositou um beijo em suas faces; na vez de Fausto, disse:

– Até um dia, meu amigo, seja feliz com Inês para sempre, pela eternidade.

Os três espíritos seguiram de volta à Espiritualidade, levando o agradecimento pela bênção recebida.

> Mães, sabeis que vossos filhos bem amados estão perto de vós; sim, bem perto; seus corpos fluídicos vos cercam, seus pensamentos vos protegem, vossa lembrança os embriaga de alegria; mas também vossas dores desarrazoadas os afligem, porque elas denotam uma falta de fé e são uma revolta contra a vontade de Deus. (*O Evangelho Segundo o Espiritismo*, Cap. V)

Após a visita de Vitória ao antigo lar terreno, Cidinha percebeu em seu íntimo uma sensação de paz muito grande, como se de repente tivesse em seu coração a certeza de que Vitória, a filha querida, estava bem e feliz.

– Estranho o que estou sentindo–, disse à amiga Eulália. – Tenho a impressão de que estive com Vitória, depois de tantos anos. Parece uma coisa de louco, Eulália, muito estranho.

– Cidinha, não é tão estranho assim, os espíritos vêm nos visitar, pode ser que Vitória, conseguindo permissão, tenha vindo vê-los e você, com sua sensibilidade, tenha captado a energia de sua filha, que deve estar bem, pois se fosse o contrário a sensação não seria agradável.

– Você pensa mesmo assim?

– Claro, nossos mortos estão vivos, Cidinha, e podem sim retornar a seus lares terrenos para visitar seus entes queridos; assim como os encarnados, eles também sentem saudade e desejo de rever a família.

– É, já ouvi sobre isso nas palestras do Centro, e existem tantas pessoas que pensam que a morte acaba com a vida de uma maneira irrevogável...

– Acaba sim com a vida do corpo físico, Cidinha, mas a vida real continua na Espiritualidade; aqueles que chegam ao plano espiritual percebem, surpresos, que a vida não se extinguiu; ao contrário, continuam com os mesmos sentimentos, são exatamente como eram na Terra, apenas seu corpo sofreu transformação, e essa é a nossa alegria, Cidinha, saber que aqueles que amamos e que nos antecederam na volta ao reino de Deus continuam vivos.

– Se assim não fosse – disse Cidinha –, de que adiantaria cultivar as virtudes que engrandecem a alma; para que praticar o bem, amar as pessoas, viver em acordo com as leis divinas, se tudo acabasse no túmulo?

– Tem razão, não teria o menor sentido – concordou Eulália. – Agradeça a Deus a bênção recebida, minha amiga. É uma dádiva divina sentir o que você sentiu.

– Tem razão – concordou Cidinha, feliz.

A rotina de Vitória continuava intensa; assistia às palestras de Madre Teresa com atenção e interesse, trabalhava no hospital auxiliando os irmãos responsáveis pelos internos ainda em recuperação e, nas horas de descanso, refugiava-se às margens do rio Azul, lugar tranquilo onde os espíritos, usufruindo da paz do local, entregavam-se à meditação e à prece. Desde a visita a seus familiares, sentia-se livre da angústia e da ansiedade que tanto a desequilibrava, estava feliz e cheia de esperança em seu futuro.

– Senhor, preciso do Vosso amor, necessito do Vosso auxílio para conseguir superar minhas tendências nem sempre virtuosas; errei muito e me envergonho disso, quero promover meu progresso espiritual me entregando de verdade ao amor fraternal e desinteressado; novamente voltei devedora e por isso suplico Vosso amparo, dá-me forças e sabedoria para entender a verdade e procurar a luz; sei que é da Vossa lei que toda a criatura deve progredir com o próprio esforço para atingir a evolução. Sei que é um caminho que devemos percorrer lentamente, aprendendo de acordo com o esforço empregado, mas estou disposta a caminhar com Jesus e me distanciar do mal, e por isso, meu Pai, suplico pelo Vosso auxilio. Assim seja.

Ao terminar, percebeu uma jovem sentada a seu lado, com um semblante ainda enfraquecido.

– Você chegou faz pouco tempo, irmã? – perguntou.

– Não, mas é a primeira vez que recebi autorização para sair sozinha, queria muito conhecer esse lugar.

–Qual é seu nome?

– Lucinha – respondeu a jovem.

– Vejo, por sua aparência, que deve ser muito jovem.

– Sim, na idade da Terra tenho dezesseis anos.

– Como foi seu retorno, foi por enfermidade?

Vitória percebeu a emoção tomar conta de Lucinha e gentilmente lhe disse.

– Se não estiver ainda preparada, não precisa dizer nada, o que importa é você se sentir bem e se ligar a nosso Divino Amigo.

– Preparados parece que nunca estamos, mas não me importo de falar, até prefiro, porque assim não fica dentro de mim, e é bom expelir o que não nos faz bem. Retornei através de uma surra que recebi de meu padrasto, foi tão forte que tive um traumatismo na cabeça e desencarnei.

Vitória ficou perplexa.

– Por que tanta agressividade?

– Ele queria ter relações comigo, por diversas vezes me atormentou durante a noite enquanto minha mãe dormia. Sempre me esquivei, mas nesse dia, não suportando mais seu assédio, gritei até que minha mãe acordou. Ele, para se salvar, inventou que eu o procurava toda a noite e que dessa vez ele ia me ensinar a me comportar com dignidade, Disse isso e começou a me bater. Minha mãe acreditou nas palavras dele e apoiou o castigo. O resto você já sabe, cheguei aqui toda machucada e revoltada, fui levada ao Hospital de Maria e por vários meses fui tratada com carinho e dedicação. Com o tempo aprendi a perdoar e tirei a mágoa de dentro de meu ser, entregando à justiça de Deus aquele que me tirou a vida terrena.

Vitória ficou emocionada com a declaração de Lucinha.

– E agora, como se sente?

– Estou bem, me recuperando; não alimento nenhum desejo de cobrança, não quero me vingar, quero apenas estar com Jesus, agradeço a bênção de poder sair e vir para esse lugar de paz, e agora mais feliz por ter encontrado você.

– Eu também gostei muito de encontrá-la, Lucinha, assim como você também estou aprendendo a ser melhor, estamos unidas pelo mesmo desejo, ou seja, evoluir.

Olharam o sol se pondo no horizonte e juntas agradeceram a Deus a paz encontrada.

> Perdoar os inimigos é pedir perdão para si mesmo; perdoar aos amigos é dar-lhes uma prova de amizade; perdoar as ofensas é mostrar que se tornou melhor. Perdoai, pois, meus amigos, a fim de que Deus vos perdoe, porque se sois duros, exigentes, inflexíveis, se tendes rigor mesmo por uma ofensa leve, como quereis que Deus esqueça que cada dia tendes maior necessidade de indulgência? (*O Evangelho Segundo o Espiritismo*, Cap. X)

Cidinha e Jonas cada vez mais se interessavam pela Doutrina dos Espíritos; a frequência nas reuniões era total, sentiam cada vez mais a certeza da vida futura e ansiavam pelo conhecimento. Fausto e Inês sempre que podiam os acompanhavam nas reuniões; sentiam-se felizes e cada vez mais motivados a aprender. Iam trocando ideias pelo caminho até chegarem ao Centro Espírita.

– Há quantos anos frequentamos essa casa espírita, Jonas, e nunca vimos nada que nos induzisse à dúvida – falava Cidinha ao marido. – Tudo é tão transparente e verdadeiro que nos dá realmente a certeza de trilharmos o caminho seguro.

– Tem razão, Cidinha, e pensar que um dia, lá atrás, temíamos participar dessas reuniões.

– Tolice nossa, Jonas, julgamos uma coisa que nem conhecíamos.

– É verdade, esse é o erro que muitas pessoas cometem. É como se diz, quem apenas conhece nem sempre sabe.

– O importante é que felizmente acordamos a tempo, e graças ao Senhor essa doutrina nos consolou por ocasião da separação de Vitória, se não fosse pela aceitação das palavras de Jesus contidas no Evangelho Segundo o Espiritismo creio que teria sucumbido à dor da perda.

– Chegamos, Cidinha, vamos entrar e nos preparar para a reunião, que não tarda a começar.

Sentaram-se e em prece aguardaram o início da abertura, feita ao som suave da Ave-Maria.

Afonso, o orientador, iniciou a palestra da noite citando palavras do espírito Ramatis:

"O Espiritismo não exige que os seus adeptos fujam do mundo profano onde Deus também está, pois as múltiplas estradas da vida das coletividades são abençoadas escolas de educação e reajustamento fraterno entre todas as criaturas."

E continuou:

– Meus irmãos, Deus criou o mundo como uma escola educativa e indispensável para a alma que aqui vem para conquistar sua evolução através do bem-querer, do aprendizado da fraternidade, do exercício do amor desinteressado que não requer lugar e nem horas especiais para ser praticado.

Devemos iniciar a sessão espírita no momento em que levantamos do nosso leito, pela manhã, quando temos a oportunidade de exercitar o aprendizado exemplificando as orientações dos bons espíritos através das atitudes nobres e encerrá-la no instante em que deitamos para o sono reparador, com a consciência em paz pela certeza de haver vivido de acordo com as leis divinas. Isso quer dizer que ser espírita não é simplesmente falar com os espíritos, mas viver as orientações dos bons espíritos, que são os tarefeiros de Jesus no nosso dia a dia; exemplificar a bondade, o altruísmo e o amor pelo semelhante.

Todo dia é tempo de renovar nosso destino; todos nós queremos colher flores, mas como fazer isso se não raro plantamos pedras? É preciso cultivar o hábito de sorrir, porque viver, por si só, é a maior bênção que recebemos do Criador.

Necessário se faz sabermos aonde queremos ir; se for ao encontro de Deus, é preciso seguir Jesus, porque Ele é o caminho, a luz e o amor.

Todos os presentes se emocionaram com as palavras de Afonso, que, inspirado pelo mentor da casa, prosseguia em sua explanação.

– É preciso nos libertar das argolas que nos prendem ao egoísmo para podermos ficar prontos para amar o próximo; entregar-nos à família universal, a todos aqueles que, como nós, vivem neste mundo transitório, mundo para o qual viemos para aprendermos a ser filhos de Deus.

Que a verdade de Cristo seja também a nossa verdade; assim, quando falarmos de amor, estaremos falando de caridade, de fé, de fraternidade, de altruísmo, de abnegação, de subserviência aos desígnios de Deus, de tolerância e compreensão, e, acima de tudo, de solidariedade humana.

Afonso silenciou por alguns instantes e finalizou com uma sentida prece:

"Senhor, obrigado por viver; diante de tanta beleza sinto meu coração encher-se de alegria e gratidão simplesmente por existir.

Poder ver e sentir a Vossa grandeza, a Vossa perfeição, é estar gozando a felicidade suprema de existir.

Que meus olhos saibam ver na Natureza o Vosso poder; para cada momento vivido e sentido que eu saiba agradecer.

No sofrimento e na saudade, que eu compreenda a Vossa justiça;

Na esperança, na fé e no amor ao próximo, que eu me prepare para nascer na vida eterna... Junto de Vós."

A reunião acabou; as luzes se apagaram, todos saíram levando em seus corações a certeza do amparo divino e a consciência de que o progresso espiritual só acontece através do esforço de cada um, da disponibilidade em ser útil e fraterno, do desejo real do bem.

Na Espiritualidade, Vitória prosseguia sua caminhada rumo à evolução, dedicava-se com esmero ao trabalho de atendimento aos recém-desencarnados; lembrando-se de seus dias de intensa perturbação, não media esforços para cumprir sua tarefa junto a esses irmãozinhos.

Não conseguia esquecer o drama vivido por Lucinha por ocasião de seu desencarne; intimamente, questionava a razão de uma jovem ainda tão novinha passar por essa agressão; resolveu questionar Hortência sobre esse assunto.

"Penso não ter importância perguntar-lhe a esse respeito", disse a si mesma e foi à procura do espírito amigo.

– O que a atormenta, Vitória? – perguntou-lhe Hortência.

– Hortência, desculpe-me se meu questionamento é imprudente, mas conversando com Lucinha tomei conhecimento do drama vivido por ocasião de seu desencarne, e pergunto-me o que a fez viver algo assim tão agressivo.

Hortência sorriu e, com palavras simples, explicou.

– Vitória, você já aprendeu a lei de causa e efeito que gera consequências de todas as nossas ações, não?

– Claro!

– Essa é a resposta para sua interrogação.

– Quer dizer que ela mesma, no passado, plantou a semente desse desatino?

–Quer dizer que todos nós, Vitória, em algum momento de nossa existência, agimos com imprudência, com leviandade. Não só Lucinha, mas todos os seres que estão em processo de aprendizado; portanto, não existe vítima porque a justiça divina não comete injustiças, mas sim aprendizes das leis que nos levam à evolução. Lucinha, assim como todos nós, apenas quitou seu débito com a lei, porque Jesus disse: Pagareis até o ultimo ceitil. Espero ter contribuído para seu entendimento, somos seres circulares, Vitória, vamos e voltamos quantas vezes forem necessárias para promovermos nossa evolução, e é isso que Deus espera de todas as suas criaturas, a evolução que se fará um dia porque ninguém fica estacionário para sempre, ninguém é mau, irresponsável e leviano por toda a eternidade.

– Tenho tanto que aprender, Hortência, meu Deus, perdoe-me se nada sei! – exclamou Vitória com sinceridade.

– Todos têm muito que aprender, Vitória, o conhecimento é ilimitado, mas o básico você já aprendeu.

– Já? E qual é?

– Que ninguém alcança a evolução sem deixar que o sentimento do amor preencha seu coração e sua vida, porque é esse sentimento que nos impulsiona para a caridade, para a generosidade com o semelhante, e só alcançamos o céu, Vitória, a partir do momento que olhamos um homem e uma mulher e vemos neles um irmão. Até lá é preciso vivenciar os ensinamentos de Cristo com a força de um guerreiro e a sensibilidade de um anjo.

– Cada vez mais você me impressiona, Hortência; sua sabedoria, seu amor pelos espíritos que aqui estão, enfim, agradeço a Deus estar próxima a você.

– Obrigada, Vitória, como você também passei por várias situações de aprendizado, fiz um longo caminho para chegar nesse estágio, estou na Espiritualidade há vários e vários anos, lutando e vencendo a mim mesma. Aqui, como na Terra, ninguém chega a lugar nenhum senão pelo amor vivenciado.

– Sabemos disso; entretanto, temos dificuldades quando vestimos a roupagem terrena – disse Vitória. – Aconteceu comigo nessa última encarnação; apesar de preparada para a nova experiência terrena, novamente me entreguei aos mesmos enganos, deixando-me levar pelos sentimentos menores; como me arrependo, Hortência! Mas vou me esforçar para aprender, me preparar para novamente solicitar outra experiência no mundo físico, uma experiência da qual quero sair vitoriosa.

– É cedo para pensar na volta, Vitória, o momento agora é de reflexão, oração, aprendizado e muito trabalho. Para todos os propósitos existe o tempo certo.

– Quando nascemos – continuou Hortência, com a propriedade dos que sabem do que estão falando –, entramos para um mundo desconhecido para nós, mergulhados que estamos no esquecimento temporário, condição necessária para a encarnação.

Chegamos, trazendo armazenados em nosso espírito os conhecimentos adquiridos em vidas anteriores, para facilitar a tarefa que iremos realizar na Terra, com a qual nos comprometemos no mundo espiritual a fim de resgatarmos velhos débitos e melhorar nossa condição moral através do aprimoramento espiritual.

O simples fato de nascermos para o mundo terreno é uma bênção que recebemos de Nosso Pai; é a chance que Deus nos concede para aprendermos a ser bons, aprender a amar nosso próximo, fazendo por tudo o que queríamos que nos fizessem.

O tempo que passamos na Terra, Vitória, é exatamente o tempo que precisamos para extirpar de nosso coração o egoísmo, a inveja, o orgulho, a ostentação, o desamor e a indiferença ao sofrimento alheio, que são sem sombra de dúvida os responsáveis por nossa derrota, mas o homem, na ânsia das conquistas materiais que julga ser a felicidade, esquece-se de seu propósito de evolução firmado na Espiritualidade, e é aí, Vitória, que começa sua queda; no final do tempo, percebe que nada construiu de nobre e volta com as mãos vazias.

Interrompendo a explanação de Hortência, Vitória disse:

– Foi o que aconteceu comigo, não consegui superar, Hortência, e por conta disso cometi desatinos, fiz sofrer pessoas que amava e voltei trazendo minhas mãos vazias, como você disse.

– Não sofra mais por isso, Vitória, procure se fortalecer e se preparar para que, quando Jesus lhe der outra oportunidade de recomeçar, você esteja pronta para o novo desafio. O mundo terreno é a grande escola onde aprendemos as lições mais importantes para promovermos nossa evolução, e necessário se faz entender a importância de viver o amor em sua plenitude, porque é esse sentimento que abrirá as portas do reino de Deus.

– Será que um dia me tornarei melhor?

– Sim, Vitória, é o que Deus espera de todas as suas criaturas, nenhum ser fica mau por toda a eternidade, um dia a luz se faz para todos. Agora, minha irmã, vamos para o salão, é hora da Ave-Maria e de, posteriormente, participarmos da palestra de Madre Teresa.

Vitória, acompanhando Hortência, sentia a paz de Cristo acalmando seu espírito.

Enganam-se aqueles que pensam que a vida termina na sepultura. O Criador não iria criar suas criaturas para que terminassem em pó; somos mais que um corpo de carne; nossa essência, nosso eu é eterno, sobrevive à destruição da matéria, a morte vem apenas dar um fim a uma vida densa e iniciar outra vida, etérea, fluídica e verdadeira.

A vida futura é uma realidade, sem ela a maior parte dos preceitos morais não teria nenhuma razão de ser; Jesus revelou a vida futura com toda clareza, pois somente ela explica as diferenças entre os homens e a justiça de Deus.

Sem sombra de dúvida chegará o dia em que todos serão reconduzidos ao mundo espiritual e vislumbrarão essa realidade no ambiente que se afinará com seu estado espiritual, o estado que eles mesmos criaram durante a permanência na Terra.

Capítulo XXXI

Lucinha

Como sempre acontecia, a palestra de Madre Teresa transcorreu em harmonia e equilíbrio espiritual.

Com sua sabedoria, ela explanou a importância de cada um regar diariamente a rosa que todos têm dentro de si; a rosa nasce e cresce junto aos espinhos, mas isso não anula sua beleza e perfume – dizia com propriedade. A nossa rosa interna dada por Deus, que são as qualidades virtuosas, vai crescendo e se fortificando em meio aos espinhos de nossas faltas; se dermos atenção somente aos defeitos que carregamos, iremos nos desesperar pensando, erroneamente, que nada temos de bom em nosso interior. Isso é um engano, meus amados irmãos; todos temos o bem dentro de nós, mas se esquecermos de regá–lo com a prática desse elevado sentimento, a consequência desse engano será sua morte dentro de nós.

Necessário se faz perceber a rosa que existe dentro das pessoas e cabe a nós mostrar isso a elas; a característica do amor verdadeiro é justamente a capacidade de perceber as fraquezas de nosso semelhante e aceitá-lo da maneira como gostaríamos de sermos aceitos; ajudá-lo a superar suas fraquezas e reconhecer sua rosa interna, e saber aceitar de bom grado quando nossas fraquezas são mostradas pelo outro, ter a humildade de reconhecer nosso engano e partir em busca da própria melhoria.

Deus nos deu um jardim imenso com flores que exalam o perfume do amor fraternal, cabe a cada um regar este jardim interno e impedir que as flores morram dentro de si, tornando-se uma terra improdutiva.

Amar, meus irmãos, é e será sempre a melhor opção para o progresso espiritual.

Após sentida prece, Madre Teresa encerrou sua palestra e retirou-se, deixando os assistentes com os olhos marejados pela emoção; cada um se lembrava de seus enganos, sua leviandade praticada durante sua estada no mundo físico, e sentia arrependimento por não haver entendido a grande bênção que é a permanência na Terra, lugar onde Deus nos coloca para aprendermos a amar e, através desse aprendizado, saldar as dívidas contraídas anteriormente por nossa própria inconsequência.

Vitória olhou para Lucinha e sentiu, em sua expressão melancólica, que alguma coisa a atormentava; aproximou-se mais e perguntou:

– Vejo tristeza em seu rosto, Lucinha, estou enganada?

– Não, Vitória, não está, pedi uma autorização para visitar minha mãe na Terra, mas não consegui. Quero muito vê-la novamente, mas não me foi permitido.

– Fico sentida por você, mas deve haver alguma razão muito forte para seu pedido ter sido negado; aprendi que aqui na Espiritualidade tudo é feito por uma razão que traga benefício para o espírito. Pode ser, minha amiga, que você ainda não esteja preparada o suficiente para o retorno ao antigo lar terreno.

– Entendo isso, mas tenho muita vontade de rever minha mãe, imagino que ela deve ter sofrido muito com minha morte e tenha se separado daquele monstro que foi o causador de minha volta; deve estar muito sozinha, talvez até angustiada.

– E o que você poderia fazer para ajudá-la, Lucinha, estando em um mundo paralelo ao dela, sem poder tocá-la e principalmente sem saber como fazer para amenizar seu sofrimento, se realmente ele existir?

– Por que você diz isso, Vitória? Acha que minha mãe não sofre pela minha ausência?

– Não é isso, Lucinha, estou apenas fazendo suposições, quem sou eu para achar alguma coisa? Mas é bom pensarmos em todas as possibilidades quando passamos a habitar o mundo dos desencarnados, assim sofreremos menos se a decepção nos visitar. Quantos de nós somos esquecidos pelos familiares, que se esquecem rapidamente que um dia estivemos a seu lado? Isso não é raro, Lucinha, é mais comum do que pensamos. Já vi muitos irmãos sofrerem por se sentirem esquecidos por seus familiares.

– Não sei, ainda não pensei sobre essa possibilidade; penso que se eu me lembro da minha mãe, ela deve também se lembrar de mim; se estou com saudade, ela também deve estar, afinal ela é minha mãe terrena.

– Bem – disse Lucinha –, preciso ir.

Despediu-se gentilmente de Vitória e se foi.

– Por que será que não foi permitido a Lucinha visitar sua mãe na Terra? Gostaria muito de saber.

– Cuidado, Vitória, a curiosidade não é boa conselheira – ouviu de Hortência.

– Desculpe-me Hortência, mas gostaria de entender por que não foi permitido a Lucinha visitar sua mãe.

– Você não acha que isso diz respeito somente a Lucinha? Não devemos interferir nas questões dos outros, Vitória. Se não foi permitido, alguma razão muito forte deve existir. No momento certo, quando Lucinha estiver preparada para ver novamente sua família, ou seja, sua mãe, ela terá autorização. Tudo acontece no tempo certo, Vitória, nem antes nem depois.

– Desculpe–me – repetiu Vitória –, foi uma imprudência minha.

Hortência sorriu e partiu, deixando Vitória entregue aos próprios pensamentos.

Algum tempo se passou e Lucinha, sem esquecer seu desejo de retornar ao orbe terrestre, voltou a solicitar permissão para ir até seu antigo lar terreno. Acompanhada por Tomás, foi novamente ao encontro de Jeremias.

– Por favor, irmão Jeremias, já se passou muito tempo desde minha volta da Terra, por que não posso ir visitar minha mãe, o que está impedindo minha ida?

Jeremias considerou que era chegado o momento de revelar para Lucinha por que ainda não obtivera permissão para satisfazer seu desejo.

– Minha irmã, sou solidário com sua ansiedade em rever sua mãe terrena, mas tudo foi feito para protegê-la, temo que sua ida poderá causar-lhe um desequilíbrio muito grande, comprometendo assim seu processo evolutivo.

Lucinha, ansiosa, perguntou o porquê disso, temendo a resposta que poderia vir.

– Mas, por favor, irmão Jeremias, eu preciso saber, um dia vou ter de saber, por que não agora?

– Espere um instante – disse-lhe Jeremias, afastando-se.

Recolheu-se e, orando a Jesus, solicitou auxílio.

– Senhor, o que devo fazer? Essa irmã está cada vez mais ansiosa, temo que ela possa tentar agir por sua própria conta, desrespeitando as orientações e partindo sozinha. Se isso acontecer o estrago será muito grande, comprometendo seu progresso conquistado até aqui.

Com o pensamento elevado até o Mestre, Jeremias obteve o auxílio solicitado, e a resposta veio a sua mente. Confiante na orientação recebida, foi ao encontro de Lucinha e Tomás.

– Minha irmã, vamos satisfazer seu desejo, mas de outra maneira.

– Como assim?

– Primeiro você verá sua mãe, seu antigo lar, a maneira como ela vive, mas daqui mesmo. Saberá tudo o que aconteceu e acontece.

– Mas por que daqui, por que não posso ir até a Terra?

– Porque aqui estará mais protegida e amparada caso o desequilíbrio aconteça. Se depois de saber tudo ainda quiser e tiver estrutura para ir até a Terra, terá permissão para isso, iremos respeitar seu livre-arbítrio.

– Quando poderei ver?

– Venha amanhã às quinze horas, acompanhada por Tomás e Hortência. Até lá se recolha em oração, prepare-se junto a Jesus e tudo sairá a contento.

Lucinha e Tomás retornaram ao hospital. Lucinha levava em seu íntimo a ansiedade misturada com o temor.

– Tomás, receio o que possa acontecer, senti ter alguma coisa grave nessa história, o que você acha?

– Não acho nada, Lucinha, apenas confio na Providência. Se foi permitido é porque a hora é essa; portanto, confie, ore e aguarde. Nunca estamos sós quando nos entregamos ao amor divino. Acalme seu espírito na paz de Jesus.

Nas horas que se seguiram, Lucinha, enquanto aguardava o momento tão esperado, entregou-se à prece.

"Senhor, olhe por mim, sou frágil e imperfeita, mas confio no Vosso amor; que eu tenha forças para suportar o que tiver de vir, sei que tudo o que me aconteceu faz parte de minha história e em algum lugar, em algum momento, plantei a semente que gerou o desatino que se abateu sobre mim; mas, se chegou a hora da revelação, dá-me forças para não fraquejar, que eu permaneça de pé amparada pelo Vosso amor e bondade. Assim seja."

Recolheu-se para o merecido descanso.

Os raios do sol entravam pela vidraça aquecendo o ambiente, mostrando a Lucinha que um novo dia despontava no reino de Deus, um dia onde o trabalho edificante, os sentimentos nobres e o amor deveriam preencher as horas.

Lucinha abriu os olhos e, olhando o retrato de Jesus dependurado na parede, orou com sinceridade; entregando-se ao Plano Maior, não percebeu a entrada de Hortência.

– Então, Lucinha, está preparada para finalmente obter suas respostas?

– Para ser sincera, Hortência, não sei, acho que na verdade nunca estamos devidamente preparados para encarar algumas revelações, mas confio em Jesus e sei que suportarei o que possa vir. Penso que poderá ser a libertação dessa ansiedade que trago comigo há muito tempo, a vontade de entender a reação de minha mãe frente a tudo o que aconteceu comigo.

– Como diz o grande espírito Joanna de Angelis, Lucinha, nas aflições, nas angústias, nas dores, Ora, Confia e Aguarda.

– Obrigada, Hortência, por me acompanhar e estar comigo nesse momento.

– Agradeça ao Mestre e não a mim – respondeu Hortência.

Seguiram até o Departamento, onde Tomás e Jeremias as aguardava.

Lucinha exclamou assim que viu Tomás:

– Pensei que não viria!

– Não faria isso, Lucinha, sei da importância desse momento para você, mesmo porque o irmão Jeremias solicitou minha presença, lembra?

– Claro! Obrigada, Tomás, preciso mesmo da vibração de vocês.

– Preparada, minha irmã? – perguntou Jeremias.

– Sim, pelo menos penso que sim – respondeu Lucinha, timidamente.

– Então vamos até a sala de projeção – convidou Jeremias.

Os três espíritos a acompanharam, acomodaram-se em poltronas confortáveis e esperaram que a apresentação iniciasse, não sem antes orarem juntos, suplicando auxílio ao Mestre.

As luzes se apagaram e na tela apareceu o antigo lar terreno de Lucinha. Ao ver sua casa terrena, lugar onde passara sua infância e adolescência, a moça sentiu leve angústia, no que foi prontamente advertida por Hortência para que se mantivesse em afinidade com Jesus, confiando no Divino Amigo para que não perdesse seu equilíbrio.

Lucinha pensou:

– Ajude-me, Senhor!

A projeção continuou.

Em um pequeno quarto nos fundos da casa, Lucinha pôde ver sua mãe e seu padrasto.

Pensou: "Eles ainda estão juntos, minha mãe continuou com ele apesar da monstruosidade que ele fez comigo. E eu pensava que ela estivesse sozinha, abalada com minha partida, entretanto ela vive com meu assassino".

– Calma, Lucinha, tudo isso já passou, você agora vive em outro mundo promovendo sua evolução através do conhecimento das leis que regem o Universo, não é prudente desequilibrar-se por atitudes imprudentes e completamente enganosas de outras pessoas. Tudo segue a lei do livre-arbítrio.

– Prefere parar, minha irmã? – perguntou Jeremias, percebendo a inquietação de Lucinha.

– Não, irmão, quero ir até o fim, resolver de uma vez essa questão para a qual há anos procuro resposta. Por favor, continue.

Novamente as imagens apareceram na tela; a mãe de Lucinha, assim como seu padrasto, separava os ingredientes que levariam à reunião do trabalho ao qual pertenciam.

– Tudo pronto? – perguntou Antero a sua esposa Pilar. – Nada pode faltar na sessão de hoje, sabe muito bem, sou o pai de santo, cuido de todos os adeptos com esmero, por isso preciso ser exigente.

– Calma, Antero – respondia Pilar –, está tudo separado, sei da importância dessa reunião, que é feita somente uma vez por mês, não precisa se preocupar.

– E as minhas roupas, estão limpas?

– Limpas e passadas, é a reunião de que mais gosta e na qual tem interesse, não?

– Claro, estou representando nosso guia espiritual, isso é uma honra, somos subordinados a ele, portanto não se discute um desejo seu.

– Não discuto, se é orientação espiritual eu apenas obedeço, quem sou para enfrentar o seu guia, mas às vezes questiono essa prática, Antero, depois do que aconteceu com minha filha Lucinha, receio que possa acontecer com outras jovens; naquela ocasião, você mentiu para mim dizendo que era ela quem o assediava; entretanto, posteriormente, confessou que ela era a escolhida para se deitar com seu guia espiritual e diante de sua recusa foi sacrificada. Eu o apoiei, mas não sei se fiz a coisa certa, muitas vezes me questionei sobre isso; será que precisamos obedecer as ordens do espírito sem questionar?

Antero, sentindo-se ameaçado, prontamente respondeu:

— Sua filha foi teimosa, Pilar, nunca quis se deitar com meu guia, desobedeceu a uma ordem espiritual e pagou sua teimosia com a própria vida. Isso serviu de lição para as outras aprenderem que quando são escolhidas não têm o que questionar, é só obedecer.

— Mas volto a perguntar: por que você disse que era ela quem o havia provocado, que se insinuava para você? Isso está mal explicado, Antero.

— Na verdade, Pilar, meu guia manifestou o desejo de ficar com ela, estava cansado de ser rejeitado, e ao ser mais uma vez desrespeitado ordenou que eu a matasse. Apenas obedeci a uma ordem espiritual, é isso que todos vocês precisam entender: sou apenas um intermediário e não tenho forças para contradizê-lo nem posso, Pilar. Aconselho-a a agir da mesma maneira, não questione e apenas aceite, mesmo porque já se passaram tantos anos...

— Sabendo que foi o espírito e não você, aceitei o destino de Lucinha, tanto é verdade que não denunciei nada à polícia; ao contrário, todos acreditaram na versão que contamos. Agora me diga, quem vai se deitar com ele na reunião de hoje?

— Martinha, a filha do sapateiro.

— Mas ela tem apenas treze anos! – Exclamou Pilar

— O que posso eu fazer senão obedecer? Se ele quer que seja...

— A menina já sabe?

— Não sei, sei apenas que seus pais irão levá-la e sentem-se honrados por a filha ter sido a escolhida.

Nesse ponto, Lucinha entrou em desequilíbrio, e angustiada perguntou a Jeremias.

— Pelo amor de Deus, o que é isso?

– Lucinha, Pilar e Antero frequentam a magia negra, são completamente subjugados do mal, repare a aura escura de Antero, é a aura das pessoas cruéis, perversas, que vivem em função de seus desejos e suas paixões primitivas. A crueldade o une a seres igualmente cruéis, que se beneficiam com as energias exaladas das práticas indecorosas.

– E minha mãe?

– Sua mãe se aliou a ele, para não perdê-lo aceita tudo sem reclamar, apagou dentro de si o amor por quem quer que seja, apenas Antero interessa a ela.

– Nem eu consegui despertar nela o amor maternal, é isso?

– É isso, Lucinha; na realidade, são dois espíritos doentes.

– Então eu também fui vítima desse monstro?

– Lucinha, não existe vítima e você não é uma vítima, tudo é consequência dos atos passados, se existisse uma só vítima Deus teria cometido uma injustiça e injustiças não cabem no amor de Deus.

– Mas o que eu fiz para gerar essa monstruosidade?

– Calma, Lucinha, uma coisa de cada vez, nem tudo temos direito de saber. Por ora Jesus permitiu que esse véu se abrisse para você, o futuro não sei, somente o Plano Superior poderá decidir até onde você poderá ir.

– Por que nunca soube dessa prática insensata, perigosa e falsa de minha mãe e de Antero?

– Porque eles até hoje fazem tudo camuflado, escondido, mostram para seus adeptos uma falsa doutrina que promete a glória e lhes dá apenas sofrimento, mas com certeza irão saborear o amargor dos frutos podres que plantam hoje.

Por causa da grande ansiedade que tomou conta de Lucinha, a projeção foi encerrada.

– Não vamos arriscar mais, Lucinha, seu equilíbrio está à beira de um colapso; essa descoberta foi forte para seu espírito, agora é importante que acompanhe Hortência e Tomás até o rio Azul e se banhe na paz daquele lugar abençoado para restituir a você o equilíbrio danificado.

Lucinha, antes de sair, disse a Jeremias:

– Não preciso mais da autorização para ir à Terra, o desejo de reencontrar minha mãe não existe mais, o que tanto queria saber já vi, as cenas vistas deram-me todas as respostas, agora quero apenas ir em busca da minha evolução, nada mais, quero percorrer meu caminho de progresso espiritual com a ajuda dos amigos espirituais sem levar junto a mágoa, o rancor ou o desejo de vingança; eu os perdoo, eu me liberto deles e os deixo livres para seguir o caminho que escolheram; um dia, com a graça de Deus, conseguirão sair da escuridão e enxergar a luz da vida.

Acompanhando Hortência e Tomás, que admiraram a postura de Lucinha, chegou ao rio Azul, onde em prece pediu a Jesus que a amparasse nesse momento de angústia.

No *Livro dos Médiuns*, vamos encontrar:

"Os espíritos são as almas dos homens, e como os homens não são perfeitos, é incontestável que há espíritos maus, astuciosos, profundamente hipócritas e cruéis contra os quais nos devemos prevenir; mas em tudo está a lei de afinidade, filiar-se a esses espíritos é, sem dúvida, trazer para si mesmo o sofrimento posterior, é adquirir os ingredientes necessários que nos lançarão no lamaçal da dor."

Lucinha esforçava-se para não perder o equilíbrio, mas o sofrimento instalara-se em seu espírito, machucando-a profundamente. Orava pedindo auxílio ao Mais Alto para que a amparasse nesse momento de profunda angústia.

– Por que minha mãe fez isso comigo? – perguntava-se insistentemente. – Como não percebi que ela e Antero se entregavam ao desvario espiritual, a práticas insanas, perigosas, usando as pessoas como se fossem brinquedos para a satisfação de seus desejos baixos e vis? Por que isso, meu Deus?

– Vou procurar Vitória, ela é minha amiga, poderá me ajudar a entender tudo isso.

– Que bom vê-la, Lucinha! – disse Vitória assim que a viu.

– Vitória, venho em busca de entendimento, preciso de ajuda para não prejudicar a mim mesma.

– O que acontece, amiga?

Em poucas palavras, Lucinha relatou a Vitória tudo o que descobrira.

– Estou machucada, Vitória, não sei como lidar com isso. No momento em que soube não pensei que iria ficar tão magoada. Eu os perdoei sinceramente, mas estou magoada apesar de saber que não deveria ficar, não sei como esquecer toda essa situação.

– Sinto muito, Lucinha, por você, mas não sei como ajudá-la, estou ainda como você em aprendizado; porque não procura Hortência? Penso que somente ela terá condições de auxiliá-la.

– Você acha que ela me atenderia?

– Evidente que sim, é um espírito evoluído, recebe missões importantes, saberá orientá-la com certeza.

– Você pode me acompanhar?

– Se você deseja que eu vá com você, será uma alegria para mim.

Seguiram ao encontro de Hortência.

– Que alegria vê-las – disse Hortência. – O que as traz aqui?

Lucinha se adiantou:

– Hortência, preciso de ajuda, estou presa em uma angústia muito forte em virtude de tudo o que soube a respeito de minha mãe. Imaginei que estava preparada para rever minha mãe, mas o que vi foi muito forte, não podia esperar tanta inconsequência, tanta insanidade da parte dela em relação à própria filha por causa de uma mentira cruel armada por Antero em comunhão com espíritos maléficos, cruéis. Por que isso Hortência?

Hortência sentiu compaixão por Lucinha, que, sem saber, em algum lugar do passado plantara a semente que gerara os maus frutos dos quais provara o sabor amargo.

– Vamos até o rio – disse-lhe. – Lá poderemos conversar em paz, beneficiadas pela energia salutar de nossos superiores.

Seguiram até o local onde o borbulhar das águas trazia paz e equilíbrio para quantos ali estivessem.

Com toda sua sabedoria, Hortência explicou à Lucinha.

– Minha irmã, as vicissitudes pelas quais passamos na Terra não são punição de Deus, são provas impostas pelo Criador ou escolhidas por nós mesmos, para expiar as faltas cometidas em outra existência; porque jamais as infrações cometidas nas leis de Deus ficam impunes; principalmente as da lei de justiça; você, como tantos outros que sofrem ou sofreram nas mãos de algozes, não são considerados vítimas, mas sim irmãos que quitaram dívidas do passado ou estão em processo de reabilitação, passando por processos antes infringidos a outrem.

– Você quer dizer que no passado eu cometi atos que geraram essa consequência, é isso?

– Lucinha, quem de nós não cometeu leviandades, atitudes imprudentes, muitas vezes nos ligando ao mal, interferindo na vida de nossos irmãos? É da lei que a dívida durma com o devedor e acorde com ele, mas nossa alegria é que, através da bondade de Deus, podemos reavaliar nossas atitudes, nos arrepender e voltar para quitarmos nossas dívidas.

– Então foi o que aconteceu comigo?

– Não só com você, mas com todo aquele que, de uma forma ou de outra, se entregou aos desvarios da inconsequência; portanto, Lucinha, não se julgue uma vítima, mas sim um espírito em evolução que, através da dor, conseguiu se encontrar com o amor maior, que é o Criador. Gostaria de rever sua existência anterior a essa?

– Não, Hortência, não quero voltar a esse passado que imagino me levou ao abismo, quero seguir em frente, buscar minha evolução no lugar onde ela está, ou seja, no amor, no bem e no perdão. Se Deus está me dando a oportunidade de ver a luz, por que iria querer voltar à escuridão? O que devo fazer para esquecer e recobrar meu equilíbrio?

– Orar a Deus e agradecer, em primeiro lugar, por ter conseguido vencer sua prova; perdoar de verdade e orar por aqueles que a ofenderam, para que possam se desligar do mal; desejar-lhes que consigam encontrar o verdadeiro caminho do bem e que possam descobrir a Espiritualidade superior que os levará ao destino seguro do amor e do respeito. Esse é o caminho, Lucinha.

Vitória a tudo ouvia com atenção, e pedindo licença a Hortência falou:

– Tudo isso que foi dito, Hortência, serve para todos nós que, de uma forma ou de outra, em algum momento caímos nos desvarios dos desejos impuros.

– Exatamente, Vitória, todos erramos; em vista disso, necessário se faz perdoar nossos semelhantes, esquecendo as ofensas recebidas. Como podemos pedir e esperar que Deus perdoe nossas faltas se não perdoamos as faltas de nosso próximo? Como ensinou Jesus, nossa misericórdia não deve ter limites para perdoar nosso irmão.

Hortência, percebendo que Lucinha se encontrava mais equilibrada e confiante, deu por encerrado o encontro, dizendo:

– Agora, Lucinha, é chegado o momento de iniciar uma nova etapa, da qual a mágoa, o ressentimento e a autopiedade não fazem parte; o momento é de busca espiritual; é de encontro com a luz e a verdade; portanto, siga em frente e coloque Jesus como o farol a iluminar sua estrada.

– Obrigada, Hortência – disse Lucinha, emocionada.

– Deve agradecer a Jesus e não a mim – respondeu Hortência –, mas fico feliz em ter podido ajudá-la. Fiquem em paz, minhas irmãs!

E seguiu em frente, ao encontro de seus afazeres.

> Reconciliai–vos, o mais depressa, com vosso adversário, enquanto estais com ele no caminho, a fim de que vosso adversário não vos entregue ao juiz, e que o juiz não vos entregue ao ministro da Justiça, e que não sejais aprisionado. Eu vos digo, em verdade, que não saireis de lá enquanto não houver pago até o último ceitil.
>
> (*O Evangelho Segundo o Espiritismo* - Cap. X – São Mateus 5:25 e 26)

Capítulo XXXII

O Hospital de Recuperação

Vitória e Lucinha tornaram-se inseparáveis; desde o dia da descoberta de que sua mãe pouco ou nada sentia por ela, Lucinha tentou, através da compreensão de que o erro está inserido na vida de todos, e de que alguns cometem erros mais graves, outros mais amenos, mas raros são os que passam pela vida e não se enganam – esses são os que já atingiram um grau maior de iluminação –, perdoar e esquecer, o que vinha conseguindo gradualmente; dedicou-se com todo empenho ao trabalho edificante junto a Vitória, trabalho esse supervisionado por Hortência e Tomás.

Não conseguia ainda entender a falta de amor de uma mãe por sua filha, mas aceitara que cada um age de acordo com o que abriga no coração; o livre-arbítrio é e será sempre respeitado pelo Criador; sentia que em algum momento de sua existência passada estivera envolvida com Antero e Pilar e tudo não passava da consequência de sua própria imprudência.

Livrara-se da ansiedade e angústia que durante muito tempo tomaram conta de seu espírito e seguia confiante em busca de sua evolução, alimentando em seu íntimo o desejo de seu retorno ao mundo físico.

– Será que um dia receberei a bênção de voltar à Terra, Vitória?
– Seu desejo é igual ao meu – respondia Vitória. – Desejo uma nova

experiência terrena, com a finalidade de extirpar de uma vez por todos os sentimentos mesquinhos que sempre me fizeram cair e voltar devedora; estou me preparando para isso, hoje tenho consciência de como fui orgulhosa e prepotente, principalmente quero livrar-me desse apego por Fausto, que vem me destruindo há várias encarnações.

– É incrível como destruímos a nós mesmos – dizia Lucinha – quando estamos encarnados, esquecemos de todo nosso preparo e das orientações recebidas e nos entregamos somente ao que nos faz feliz de uma maneira enganosa.

– Sabe por que, Lucinha? – respondia Vitória. – É porque não damos importância às inspirações que os bons espíritos nos dão, principalmente quando são contrárias ao que desejamos. Aprendi com Hortência que nossa consciência é nossa bússola, é através dela que os tarefeiros de Jesus nos falam, sempre nos mostrando o caminho certo, colocando freio e limites, mas sufocamos tanto o aviso recebido que fechamos a entrada do bem em nós mesmos e assim o bem morre dentro de nós, como uma flor sem cuidado.

Foram interrompidas pela chegada de Tomás.

– Sei que interrompo o descanso de vocês, irmãs, mas Hortência pede para irem a seu encontro.

– Sabe a razão? – perguntou Vitória.

– Chegaram ao hospital quatro irmãozinhos que necessitam de cuidados especiais devido ao desencarne violento, é preciso dar a eles o atendimento fraterno, são merecedores do amparo divino, foram tarefeiros do bem e desencarnaram quando praticavam a caridade junto aos necessitados.

Vitória e Lucinha imediatamente acompanharam Tomás.

Ao chegarem ao Hospital de Maria, receberam de Hortência as instruções necessárias para o bom atendimento aos recém-chegados da Terra.

– Eles foram surpreendidos pela morte – explicava Hortência –, julgam que ainda estão vivos, sustentam essa hipótese e não aceitam que não pertencem mais ao mundo físico; é preciso tratá-los com muito amor e paciência, respeitando o tempo de cada um para a aceitação do inevitável, explicando-lhes que a morte é uma ilusão e que continuam vivos sim no reino de Deus; aos poucos, com o passar dos dias, irão aceitando a nova forma de vida, a forma real da vida. Falem de Jesus, mostrem a eles que nosso Mestre os aguarda e que são bem-vindos ao mundo do Senhor.

Vitória, querendo saber mais a respeito, perguntou:

– Hortência, por que isso acontece, por que alguns demoram mais que outros para aceitar o desligamento do mundo material?

– Cada caso é um caso, Vitória; nesse específico, eles estão presos à crença de que não existe vida depois da morte do corpo. Foi-lhes ensinado que, quando o corpo morre, a vida termina, e é o que acreditaram durante toda a permanência na Terra; por isso, é preciso ter cuidado com as crenças, elas são como armadilhas. Esses irmãos praticaram o bem fraternal, cuidaram dos necessitados e conquistaram, através de seus atos de amor desinteressado ao semelhante o mesmo sentimento de amor e respeito de todos nós. Perdidos em suas crenças, não entendem como ainda pensam e sentem se estão mortos, e não compreendendo a nova vida entram em perturbação. É isso que devemos mostrar a eles, que a vida continua vibrante no reino de Deus e que agora eles fazem parte desse mundo.

– Ainda existem tantos encarnados que não aceitam a existência da vida futura, não, Hortência?

– Sim, Vitória, pior são os que incutem a eles suas crenças enganosas, mostrando-lhes apenas a vida material como legítima, e isso os induz apenas às aquisições materiais, considerando que o que na verdade importa é ser feliz conquistando um lugar de destaque no mundo dos homens; triste engano, Vitória, a Deus somente interessam as aquisições espirituais, o que se acumula de virtudes no coração e, através dessa conquista, praticar a caridade, que é sem dúvida o caminho da evolução.

Aproximaram-se dos irmãozinhos em sofrimento, Vitória acompanhada de Hortência e Lucinha com Tomás. Para elas, era um grande aprendizado, pela primeira vez estavam diante de uma situação até então desconhecida.

Hortência e Tomás, experientes no tratamento aos desencarnados, ministravam energia salutar para que eles pudessem aos poucos ir se desligando da confusão mental que os colocava em delírio.

Admiravam o carinho com que atendiam ao espírito necessitado; compreendiam a situação de cada um e os levavam a pensar em Jesus acalmando-os e levando-os ao sono reparador.

Quando adormeceram, Hortência sugeriu orarem ao Pai, intercedendo por aqueles irmãos que ficaram presas fáceis de orientações levianas, sem nenhum embasamento espiritual.

A pedido de Vitória, foi-lhe permitido fazer a prece, que iniciou emocionada:

> Pai de infinita bondade, elevamos nosso pensamento até Vós para suplicar auxílio para esses irmãozinhos que se acham perdidos no engano da crença.
>
> Que eles possam compreender a nova vida e buscar a paz para seus espíritos.
>
> Jesus amado, receba nossa súplica em favor de nossos irmãos; fortaleça seus espíritos para que possam ressurgir no vosso reino com a beleza de seus corações caridosos.
>
> Auxilie-os a enxergar vossa luz radiosa que, mesmo na escuridão de nós mesmos, ilumina nossos passos sem deixar uma só criatura sem socorro.
>
> Que assim seja.

Hortência e Tomás surpreenderam-se com a simplicidade das palavras de Vitória, mas repletas de amor ao próximo e com sinceridade aparente. Olharam-se e uniram seus pensamentos, que na verdade era um só: ela está conseguindo encontrar em si o amor ao próximo, o caminho que a levará a evolução.

Retiraram-se deixando os irmãozinhos em tratamento adormecidos e favorecidos pela energia de amor do Divino Amigo.

– Hortência – disse Vitória –, por que você disse que as crenças são armadilhas, como assim?

– Vitória, sempre que agasalhamos em nossa mente uma verdade como sendo absoluta, passamos a viver de acordo com essa crença, mas nem sempre o que acreditamos é a verdade. Existem crenças enganosas e, quando deparamos com essa farsa, isso pode, sim, causar-nos conflitos importantes.

– É o que está acontecendo com esses irmãos, é isso?

– Sim. Eles viveram na Terra acreditando que a vida termina com a morte do corpo físico, e isso sabemos que é um engano. Quando desencarnam, percebem que sentem, que pensam, enfim, sentem-se vivos e não conseguem compreender que apenas mudaram de plano, que o que realmente aconteceu foi uma transformação, uma vida deu lugar a outra, que na verdade é a verdadeira vida do espírito, a vida eterna que tantas vezes foi mencionada por Jesus.

– Você quer dizer que é preciso cuidado com o que agasalhamos em nossa mente.

– Sim, Vitória, o homem tem a verdade relativa e não a verdade absoluta, que somente Deus possui; portanto, é necessário prudência ao ensinar coisas tão importantes, como falar da espiritualidade.

– Mas sabemos que muitas pessoas ensinam não a verdade, mas o que lhes convém, não é assim?

– Infelizmente sim, Vitória, mas essas agem de acordo com seu egoísmo, não raro tirando proveito para si próprio; com sua prepotência em se julgarem sábias das coisas de Deus, mas vivendo longe de suas leis; pregam necessidades de Deus e o único desejo de nosso Pai é que suas criaturas evoluam para o amor universal; Ele não necessita de nós, Vitória, porque é o Criador, a bondade, o poder, a justiça, o amor infinito e a perfeição por si só.

– Somos nós que devemos aprender e exercitar as virtudes que nos levam à evolução espiritual.

– Exatamente, e evolução se faz através do bem, do amor exercitado, da compaixão e da compreensão com as fraquezas do próximo auxiliando-o sem julgamento, porque todos nós, Vitória, possuímos fraquezas e imperfeições e seremos julgados com a mesma força que julgamos o semelhante.

Lucinha, até então, permanecera quieta, apenas ouvia as palavras de Hortência com atenção. Em seu pensamento, as cenas que vira de sua mãe e de Antero desfilavam à sua frente, causando-lhe uma leve sensação de tristeza.

"Preciso esquecer de uma vez", pensou, "como disse Hortência, não posso julgar: eles erraram, continuam errando, mas somente Deus pode julgar, e não eu. Um dia, eu espero, a luz de Jesus se fará entre eles e perceberão o engano em que estão metidos, e nessa hora irão clamar por auxílio."

– Em que está pensando, Lucinha? – perguntou Hortência.

– Em tudo o que ouvi de você, no aprendizado que tive com as sábias palavras que disse; enfim, Hortência, ajudou-me a entender melhor que, em vez de julgar as atitudes de minha mãe, devo orar para que ela encontre o caminho de Deus, renovando suas crenças.

– Certo, Lucinha, sua vibração de perdão e amor enviados irá ajudá-la a perceber aos poucos seu terrível engano, mas somente ela poderá traçar novo rumo para sua vida na Terra.

Vitória e Lucinha, dia a dia, mais se aproximavam uma da outra; cumpriam suas tarefas com alegria e passavam a maior parte do tempo juntas, esforçando-se para melhorar e aproximando cada vez mais da luz divina.

Dedicaram-se com todo amor ao auxílio dos irmãozinhos, que aos poucos foram entendendo a nova realidade, a transformação que sofreram através da desencarnação; compreenderam que a morte não existe para o espírito e que este sobrevive à destruição do corpo físico; a partir dessa consciência iniciaram sua ascensão no reino de Deus.

Com o passar do tempo, Vitória e Lucinha começaram a agasalhar o mesmo desejo de retornar à Terra para uma nova experiência no plano físico. Sentiam-se fortalecidas para enfrentar novo desafio, queriam continuar a busca da evolução através da vivência terrena, aprenderam que a finalidade da reencarnação era a expiação, a melhoria progressivo do ser; que a cada nova encarnação poderiam dar mais um passo rumo ao progresso espiritual, e passaram a sonhar com essa possibilidade de retorno.

O dogma da reencarnação se funda na justiça de Deus e na revelação, pois não nos cansamos de repetir: um bom pai deixa sempre aos filhos uma porta aberta ao arrependimento. A razão não nos diz que seria injusto privar para sempre da felicidade eterna aqueles cujo melhoramento não dependeu deles mesmos? Todos os homens não são filhos de Deus? Somente entre os homens egoístas é que se encontram a iniquidade, o ódio implacável e os castigos sem perdão. Todos os espíritos tendem à perfeição, e Deus lhes proporciona os meios de consegui-la com as provas da vida corpórea.

(O Livro dos Espíritos – Pergunta 171)

Capítulo XXXIII

Tarefa sublime

Vitória e Lucinha não perdiam uma só palestra de Madre Teresa, pois sabiam que era ali, ouvindo as palavras sábias desse espírito, que podiam cada vez mais vislumbrar o caminho que as conduziria à evolução espiritual.

Nesse dia não foi diferente. Madre Teresa, com sua sabedoria e amor por todos aqueles espíritos que a ouviam, dissertou sobre o mais nobre sentimento que a alma humana pode abrigar: a caridade.

Com o espírito envolvido pela música suave e pela luz azul que equilibrava o ambiente, os presentes entregavam-se inteiramente à dissertação de Madre Teresa.

– Meus amados irmãos em Cristo, vamos hoje falar sobre um dos sentimentos mais sublimes, que muito enobrece aquele que o sente, o sentimento que somente as almas puras e desprendidas conseguem ter: a caridade.

Refiro–me à caridade com fé, aquela que se pratica com abnegação, com fraternidade completa e principalmente com pureza de alma; a caridade que nos aproxima do Criador e nos leva à evolução.

Consiste na benevolência concedida sempre e em todas as coisas ao nosso semelhante.

Vitória, acendendo a luz referente a sua cadeira, pediu licença para fazer uma pergunta; permissão que foi prontamente concedida.

– Madre Teresa, sempre pensei que a caridade consistisse apenas em dar esmola para aquele que nada tem, mas pelo que ouço ela vai além disso, poderia explicar?

O bom espírito sorriu com simpatia e respondeu:

– A verdadeira caridade ensinada por Jesus não consiste somente em dar esmolas, não é só isso que Deus exige de nós; existem várias maneiras de se fazer a caridade; na realidade, dar esmola é sem dúvida a mais simples, podemos praticá-la através de ações, pensamentos, gestos e palavras, essa é a caridade moral, a mais difícil de ser praticada.

– Por quê?

– Porque o orgulho e o egoísmo do homem sempre falam mais alto, é mais fácil entregar a moeda do que dispor de um pouco de seu tempo para ouvir, orientar e abraçar sem humilhar aquele que pouco ou nada possui. Caridade é doação, é conseguir dar a alguém um pouco de nós mesmos, é orar em favor do necessitado, um doente; é sobretudo perdoar as fraquezas do próximo, é amar sem reservas ao nosso semelhante; este é o caminho que se deve seguir, estas são as normas que se devem obedecer para alcançar a evolução.

Pensemos um pouco na imensa caridade que Jesus praticou em nosso favor, sofrendo as maiores dores já suportadas, as humilhações, o descaso, os sorrisos de desdém e escárnio; e tudo isso sem um lamento, uma queixa, com o coração transbordando de amor, dando-nos o maior exemplo do que é, na verdade, a caridade.

É preciso nos espelhar nessa grandeza de sentimentos e jamais esquecer que, muitas vezes, podem os estar ajudando as mesmas pessoas que, um dia, em vidas passadas, prejudicamos.

Madre Teresa, finalizando sua explanação, disse:

– Pensem, meus irmãos, na grandiosidade do amor de Deus e se transformem em mensageiros da Lei Divina através dos sentimentos nobres que elevam o espírito na condição de verdadeira criatura de Deus.

As luzes se apagaram e o recinto, deserto, ainda emanava a energia de intenso amor do espírito Madre Teresa.

Vitória e Lucinha, mais do que nunca, desejavam receber do Mais Alto permissão para o retorno à Terra.

– Deveríamos ir falar com o irmão Jeremias – dizia Lucinha a Vitória –, pedir a ele que leve até Jesus nosso desejo de reencarnarmos novamente.

– Tem razão – concordou Vitória –, mas tem uma coisa que quero lhe falar, Lucinha.

– Diga, Vitória, não quer mais voltar ao mundo físico, é isso?

– Não, ao contrário, quero muito; sinto o desejo enorme de promover meu progresso espiritual e sei que é preciso nascer de novo para ir construindo minha evolução, o que poderei fazer se exercitar junto ao semelhante todo o aprendizado que recebi aqui na Espiritualidade; sinto-me fortalecida e com vontade verdadeira de ir em busca das virtudes que poderão me proporcionar o progresso a que aspiro.

– Mas então o que precisa me dizer?

– Lucinha, esse tempo todo que aqui estamos nos tornamos amigas, espíritos afins, desejosos de melhoria. Se conseguíssemos permissão para retornar ao plano físico uma ao lado da outra, poderíamos juntas caminhar com mais segurança no orbe terrestre, ajudando uma à outra, enfim, por que não tentar?

– Você está querendo dizer que poderíamos nascer no mesmo momento... Gêmeas?

– Por que não?

– Por que não? – repetiu Lucinha. – Eu ia me sentir feliz percorrendo a estrada terrena a seu lado como irmã do coração... Mas será que conseguimos permissão para que isso aconteça?

– Vamos nos orientar com Hortência – disse Vitória.

– Vamos.

Os dois espíritos seguiram ao encontro de Hortência; esta, após tomar conhecimento do desejo de Vitória e Lucinha, aconselhou.

– Vamos falar com nosso irmão Jeremias e pedir orientação sobre esse caso.

Seguiram até o Departamento e explicaram a Jeremias o desejo de uma nova encarnação, uma ao lado da outra.

Jeremias, com prudência, disse que iria levar ao Mestre o desejo desses dois espíritos.

– Assim que obtiver uma resposta, mandarei chamá–las. É preciso aguardar, porque o caso será estudado. Se houver benefício para ambas, será permitido.

– Obrigada, irmão Jeremias – disse Vitória.

– Eu também agradeço – repetiu Lucinha.

Saíram, acompanhadas por Hortência.

– O que acha, Hortência, existe possibilidade de conseguirmos nosso intento?

– Possibilidade existe sempre, Vitória, mas tudo será avaliado para que haja benefício para ambas; será traçado um caminho para seguirem, uma tarefa, e irão com certeza estudar se estão ou não capacitadas para cumprir.

– Estou ansiosa – disse Lucinha.

– Não fique, minha irmã, apenas aguarde com tranquilidade e confiança, tudo é feito visando sempre o caminho da evolução; se nosso Mestre considerar que é um caminho seguro, com possibilidade de sucesso para ambas, como já disse, a permissão virá; caso contrário, poderão voltar ao plano físico sozinhas e se encontrarem mais tarde pelos caminhos da vida terrena.

– Vamos aguardar, Lucinha – disse Vitória –, não adianta precipitarmos as coisas porque elas vão acontecer no tempo de Jesus e não no nosso.

– Muito bem dito, Vitória – falou Hortência, sorrindo.

Evolução se alcança através do conhecimento e do exercício desse aprendizado, e o aprendizado maior e essencial para se chegar à evolução é, sem duvida, a prática do amor universal.

Tendo consciência disso, Vitória e Lucinha se entregaram com afinco ao atendimento aos recém-chegados da Terra ainda em perturbação e, entregues a essa tarefa fraterna, viram nascer cada vez mais forte o amor pelo próximo; dedicavam-se com paciência, carinho e generosidade e foram pouco a pouco percebendo que, na verdade, o que desejavam era encarnar com a tarefa de auxílio àqueles que sofriam de deficiência, seja física ou mental.

Esse desejo foi tomando força em seus espíritos; esperavam ansiosas a resposta tão aguardada, dedicando-se com esmero ao socorro dos aflitos.

Certa tarde, caminhavam pelas alamedas que rodeavam o hospital, louvando a Jesus em oração, quando encontraram com Tomás, que lhes disse:

– Que bom encontrá-las, irmão Jeremias pede para irem a seu encontro no Departamento, parece que já tem uma resposta para vocês.

Sem demora, Vitória e Lucinha, acompanhadas de Tomás, foram ter com Jeremias.

– Então, irmão Jeremias, qual é a resposta do Mestre? – perguntou Vitória, sem esconder a ansiedade que invadira seu espírito.

– Conseguimos o que tanto almejamos? – Foi a vez de Lucinha perguntar, com a emoção que tomara conta de seu ser.

– Calma, irmãs; tenho sim a resposta que esperam.

– Diga-nos de uma vez, irmão, conseguimos permissão para o retorno à Terra?

– Essa parte foi concedida sim, obtiveram permissão para se prepararem para a volta ao mundo físico, o que acontecerá dentro de sessenta dias, mas...

– Mas o que, irmão Jeremias? – perguntou Lucinha, inquieta.

– Analisaram o pedido de nascerem juntas, no mesmo parto, e não viram benefício nenhum para o progresso de nenhuma das duas.

Diante da decepção de Vitória e Lucinha, Jeremias explicou:

– Não cabe aqui nenhuma decepção, mas sim agradecimento pelo fato de terem sido beneficiadas pela bênção divina; nada é permitido apenas para satisfazer desejos, mas para proporcionar caminhos de evolução para o espírito reencarnante.

– Desculpe-nos – disse Vitória –, sabemos disso e, na verdade, o que queremos mesmo é promover nosso progresso espiritual, retornando ao cenário ao qual, no passado, nos perdemos por conta de nossa imprudência e leviandade.

– Poderemos saber como será nosso retorno? – perguntou Lucinha.

– Irão reencarnar novamente no Brasil, em uma pequena cidade do Sul. Vitória irá à frente e você, Lucinha, um ano depois. Quando chegarem à adolescência se encontrarão e nascerá uma amizade forte e verdadeira; será o início de um projeto que deverão realizar na Terra.

– Lucinha nascerá com o dom mediúnico para, através dele, acolher os irmãos em perturbação, ajudando-os com sua sensibilidade e praticando a lei de amor da maneira pura, como ensina a Doutrina dos Espíritos.

Voltando-se para Vitória, disse:

– E você, Vitória, será a amiga inseparável que irá ajudá-la nessa tarefa de amparo ao sofredor e, através de seus conhecimentos de psicologia, atender e direcionar com amor os que se encontrarem impedidos em si mesmos.

– Posso fazer-lhe uma pergunta?

– Claro, Vitória, estou aqui para orientá-las.

– Por que Lucinha e não eu nascerá com dons mediúnicos?

– Porque esse dom já faz parte de seu espírito desde outras encarnações e na encarnação que antecedeu a última você o usou levianamente, propiciando falsas crenças em muitos irmãos, que ainda se perdem por conta dessa leviandade. Sua encarnação será a oportunidade de reajustar os desequilíbrios provocados.

– E eu serei sua companheira nessa tarefa de reajuste, é isso?

– Exatamente, seu contato com os diferentes ajudará seu espírito a se elevar e extirpar de uma vez o orgulho de se achar superior.

– Encontrarei com Fausto?

– Não. Seus caminhos não mais se cruzarão por um longo período, tanto na Terra quanto na Espiritualidade, e esse tempo a fará esquecer o apego que nutre por ele e que sempre foi a causa de seu insucesso.

– Tudo é pensado, não, irmão Jeremias?

– Sim, tudo é feito para que haja a evolução do espírito, essa é a finalidade da reencarnação.

– Mas – voltou a dizer Jeremias – não é para fazer disso um meio de vida, irão trabalhar para se sustentarem, serão voluntárias na Casa de

Apoio Luz do Sol, doando seu suor, o tempo disponível e a capacidade de amar sem recompensa, de uma maneira desinteressada, permitindo que seus corações se abram de um modo incondicional para o amor universal; aí está o caminho da evolução; aí está o caminho da luz.

– Quando deverei ir para o Departamento da Reencarnação?

– No momento propício será chamada, até lá se entregue à prece e à meditação, preparando-se para entrar no mundo físico com a energia e a vibração de paz dos que confiam em Deus.

Vitória e Lucinha, agradecidas ao Pai pela oportunidade recebida, separaram-se, cada uma levando em seu íntimo a certeza do amparo divino.

Em uma tarde fria e chuvosa de inverno de uma pequena cidade do sul do Brasil, sob a vibração de carinho de Hortência, Tomás e Lucinha, Vitória entrou no mundo físico. Os braços de sua mãe se abriram para recebê-la e, acalentada pelo carinho materno, deu início a sua nova estada no plano físico, incorporando-se à imensa legião de espíritos encarnados com a finalidade maior da evolução.

Lucinha, emocionada, orou pelo sucesso de sua amiga e lhe disse:

– Até breve, Vitória, no instante previsto por Jesus nos encontraremos para cumprirmos a tarefa que nos foi confiada e, através dela, quitarmos nossas dívidas com a lei.

Partiram, deixando Vitória aconchegada e aquecida nos braços de sua mãe, recebendo do Mais Alto a energia salutar para seu fortalecimento espiritual.

Era a bênção de Nosso Pai Maior, se fazendo presente mais uma vez.

Hoje, Vitória e Lucinha vivem em uma cidade do sul do Brasil, ocupam seu tempo disponível com o trabalho fraterno, atendendo voluntariamente aos que necessitam de atendimento psiquiátrico e que não possuem recursos para isso; encontraram-se, como previsto, e desse encontro nasceu uma forte e sincera amizade. Através dessa afinidade cumprem a missão com a qual se comprometeram na Espiritualidade, ou seja, olharem para os necessitados com os olhos transparentes e abrigá-los em seus braços com amor desinteressado, entendendo que todos os seres encarnados são simplesmente espíritos em evolução.

– Irmãos, entendendo o verdadeiro motivo pelo qual estamos encarnados na Terra, passaremos a ver e aceitar nossas dificuldades com mais serenidade, resignação e força; dessa maneira, passaremos a pedir menos e agradecer mais, porque através do sofrimento regenerador é que despertamos em nós a fé vigorosa, a humildade e, consequentemente, nossa evolução espiritual.

Se soubermos aceitar nossas misérias sem murmurar nem lamentar, com confiança em Nosso Pai que está no Céu, com a certeza de que Deus nos dá tudo na medida certa e para nosso bem, seremos recompensados, não na Terra, porque a recompensa que Nosso Pai nos dá não é deste mundo, mas do reino de Deus.

Obrigado, Senhor, por ter podido me aproximar de ti através do meu próximo.
Obrigado, Senhor, por conseguir sentir a necessidade de um irmão carente e ter o desprendimento necessário para ajudá-lo.
Obrigado, Senhor, por ter me colocado na posição de dar.
Sinto-me feliz por ter ouvido a tua voz.
Sinto-me feliz por não me fechar em mim mesmo no egoísmo pernicioso.
Entrego–me a ti, Senhor, de corpo e alma e digo que te amo.
E o meu amor por ti viverá sempre através do amor que dedicarei a meu próximo.
... Por que te amo, Senhor!

Até mais ver.
Irmão Ivo
(Prece do Lar de Amparo à Gestante Ricardo Luiz)

Obras de Irmão Ivo: leituras imperdíveis para seu crescimento espiritual
Psicografia da médium Sônia Tozzi

O PREÇO DA AMBIÇÃO
Três casais ricos desfrutam de um cruzeiro pela costa brasileira. Tudo é requinte e luxo. Até que um deles, chamado pela própria consciência, resolve questionar os verdadeiros valores da vida e a importância do dinheiro.

O PASSADO AINDA VIVE
Constância pede para reencarnar e viver as mesmas experiências de outra vida. Mas será que ela conseguirá vencer os próprios erros?

A ESSÊNCIA DA ALMA
Ensinamentos e mensagens de Irmão Ivo que orientam a Reforma Íntima e auxiliam no processo de autoconhecimento.

NO LIMITE DA ILUSÃO
Marília queria ser modelo. Jovem, bonita e atraente, ela conseguiu subir. Mas a vida cobra seu preço.

A VIDA DEPOIS DE AMANHÃ
Cássia viveu o trauma da separação de Léo, seu marido. Mas tudo passa e um novo caminho de amor sempre surge ao lado de outro companheiro.

RENASCENDO DA DOR
Quando descobre ser portadora do vírus HIV, Solange inicia uma nova fase em sua vida e, amparada por amigos espirituais, desperta para os ensinamentos superiores e aprende que só o verdadeiro amor é o caminho para a felicidade.

QUANDO CHEGAM AS RESPOSTAS
Jacira e Josué viveram um casamento tumultuado. Agora, na espiritualidade, Jacira quer respostas para entender o porquê de seu sofrimento.

UMA JANELA PARA A FELICIDADE
Cansada de viver sem propósito, Nancy tem sua vida transformada quando passa a fazer parte de uma casa espírita. Um romance contagiante, com muitos ensinamentos.

SOMOS TODOS APRENDIZES
Bernadete, uma estudante de Direito, está quase terminando seu curso. Arrogante, lógica e racional, vive em conflito com familiares e amigos de faculdade por causa de seu comportamento rígido.

O AMOR ENXUGA AS LÁGRIMAS
Paulo e Marília, um típico casal classe média brasileiro, levam uma vida tranquila e feliz com os três filhos. Quando tudo parece caminhar em segurança, começam as provações daquela família após a doença do filho Fábio.

ALMAS EM CONFLITO
A vida de Cecília passa por transformações penosas, mas não injustas. Esta história vibrante leva-nos à compreensão de que somos todos seres em evolução, já que o desejo de Deus é que cada um transforma sua existência em fonte infinita de progresso espiritual.

Obras da médium
Vera Lúcia Marinzeck de Carvalho

espírito Antônio Carlos

Amai os Inimigos

O empresário Noel é traído pela esposa. Esse triângulo amoroso irá reproduzir cenas do passado. Após seu desencarne ainda jovem, Noel vive um novo cotidiano na espiritualidade e se surpreende ao descobrir quem era o amor de sua ex-esposa na Terra.

Escravo Bernardino

Romance que retrata o período da escravidão no Brasil e apresenta o iluminado escravo Bernardino e seus esclarecimentos.

Véu do Passado

Kim, o "menino das adivinhações", possui intensa vidência desde pequeno e vê a cena da sua própria morte.

O Rochedo dos Amantes

Um estranha história de amor acontece no litoral brasileiro num lugar de nome singular: Rochedo dos Amantes.

Um Novo Recomeço

O que fazer quando a morte nos pega de surpresa? Nelson passou pela experiência e venceu!

O Caminho de Urze

Ramon e Zenilda são jovens e apaixonados. Os obstáculos da vida permitirão que eles vivam esse grande amor?

A Órfã Número Sete

O investigador Henrique queria prender um criminoso... Alguns espíritos também...

espíritos Guilherme, Leonor e José
Em Missão de Socorro

Histórias de diversos resgates realizados no Umbral por abnegados trabalhadores do bem.

espírito Rosângela (infantil)
O Pedacinho do Céu Azul

História da menina cega Líliam cujo maior sonho era ver o céu azul.

Leia os romances de Schellida!
Emoção e ensinamento em cada página!
Psicografia de **Eliana Machado Coelho**

CORAÇÕES SEM DESTINO – Amor ou ilusão? Rubens, Humberto e Lívia tiveram que descobrir a resposta por intermédio de resgates sofridos, mas felizes ao final.

O BRILHO DA VERDADE – Samara viveu meio século no Umbral passando por experiências terríveis. Esgotada, e depois de muito estudo, Samara acredita-se preparada para reencarnar.

UM DIÁRIO NO TEMPO – A ditadura militar não manchou apenas a História do Brasil. Ela interferiu no destino de corações apaixonados.

DESPERTAR PARA A VIDA – Um acidente acontece e Márcia passa a ser envolvida pelo espírito Jonas, um desafeto que inicia um processo de obsessão contra ela.

O DIREITO DE SER FELIZ – Fernando e Regina apaixonam-se. Ele, de família rica. Ela, de classe média, jovem sensível e espírita. Mas o destino começa a pregar suas peças...

SEM REGRAS PARA AMAR – Gilda é uma mulher rica, casada com o empresário Adalberto. Arrogante, prepotente e orgulhosa, sempre consegue o que quer graças ao poder de sua posição social. Mas a vida dá muitas voltas.

UM MOTIVO PARA VIVER – O drama de Raquel começa aos nove anos, quando então passou a sofrer os assédios de Ladislau, um homem sem escrúpulos, mas dissimulado e gozando de boa reputação na cidade.

O RETORNO – Uma história de amor começa em 1888, na Inglaterra. Mas é no Brasil atual que esse sentimento puro irá se concretizar para a harmonização de todos aqueles que necessitam resgatar suas dívidas.

FORÇA PARA RECOMEÇAR – Sérgio e Débora se conhecem e nasce um grande amor entre eles. Mas encarnados e obsessores desaprovam essa união.

LIÇÕES QUE A VIDA OFERECE – Rafael é um jovem engenheiro e possui dois irmãos: Caio e Jorge. Filhos do milionário Paulo, dono de uma grande construtora, e de dona Augusta, os três sofrem de um mesmo mal: a indiferença e o descaso dos pais, apesar da riqueza e da vida abastada.

PONTE DAS LEMBRANÇAS – Ricos, felizes e desfrutando de alta posição social, duas grandes amigas, Belinda e Maria Cândida, reencontram-se e revigoram a amizade que parecia perdida no tempo.

MAIS FORTE DO QUE NUNCA – A vida ensina uma família a ser mais tolerante com a diversidade.

MOVIDA PELA AMBIÇÃO – Vitória deixou para trás um grande amor e foi em busca da fortuna. O que realmente importa na vida? O que é a verdadeira felicidade?

MINHA IMAGEM – Diogo e Felipe são irmãos gêmeos. Iguais em tudo. Até na disputa pelo amor de Vanessa. Quem vai vencer essa batalha de fortes sentimentos?

NÃO ESTAMOS ABANDONADOS – João Pedro quis viver uma vida sem limites. E conheceu a morte ainda na juventude...

Leia estes envolventes romances do espírito Margarida da Cunha
Psicografia de Sulamita Santos

Doce Entardecer

Paulo e Renato eram como irmãos. O primeiro, pobre, um matuto trabalhador em seu pequeno sítio. O segundo, filho do coronel Donato, rico, era um doutor formado na capital que, mais tarde, assumiria os negócios do pai na fazenda. Amigos sinceros e verdadeiros, desde jovens trocavam muitas confidências. Foi Renato o responsável por levar Paulo a seu primeiro baile, na casa do doutor Silveira. Lá, o matuto iria conhecer Elvira, bela jovem que pertencia à alta sociedade da época. A moça corresponderia aos sentimentos de Paulo, dando início a um romance quase impossível, não fosse a ajuda do arguto amigo, Renato.

À Procura de um Culpado

Uma mansão, uma festa à beira da piscina, convidados, glamour e, de madrugada, um tiro. O empresário João Albuquerque de Lima estava morto. Quem o teria matado? Os espíritos vão ajudar a desvendar o mistério.

Desejo de Vingança

Numa pacata cidade perto de Sorocaba, no interior de São Paulo, o jovem Manoel apaixonou-se por Isabel, uma das meninas mais bonitas do município. Completamente cego de amor, Manoel, depois de muito insistir, consegue seu objetivo: casar-se com Isabel mesmo sabendo que ela não o amava.O que Manoel não sabia é que Isabel era uma mulher ardilosa, interesseira e orgulhosa. Ela já havia tentado destruir o segundo casamento do próprio pai com Naná, uma bondosa mulher, e, mais tarde, iria se envolver em um terrível caso de traição conjugal com desdobramentos inimagináveis para Manoel e os dois filhos, João Felipe e Janaína.

Laços que não se Rompem

Em idos de 1800, Jacob herda a fazenda de seu pai. Já casado com Eleonora, sonha em ter um herdeiro que possa dar continuidade a seus negócios e aos seus ideais. Margarida nasce e, já adolescente, conhece Rosalina, filha de escravos, e ambas passam a nutrir grande amizade, sem saber que são almas irmanadas pelo espírito. O amor fraternal que sentem, e que nem a morte é capaz de separar, é visível por todos. Um dia, a moça se apaixona por José, um escravo. E aí, começam suas maiores aflições.

Os Caminhos de Uma Mulher

Lucinda, uma moça simples, conhece Alberto, jovem rico e solteiro. Eles se apaixonam, mas para serem felizes terão de enfrentar Jacira, a mãe do rapaz. Conseguirão exercitar o perdão para o bem de todos? Um romance envolvente e cheio de emoções, que mostra que a vida ensina que perdoar é uma das melhores atitudes que podemos tomar para a nossa própria evolução.

O Passado Me Condena

Osmar Dias, viúvo, é um rico empresário da indústria plástica. Os filhos, João Vitor, casado, forte e independente, é o vice-diretor; e Lucas, o oposto do irmão, é um jovem, feliz, alegre e honesto. Por uma fatalidade, Osmar sofre um AVC e João Vitor tenta de todas as maneiras abreviar a vida dele. Contudo, depois de perder os seus bens mais preciosos, João se dá conta de que não há dinheiro que possa desculpar uma consciência ferida. E ele terá um grande desafio: perdoar-se sem olhar para os fios do passado.

Leia os romances psicografados pelo médium Maurício de Castro

Pelo espírito Hermes

Nada é para sempre

A trajetória de Clotilde em sua busca por dinheiro e ascensão social.

Herdeiros de nós mesmos

Esta emocionante história nos mostra a consequência do apego aos bens materiais, trazendo valiosas lições e ensinamentos.

Ninguém lucra com o mal

A vida de Ernesto se transforma a partir de um acidente automobilístico que arrebata a vida de sua mulher e suas duas filhas.

Sem medo de amar

Como renunciar a um grande amor em nome do dever, quando esse sentimento pulsa tão forte dentro de seu coração?

O preço de uma escolha

A partir de um triângulo amoroso desenrola-se este envolvente enredo, com revelações inesperadas, surpresas e um grande mistério que mudarão completamente o rumo da vida de todos.

Donos do próprio destino

Um romance que aborda o adultério, amor sem preconceito, vingança, paixão e resignação, mostrando-nos que todos nós somos donos do nosso próprio destino e responsáveis por tudo o que nos acontece.

Pelo espírito Saulo

Quando o passado é mais forte

André deixou a amante Lílian para se casar. Começava ali seu mundo de pesadelos e provações. Um livro que traz orientações espirituais sobre os caminhos do sentimento humano.

Ninguém domina o coração

Um enredo cheio de suspense, vingança e paixão, no qual descobrimos que ninguém escolhe a quem amar.

Obras da médium Maria Nazareth Dória

AMAS
(espírito Luís Fernando - Pai Miguel de Angola)
Livro emocionante que nos permite acompanhar de perto o sofrimento das mulheres negras e brancas que, muitas vezes, viviam dramas semelhantes e se uniam fraternalmente.

A SAGA DE UMA SINHÁ
(espírito Luís Fernando - Pai Miguel de Angola)
Sinhá Margareth tem um filho proibido com o negro Antônio. A criança escapa da morte ao nascer. Começa a saga de uma mãe em busca de seu menino.

LIÇÕES DA SENZALA
(espírito Luís Fernando - Pai Miguel de Angola)
O negro Miguel viveu a dura experiência do trabalho escravo. O sangue derramado em terras brasileiras virou luz.

MINHA VIDA EM TUAS MÃOS
(espírito Luiz Fernando - Pai Miguel de Angola)
O negro velho Tibúrcio guardou um segredo por toda a vida. Agora, antes de sua morte, tudo seria esclarecido, para a comoção geral de uma família inteira.

AMOR E AMBIÇÃO
(espírito Helena)
Loretta era uma jovem da corte de um grande reino europeu entre os séculos XVII e XVIII. Determinada e romântica, desde a adolescência guardava uma paixão por seu primo Raul.

A ESPIRITUALIDADE E OS BEBÊS
(espírito Irmã Maria)
Livro que acaricia o coração de todos os bebês, papais e mamães, sejam eles de primeira viagem ou não.

SOB O OLHAR DE DEUS
(espírito Helena)
Gilberto é um maestro de renome internacional. Casado com Maria Luiza, é pai de Angélica e Hortência. Contudo, um segredo vem modificar a vida de todos.

HERDEIRO DO CÁLICE SAGRADO
(espírito Helena)
Carlos seguiu a vida religiosa e guardou consigo a força espiritual do Cálice Sagrado. Quem seria o herdeiro daquela peça especial?

UM NOVO DESPERTAR
(espírito Helena)
Simone é uma moça simples de uma pequena cidade. Lutadora incansável, ela trabalha em uma casa de família para sustentar a mãe e os irmãos, e sempre manteve acesa a esperança de conseguir um futuro melhor.

VOZES DO CATIVEIRO
(espírito Luís Fernando - Pai Miguel de Angola)
O período da escravidão no Brasil marcou nossa História com sangue, mas também com humildade e religiosidade.

JÓIA RARA
(espírito Helena)
Leitura edificante, uma página por dia. Um roteiro diário para nossas reflexões e para a conquista de um padrão vibratório elevado, com bom ânimo e vontade de progredir.

VIDAS ROUBADAS
(espírito Irmã Maria)
Maria do Socorro, jovem do interior, é levada ao Rio de Janeiro pela tia, Teodora, para trabalhar. O que ela não sabe é qual tipo de ofício terá de exercer!

Livros de Elisa Masselli

Apenas começando

Ao passarmos por momentos difíceis, sentimos que tudo terminou e que não há mais esperança nem um caminho para seguir. Quantas vezes sentimos que precisamos fazer uma escolha; porém, sem sabemos qual seria a melhor opção?

Júlia, após manter um relacionamento com um homem comprometido, sentiu que tudo havia terminado e teve de fazer uma escolha, contando, para isso, com o carinho de amigos espirituais.

Não olhe para trás

Olavo é um empresário de sucesso e respeitado por seus funcionários. Entretanto, ninguém pode imaginar que, em casa, ele espanca sua mulher, Helena, e a mantém afastada do convívio social. O que motiva esse comportamento? A resposta para tal questão surge quando os personagens descobrem que erros do passado não podem ser repetidos, mas devem servir como reflexão para a construção de um futuro melhor.